Harald Müller

Wie kann eine neue Weltordnung aussehen?

Schriftenreihe Band 718

Harald Müller

Wie kann eine neue Weltordnung aussehen?

Wege in eine nachhaltige Politik

bpb:
Bundeszentrale für politische Bildung

Harald Müller, geb. 1949, ist Leiter der Hessischen Stiftung Friedens- und Konfliktforschung (HSFK) und Professor für Internationale Beziehungen an der Johann-Wolfgang-Goethe-Universität Frankfurt / Main

Bonn 2008
Lizenzausgabe für die Bundeszentrale für politische Bildung
Adenauerallee 86, 53113 Bonn

Umschlaggestaltung: Michael Rechl, Kassel
Umschlagfoto: © Picture Press / Dan Yaccarino
Gesamtherstellung: Clausen & Bosse, Leck
ISBN 978-3-89331-886-5
www.bpb.de

Für Piwi

Inhalt

Vorwort des Herausgebers

Handeln – aus Einsicht und Verantwortung

»Wir waren im Begriff, Götter zu werden, mächtige Wesen, die eine zweite Welt erschaffen konnten, wobei uns die Natur nur die Bausteine für unsere neue Schöpfung zu liefern brauchte.«

Dieser mahnende Satz des Psychoanalytikers und Sozialphilosophen Erich Fromm findet sich in *Haben oder Sein – die seelischen Grundlagen einer neuen Gesellschaft* (1976). Das Zitat drückt treffend aus, in welches Dilemma wir durch unsere wissenschaftlich-technische Orientierung geraten sind.

Aus dem ursprünglichen Vorhaben, sich *der* Natur zu unterwerfen, um sie nutzen zu können (»Wissen ist Macht«), erwuchs die Möglichkeit, *die* Natur zu unterwerfen, um sie auszubeuten. Wir sind vom frühen Weg des Erfolges mit vielen Fortschritten abgekommen und befinden uns auf einem Irrweg der Gefährdung mit unübersehbaren Risiken. Die größte Gefahr geht dabei von dem unerschütterlichen Glauben der überwiegenden Mehrheit der Politiker und Wirtschaftsführer an ein unbegrenztes Wirtschaftswachstum aus, das im Zusammenspiel mit grenzenlosen technologischen Innovationen Antworten auf alle Herausforderungen der Gegenwart und Zukunft geben werde.

Schon seit Jahrzehnten werden die Menschen aus Kreisen der Wissenschaft vor diesem Kollisionskurs mit der Natur gewarnt. Bereits 1983 gründeten die Vereinten Nationen eine Weltkommission für Umwelt und Entwicklung, die sich 1987 mit dem so genannten Brundtland-Bericht zu Wort meldete. Unter dem Titel »Our Common Future« wurde ein Konzept vorgestellt, das die Menschen vor Katastrophen bewahren will und zu einem verantwortbaren Leben zurückfinden lassen soll. Gemeint ist das Konzept einer »langfristig umweltverträglichen Ressourcennutzung« – in der deutschen Sprache als Nachhaltigkeit bezeichnet. Nachhaltigkeit meint – im Sinne des Brundtland-Berichts – »eine Entwicklung, die den Bedürfnissen der heutigen Generation entspricht, ohne die Möglichkeiten künftiger Generationen zu gefährden, ihre eigenen Bedürfnisse zu befriedigen und ihren Lebensstandard zu wählen«.

Leider ist dieses Leitbild für ökologisch, ökonomisch und sozial nachhaltiges Handeln trotz zahlreicher Bemühungen noch nicht zu der Realität geworden, zu der es werden kann, ja werden muss. Dies liegt meines Erachtens darin begründet, dass die Zivilgesellschaften bisher nicht ausreichend informiert und mobilisiert wurden.

Forum für Verantwortung

Vor diesem Hintergrund und mit Blick auf zunehmend warnende Stimmen und wissenschaftliche Ergebnisse habe ich mich entschlossen, mit meiner Stiftung gesellschaftliche Verantwortung zu übernehmen. Ich möchte zur Verbreitung und Vertiefung des öffentlichen Diskurses über die unabdingbar notwendige nachhaltige Entwicklung beitragen. Mein Anliegen ist es, mit dieser Initiative einer großen Zahl von Menschen Sach- und Orientierungswissen zum Thema Nachhaltigkeit zu vermitteln sowie alternative Handlungsmöglichkeiten aufzuzeigen.

Denn das Leitbild »nachhaltige Entwicklung« allein reicht nicht aus, um die derzeitigen Lebens- und Wirtschaftsweisen zu verändern. Es bietet zwar eine Orientierungshilfe, muss jedoch in der Gesellschaft konkret ausgehandelt und dann in Handlungsmuster umgesetzt werden. Eine demokratische Gesellschaft, die sich ernsthaft in Richtung Zukunftsfähigkeit umorientieren will, ist auf kritische, kreative, diskussions- und handlungsfähige Individuen als gesellschaftliche Akteure angewiesen. Daher ist lebenslanges Lernen, vom Kindesalter bis ins hohe Alter, an unterschiedlichen Lernorten und unter Einbezug verschiedener Lernformen (formelles und informelles Lernen), eine unerlässliche Voraussetzung für die Realisierung einer nachhaltigen gesellschaftlichen Entwicklung. Die praktische Umsetzung ökologischer, ökonomischer und sozialer Ziele einer wirtschaftspolitischen Nachhaltigkeitsstrategie verlangt nach reflexions- und innovationsfähigen Menschen, die in der Lage sind, im Strukturwandel Potenziale zu erkennen und diese für die Gesellschaft nutzen zu lernen.

Es reicht für den Einzelnen nicht aus, lediglich »betroffen« zu sein. Vielmehr ist es notwendig, die wissenschaftlichen Hintergründe und Zusammenhänge zu verstehen, um sie für sich verfügbar zu machen und mit anderen in einer zielführenden Diskussion vertiefen zu können. Nur so entsteht Urteilsfähigkeit, und Urteilsfähigkeit ist die Voraussetzung für verantwortungsvolles Handeln.

Die unablässige Bedingung hierfür ist eine zugleich sachgerechte und verständliche Aufbereitung sowohl der Fakten als auch der Denkmodelle, in deren Rahmen sich mögliche Handlungsalternativen aufzeigen lassen und an denen sich jeder orientieren und sein persönliches Verhalten ausrichten kann.

Um diesem Ziel näher zu kommen, habe ich ausgewiesene Wissenschaftlerinnen und Wissenschaftler gebeten, in der

Reihe »Forum für Verantwortung« zu zwölf wichtigen Themen aus dem Bereich der nachhaltigen Entwicklung den Stand der Forschung und die möglichen Optionen allgemeinverständlich darzustellen.

Innerhalb eines Jahres ist nun unserer Reihe mit Erscheinen der letzten vier Bände im Januar 2008 komplettiert:

- *Was verträgt unsere Erde noch? Wege in die Nachhaltigkeit* (Jill Jäger)
- *Kann unsere Erde die Menschen noch ernähren? Bevölkerungsexplosion, Umwelt, Gentechnik* (Klaus Hahlbrock)
- *Nutzen wir die Erde richtig? Die Leistungen der Natur und die Arbeit des Menschen* (Friedrich Schmidt-Bleek)
- *Bringen wir das Klima aus dem Takt? Hintergründe und Prognosen* (Mojib Latif)
- *Wie schnell wächst die Zahl der Menschen? Weltbevölkerung und weltweite Migration* (Rainer Münz / Albert F. Reiterer)
- *Wie lange reicht die Ressource Wasser? Der Umgang mit dem blauen Gold* (Wolfram Mauser)
- *Was sind die Energien des 21. Jahrhunderts? Der Wettlauf um die Lagerstätten* (Hermann-Josef Wagner)
- *Wie bedroht sind die Ozeane? Biologische und physikalische Aspekte* (Stefan Rahmstorf / Katherine Richardson)
- *Wächst die Seuchengefahr? Globale Epidemien und Armut: Strategien zur Seucheneindämmung in einer vernetzten Welt* (Stefan E. Kaufmann)
- *Wie muss die Wirtschaft umgebaut werden? Perspektiven einer nachhaltigeren Entwicklung* (Bernd Meyer)
- *Wie kann eine neue Weltordnung aussehen? Wege in eine nachhaltige Politik* (Harald Müller)

– *Ende der Artenvielfalt? Gefährdung und Vernichtung von Biodiversität* (Josef H. Reichholf)

Zwölf Bände – es wird niemanden überraschen, wenn im Hinblick auf die Bedeutung von wissenschaftlichen Methoden oder die Interpretationsbreite aktueller Messdaten unterschiedliche Auffassungen vertreten werden. Unabhängig davon sind sich aber alle an diesem Projekt Beteiligten darüber einig, dass es keine Alternative zu einem Weg aller Gesellschaften in die Nachhaltigkeit gibt.

Öffentlicher Diskurs

Was verleiht mir den Mut zu diesem Projekt und was die Zuversicht, mit ihm die deutschsprachigen Zivilgesellschaften zu erreichen und vielleicht einen Anstoß zu bewirken?

Zum einen sehe ich, dass die Menschen durch die Häufung und das Ausmaß der Naturkatastrophen der letzten Jahre sensibler für Fragen unseres Umgangs mit der Erde geworden sind. Zum anderen gibt es im deutschsprachigen Raum bisher nur wenige allgemeinverständliche Veröffentlichungen wie *Die neuen Grenzen des Wachstums* (Donella und Dennis Meadows), *Erdpolitik* (Ernst-Ulrich von Weizsäcker), *Zukunftsfähiges Deutschland* (Wuppertal Institut), *Balance oder Zerstörung* (Franz Josef Radermacher), *Fair Future* (Wuppertal Institut) und *Kollaps* (Jared Diamond). Insbesondere liegen keine Schriften vor, die zusammenhängend das breite Spektrum einer umfassend nachhaltigen Entwicklung abdecken.

Das vierte Kolloquium meiner Stiftung, das im März 2005 in der Europäischen Akademie Otzenhausen (Saarland) zu dem Thema »Die Zukunft der Erde – was verträgt unser Planet noch?« stattfand, zeigte deutlich, wie nachdenklich eine sachgerechte und allgemeinverständliche Darstellung der Thematik die große Mehrheit der Teilnehmer machte.

Darüber hinaus stimmt mich persönlich zuversichtlich, dass die mir eng verbundene ASKO EUROPA-STIFTUNG alle zwölf Bände vom Wuppertal Institut für Klima, Umwelt, Energie didaktisieren lässt, um qualifizierten Lehrstoff für langfristige Bildungsprogramme zum Thema Nachhaltigkeit sowohl im Rahmen der Stiftungsarbeit als auch im Rahmen der Bildungsangebote der Europäischen Akademie Otzenhausen zu erhalten. Inzwischen haben wir daraus die Initiative »Mut zur Nachhaltigkeit« entwickelt, deren beide Säulen »Zwölf Bücher zur Zukunft der Erde« und »Vom Wissen zum Handeln« die Grundlage für unsere umfassenden geplanten Bildungsaktivitäten der nächsten Jahre darstellen. »Mut zur Nachhaltigkeit« wurde Anfang 2007 als offizielles Projekt der UN-Dekade »Bildung für Nachhaltigkeit« 2007 / 2008 ausgezeichnet. Auch die Resonanz in den deutschen Medien ist überaus positiv.

Als ich vor gut zwei Jahren begann, meine Vorstellungen und die Voraussetzungen zu einem öffentlichen Diskurs über Nachhaltigkeit zu strukturieren, konnte ich nicht voraussehen, dass bis zum Erscheinen der ersten Bücher dieser Reihe zumindest der Klimawandel und die Energieproblematik von einer breiten Öffentlichkeit mit großer Sorge wahrgenommen würden. Dies ist meines Erachtens insbesondere auf folgende Ereignisse zurückzuführen:

Zunächst erlebte die USA die fast vollständige Zerstörung von New Orleans im August 2005 durch den Hurrikan Katrina, und dieser Katastrophe folgte tagelange Anarchie.

Im Jahre 2006 startete Al Gore seine Aufklärungskampagne zum Klimawandel und zum Thema Energieverschwendung. Sie gipfelte in seinem Film »Eine unbequeme Wahrheit«, der weltweit große Teile in allen Altersgruppen der Bevölkerung erreicht und beeindruckt.

Der 2007 publizierte 700-seitige Stern-Report, den der Ökonom und frühere Chefvolkswirt der Weltbank, NICHOLAS STERN, im Auftrag der britischen Regierung mit anderen Wirtschaftswissenschaftlern erstellt hat, schreckte Politiker wie auch Wirtschaftsführer gleichermaßen auf. Dieser Bericht macht deutlich, wie hoch weltweit der wirtschaftliche Schaden sein wird, wenn wir »business as usual« betreiben und nicht energische Maßnahmen dem Klimawandel entgegensetzen. Gleichzeitig wird in diesem Bericht dargelegt, dass wir mit nur einem Zehntel des wahrscheinlichen Schadens Gegenmaßnahmen finanzieren und die durchschnittliche Erderwärmung auf 2° C beschränken könnten – wenn wir denn handeln würden.

Besonders große Aufmerksamkeit in den Medien und damit in der öffentlichen Wahrnehmung fand der jüngste IPCC-Bericht, der Anfang 2007 deutlich wie nie zuvor den Ernst der Lage offenlegte und drastische Maßnahmen gegen den Klimawandel einforderte.

Zu guter Letzt sei erwähnt, dass auch das außergewöhnliche Engagement einiger Milliardäre wie Bill Gates, Warren Buffet, George Soros und Richard Branson sowie das Engagement von Bill Clinton zur »Rettung unserer Welt« die Menschen auf der ganzen Erde beeindruckt.

Eine wesentliche Aufgabe unserer auf zwölf Bände angelegten Reihe bestand für die Autorinnen und Autoren darin, in dem jeweils beschriebenen Bereich die geeigneten Schritte zu benennen, die in eine nachhaltige Entwicklung führen können. Dabei müssen wir uns immer vergegenwärtigen, dass der erfolgreiche Übergang zu einer derartigen ökonomischen, ökologischen und sozialen Entwicklung auf unserem Planeten nicht sofort gelingen kann, sondern viele Jahrzehnte dauern wird. Es gibt heute noch keine Patentrezepte für den langfristig erfolgreichsten Weg. Sehr viele Wissenschaftlerinnen und Wissenschaftler und noch mehr innovationsfreudige Unternehmerinnen und Unternehmer sowie Managerinnen und Manager werden weltweit ihre Kreativität und Dynamik zur Lösung der großen Herausforderungen aufbieten müssen. Dennoch sind bereits heute erste klare Ziele erkennbar, die wir erreichen müssen, um eine sich abzeichnende Katastrophe abzuwenden. Dabei können weltweit Milliarden Konsumenten mit ihren täglichen Entscheidungen beim Einkauf helfen, der Wirtschaft den Übergang in eine nachhaltige Entwicklung zu erleichtern und ganz erheblich zu beschleunigen – wenn die politischen Rahmenbedingungen dafür geschaffen sind. Global gesehen haben zudem Milliarden von Bürgern die Möglichkeit, in demokratischer Art und Weise über ihre Parlamente die politischen »Leitplanken« zu setzen.

Die wichtigste Erkenntnis, die von Wissenschaft, Politik und Wirtschaft gegenwärtig geteilt wird, lautet, dass unser ressourcenschweres westliches Wohlstandsmodell (heute gültig für eine Milliarde Menschen) nicht auf weitere fünf oder bis zum Jahr 2050 sogar auf acht Milliarden Menschen übertragbar ist. Das würde alle biophysikalischen Grenzen unseres Systems Erde sprengen. Diese Erkenntnis ist unbestritten. Strittig sind jedoch die Konsequenzen, die daraus zu ziehen sind.

Wenn wir ernsthafte Konflikte zwischen den Völkern vermeiden wollen, müssen die Industrieländer ihren Ressourcenverbrauch stärker reduzieren, als die Entwicklungs- und Schwellenländer ihren Verbrauch erhöhen. In Zukunft müssen sich alle Länder auf gleichem Ressourcenverbrauchsniveau treffen. Nur so lässt sich der notwendige ökologische Spielraum schaffen, um den Entwicklungs- und Schwellenländern einen angemessenen Wohlstand zu sichern.

Um in diesem langfristigen Anpassungsprozess einen dramatischen Wohlstandsverlust des Westens zu vermeiden, muss der Übergang von einer ressourcenschweren zu einer ressourcenleichten und ökologischen Marktwirtschaft zügig in Angriff genommen werden.

Die Europäische Union als stärkste Wirtschaftskraft der Welt bringt alle Voraussetzungen mit, in diesem Innovationsprozess die Führungsrolle zu übernehmen. Sie kann einen entscheidenden Beitrag leisten, Entwicklungsspielräume für die Schwellen- und Entwicklungsländer im Sinn der Nachhaltigkeit zu schaffen. Gleichzeitig bieten sich der europäischen Wirtschaft auf Jahrzehnte Felder für qualitatives Wachstum mit zusätzlichen Arbeitsplätzen. Wichtig wäre in diesem Zusammenhang auch die Rückgewinnung von Tausenden von begabten Wissenschaftlerinnen und Wissenschaftlern, die Europa nicht nur aus materiellen Gründen, sondern oft auch wegen fehlender Arbeitsmöglichkeiten oder unsicheren -bedingungen verlassen haben.

Auf der anderen Seite müssen die Schwellen- und Entwicklungsländer sich verpflichten, ihre Bevölkerungsentwicklung in überschaubarer Zeit in den Griff zu bekommen. Mit stärkerer Unterstützung der Industrienationen muss das von der Weltbevölkerungskonferenz der UNO 1994 in Kairo verabschiedete 20-Jahres-Aktionsprogramm umgesetzt werden.

Wenn es der Menschheit nicht gelingt, die Ressourcen- und

Energieeffizienz drastisch zu steigern und die Bevölkerungsentwicklung nachhaltig einzudämmen – man denke nur an die Prognose der UNO, nach der die Bevölkerungsentwicklung erst bei elf bis zwölf Milliarden Menschen am Ende dieses Jahrhunderts zum Stillstand kommt –, dann laufen wir ganz konkret Gefahr, Ökodiktaturen auszubilden. In den Worten von Ernst Ulrich von Weizsäcker: »Die Versuchung für den Staat wird groß sein, die begrenzten Ressourcen zu rationieren, das Wirtschaftsgeschehen im Detail zu lenken und von oben festzulegen, was Bürger um der Umwelt willen tun und lassen müssen. Experten für ›Lebensqualität‹ könnten von oben definieren, was für Bedürfnisse befriedigt werden dürften« (*Erdpolitik*, 1989).

Es ist an der Zeit

Es ist an der Zeit, dass wir zu einer grundsätzlichen, kritischen Bestandsaufnahme in unseren Köpfen bereit sind. Wir – die Zivilgesellschaften – müssen entscheiden, welche Zukunft wir wollen. Fortschritt und Lebensqualität sind nicht allein abhängig vom jährlichen Zuwachs des Prokopfeinkommens. Zur Befriedigung unserer Bedürfnisse brauchen wir auch keineswegs unaufhaltsam wachsende Gütermengen. Die kurzfristigen Zielsetzungen in unserer Wirtschaft wie Gewinnmaximierung und Kapitalakkumulierung sind eines der Haupthindernisse für eine nachhaltige Entwicklung. Wir sollten unsere Wirtschaft wieder stärker dezentralisieren und den Welthandel im Hinblick auf die mit ihm verbundene Energieverschwendung gezielt zurückfahren. Wenn Ressourcen und Energie die »wahren« Preise widerspiegeln, wird der weltweite Prozess der Rationalisierung und Freisetzung von Arbeitskräften sich umkehren, weil der Kostendruck sich auf die Bereiche Material und Energie verlagert.

Der Weg in die Nachhaltigkeit erfordert gewaltige technologische Innovationen. Aber nicht alles, was technologisch machbar ist, muss auch verwirklicht werden. Die totale Ökonomisierung unserer gesamten Lebensbereiche ist nicht erstrebenswert. Die Verwirklichung von Gerechtigkeit und Fairness für alle Menschen auf unserer Erde ist nicht nur aus moralisch-ethischen Prinzipien erforderlich, sondern auch der wichtigste Beitrag zur langfristigen Friedenssicherung. Daher ist es auch unvermeidlich, das politische Verhältnis zwischen Staaten und Völkern der Erde auf eine neue Basis zu stellen, in der sich alle, nicht nur die Mächtigsten, wiederfinden können. Ohne einvernehmliche Grundsätze »globalen Regierens« lässt sich Nachhaltigkeit in keinem einzigen der in dieser Reihe diskutierten Themenbereiche verwirklichen.

Und letztendlich müssen wir die Frage stellen, ob wir Menschen das Recht haben, uns so stark zu vermehren, dass wir zum Ende dieses Jahrhunderts womöglich eine Bevölkerung von elf bis zwölf Milliarden Menschen erreichen, jeden Quadratzentimeter unserer Erde in Beschlag nehmen und den Lebensraum und die Lebensmöglichkeiten aller übrigen Arten immer mehr einengen und zerstören.

Unsere Zukunft ist nicht determiniert. Wir selbst gestalten sie durch unser Handeln und Tun: Wir können so weitermachen wie bisher, doch dann begeben wir uns schon Mitte dieses Jahrhunderts in die biophysikalische Zwangsjacke der Natur mit möglicherweise katastrophalen politischen Verwicklungen. Wir haben aber auch die Chance, eine gerechtere und lebenswerte Zukunft für uns und die zukünftigen Generationen zu gestalten. Dies erfordert das Engagement aller Menschen auf unserem Planeten.

Danksagung

Mein ganz besonderer Dank gilt den Autorinnen und Autoren dieser zwölfbändigen Reihe, die sich neben ihrer hauptberuflichen Tätigkeit der Mühe unterzogen haben, nicht für wissenschaftliche Kreise, sondern für eine interessierte Zivilgesellschaft das Thema Nachhaltigkeit allgemeinverständlich aufzubereiten. Für meine Hartnäckigkeit, an dieser Vorgabe weitestgehend festzuhalten, bitte ich an dieser Stelle nochmals um Nachsicht. Dankbar bin ich für die vielfältigen und anregenden Diskussionen über Wege in die Nachhaltigkeit. Mich hat sehr beeindruckt, mit welcher Disziplin die Wissenschaftlerinnen und Wissenschaftler den Zeitplan exakt eingehalten haben, innerhalb von zwölf Monaten alle zwölf Bücher fertigzustellen.

Bei der umfangreichen Koordinationsarbeit hat mich von Anfang an ganz maßgeblich Ernst Peter Fischer unterstützt – dafür meinen ganz herzlichen Dank, ebenso Wolfram Huncke, der mich in Sachen Öffentlichkeitsarbeit beraten hat. Für die umfangreichen organisatorischen Arbeiten möchte ich mich ganz herzlich bei Annette Maas bedanken, ebenso bei Ulrike Holler und Eva Köster vom S. Fischer Verlag für die nicht einfache Lektoratsarbeit.

Auch den finanziellen Förderern dieses Großprojektes gebührt mein Dank: allen voran der ASKO EUROPA-STIFTUNG (Saarbrücken) und meiner Familie sowie der Stiftung Europrofession (Saarbrücken), Erwin V. Conradi, Wolfgang Hirsch, Wolf-Dietrich und Sabine Loose.

Seeheim-Jugenheim
Sommer 2007

Stiftung Forum für Verantwortung
Klaus Wiegandt

Vorwort

Über »global governance« oder »Weltregieren« wächst ein unaufhaltsamer Strom von Publikationen an. Ich hatte eigentlich nicht die Absicht, selbst einen eigenen Beitrag zu dieser Debatte zu leisten. Die Herausforderung, eben dies aus der Perspektive der »Nachhaltigkeit« im Rahmen des ehrgeizigen Projekts des Forums Verantwortung zu tun, war indes unwiderstehlich. Dabei kam ich nicht umhin, manches aus der – vorwiegend »westlichen« – Debatte gegen den Strich zu bürsten. Das bedarf der Erklärung.

Ein wichtiger Strang dieser Debatte zielt auf die *Demokratisierung* des Weltregierens. Er ist normativ orientiert, möchte die Werte und Normen der westlichen Aufklärung zur Leitlinie des Weltregierens machen und vernachlässigt die Reibungen, die ein solcher Versuch hervorrufen würde. Mein Ansatz startet von einem anderen Punkt aus: Von den schwerwiegenden Risiken für Mensch und Natur, die meine Kollegen in den anderen Büchern dieser Reihe so eindrucksvoll und bedrückend dargestellt haben, und von der unausweichlichen Notwendigkeit, weltweite Maßnahmen zustande zu bringen, um diese Risiken zu bewältigen. Das ist für mich – und damit für diesen Band – die vorrangige Frage: Wie lassen sich die Rahmenbedingungen herstellen, innerhalb deren die Lösung dieser drängenden Probleme möglich wird – in der Welt, wie sie heute ist und in absehbarer Zeit werden wird? Die erste Feststellung, die dabei zu treffen ist: In dieser Welt gibt es nichtdemokatische Staaten wie China, die Teil der Lösung sein müssen. Wenn sie sich im Verlauf dieses Prozesses demokratisieren, fein. Wenn nicht, muss es auch gehen.

Ein weiterer wichtiger Diskussionsstrang hält den Staat für abnehmend wichtig, sieht eine »Entstaatlichung«, eine »Denationalisierung« des Weltregierens. Ich bin in meinen Überlegungen konservativer. Ich traue dem Staat im Guten und im Bösen noch eine Menge zu und glaube, dass man ohne eine *zentrale* Rolle der Staaten ein nachhaltiges Weltregieren nicht zustande bringen wird. Auch fürchte ich, dass das staatliche Störpotenzial, Regelungen für die Weltprobleme zu behindern, unvermindert groß bleiben wird. Weltregieren ist daher *vor allem* staatliches Regieren, mit angemessenen Beiträgen anderer Akteure, gewiss, aber mit den Staaten und ihren Organisationen im Mittelpunkt.

Die Hoffnung, dass die Menschheit die vor ihr liegenden Herausforderungen am Ende bewältigen kann, erfordert ein gewisses Maß an optimistischer Utopie. Die habe ich aufgebracht, aber stets in dem Bemühen, die Bodenhaftung zur politischen Wirklichkeit nicht zu verlieren. Ich versuche, Weltregieren zu entwerfen, indem ich an den vielversprechendsten Modellen anknüpfe, die wir hier und jetzt vorfinden und die einigermaßen funktionieren. Von da aus versuche ich weiterzudenken, nicht jedoch von Bedingungen aus, die womöglich nur in phantasiereichen Köpfen existieren, aber nirgendwo sonst. Wie weit diese Mixtur aus Realismus und Utopie gelungen ist, müssen meine Leserinnen und Leser entscheiden. Ich würde mich freuen, wenn sie Unzulänglichkeiten dieses Bandes zum Anlass nehmen, um weiter zu denken und ihre eigenen Modelle gelingenden Weltregierens zu entwickeln. Denn letztlich hängt dessen Gelingen vom Engagement der Vielen ab, nicht von der Weisheit einiger weniger Staatslenker – obwohl auch diese Weisheit, ein seltenes Gut, dringend benötigt wird.

Das Format der Reihe schließt den Verzicht auf ausführliche Quellenangaben zugunsten einer knappgehaltenen Literaturliste ein. Ich bin daher nicht in der Lage, diejenigen, deren Arbeiten mir in meinen eigenen Gedankengängen nachgeholfen haben, wie auch diejenigen, mit deren Positionen ich mich kritisch auseinandersetze, angemessen zu würdigen. Ich bitte dafür pauschal um Nachsicht.

Viele kluge Menschen haben mir geholfen, meine Gedanken für dieses Buch zu ordnen. Philip Liste und Ulrike Müller haben das sechste Kapitel, Nicole Deitelhoff, Melanie Zimmer und Thomas Gebauer Teile des sechsten und siebten, Kerstin Martens das gesamte siebte Kapitel konstruktiv kommentiert. Carmen Wunderlich hat das Glossar erstellt und Fahnenkorrektur gelesen. Dafür gilt ihnen großer Dank. Mein Freund und Kollege Jonas Wolff hat es auf sich genommen, den Erstentwurf jedes einzelnen Kapitels durchzugehen und dann nochmals das gesamte Endmanuskript mit mir zu diskutieren. Ohne die Gespräche mit ihm hätte ich viele Denkfehler gemacht, ich kann ihm gar nicht genug dafür danken, wie konstruktiv er sich in meine eigenen Überlegungen hinein- und darüber hinausgedacht hat.

Das Buch eigne ich meinem Freund Piwi zu, bürgerlich Heinz-Georg Frey. Seit unseren gemeinsamen Tagen als Achtundsechziger hat mich diese unverbrüchliche Freundschaft durch mein Leben begleitet. Piwi hat die schönste literaturwissenschaftliche Arbeit geschrieben, die ich gelesen habe – über die Frauen in Goethes Wilhelm Meister –, und dennoch den im Vergleich zu meinem schwierigeren beruflichen Weg gewählt, als er sich für den Lehrerberuf entschied. Er füllt ihn seither mit unvermindertem Engagement und Elan aus. An ihm liegt »Pisa« wahrlich nicht. Ohne seine Treue, seine brillante Intelligenz und seinen unvergleichlichen Humor wäre mein Leben so viel ärmer. Deshalb, und weil sein (und Magdalenas) Interesse an Nachhaltigkeit der drei prächtigen Söhne wegen womöglich noch größer ist als meines, widme ich ihm dieses Buch.

Frankfurt am Main, im Juli 2007

1 Was heißt »nachhaltiges Weltregieren«?

Die übrigen Bücher dieser Reihe haben sich Stück für Stück mit den einzelnen Themen eines nachhaltigen Umgangs mit der Welt beschäftigt. Sie haben einen kritischen Blick auf die Art und Weise geworfen, wie wir Menschen mit den Angeboten umgehen, die uns eine eigentlich weitgehend freundliche Umwelt macht. Sie haben bittere Prognosen darüber gestellt, was mit Luft, Wasser, Klima und so weiter geschieht, wenn wir die bisherige Praxis ohne einschneidende Korrekturen weiterbetreiben. Und sie haben Wege gezeigt, diese Praxis zu verändern und zu einem Leben in und auf der Welt zu finden, das nicht zwangsläufig in ein oder zwei Generationen in die Katastrophe, wenn nicht in den allgemeinen Untergang führt.

So weit, so gut. Aber wer ist »wir«? Die Menschheit als Ganzes, so will es scheinen. Aber die Menschheit ist kein Akteur. Sie ist kein reales Kollektiv, so wie Ihre Familie, Ihr Sportverein, Ihre Firma eine handlungsfähige Gruppierung ist. Die größten handlungsfähigen Kollektive, die augenblicklich auf der Welt existieren, sind Staaten und einige besonders große Unternehmen, dazu gutausgestattete internationale Organisationen (obgleich die im Allgemeinen die Staaten zum wirksamen Handeln brauchen!), die Kirchen, Nichtregierungsorganisationen wie z. B. Greenpeace, Human Rights Watch, amnesty international oder Transparency International sowie weniger erfreuliche Erscheinungen wie die Mafia oder al-

Qaida. Das sind im Großen und Ganzen die kollektiven »Leute«, mit denen »wir« anfangen müssen, nachhaltige Weltpolitik zu betreiben.

Aber was soll das heißen: »nachhaltige Weltpolitik«? Ist Nachhaltigkeit und Politik nicht ein Widerspruch in sich? Haben Politiker gerade in den mächtigsten und erfolgreichsten Ländern – immer noch die westlichen Demokratien (also die transatlantische Welt plus Australien, Neuseeland und Japan) – nicht einen Horizont, der nicht weiter als bis zur nächsten Wahl reicht? Und hat sich nicht die ängstliche Illusion, totalitäre Staaten wie die Sowjetunion könnten viel besser als wir langfristige Pläne verfolgen, in Luft aufgelöst, weil die Sowjets noch viel unfähiger waren, eine stetige Zukunft vorzubereiten als der scheinbar so fragmentierte Westen? Sehen wir nicht heute, dass ein nichtdemokratisches Land wie China noch größere Probleme hat, trotz erkannter Probleme eine verträgliche Umweltpolitik zu betreiben? Hat nicht die chinesische Bevölkerungspolitik, so weitblickend sie erst zu sein schien, in Verbindung mit der traditionellen Bevorzugung von Söhnen zu einem Ungleichgewicht der Geschlechter in der jungen Generation geführt, die mittelfristig einen Überhang an alten Menschen produzieren wird, gemessen an dem unsere eigenen Probleme mit den Systemen der Altersversorgung luxuriös erscheinen?

Abgesehen von dem scheinbar natürlichen Widerspruch von Politik und Nachhaltigkeit, was bedeutet die *Kombination* beider Begriffe überhaupt? Beim Umgang mit der Natur ist das ja einleuchtend: Er soll so beschaffen sein, dass die natürliche Grundlage, mit der man umgeht – die Atmosphäre, Fischbestände etc. –, auf Dauer erhalten bleibt. Aber eine solch selbstverständliche Definition fällt einem für »nachhaltige

Politik« nicht auf Anhieb ein. Und schließlich »Weltpolitik« – bei diesem Begriff kommt einem zunächst einmal Kaiser Wilhelm II. in den Sinn, eine der am wenigsten »nachhaltigen« Figuren der deutschen Geschichte. Mit anderen Worten: »Weltpolitik« ist besetzt mit dem ewigen heroischen Kampf der großen Mächte, mit ihrem Auf- und Absteigen, dauerhaften Rivalitäten und den immer wiederkehrenden Konfrontationen im großen Krieg. Das kann es offensichtlich nicht sein! Nun ist hier nicht von »Weltpolitik« die Rede, sondern von »Weltregieren«. Aber dieses Wort provoziert noch mehr Fragezeichen und Misstrauen. Bürgerinnen und Bürger haben die Unzufriedenheit mit dem weit entfernten politischen Entscheiden gelernt. Man hängt zwischen Skylla und Charybdis: Entweder die fernen »Regierer« sind ineffizient, wie die Vereinten Nationen, so will es scheinen, oder übereffizient wie die Brüsseler Bürokratie. Beide Alternativen erwecken erst einmal weder Vertrauen noch Sympathie. »Weltregieren« klingt verdächtig nach »Weltregierung«, und eine solche Konstruktion hatte schon Immanuel Kant verworfen: Er befürchtete, das werde auf Tyrannei hinauslaufen, ohne dass Freiheit und Widerstand noch irgendwo eine Heimstätte hätten. Um es vorwegzunehmen – zur Beruhigung: *Weltregieren heißt nicht Weltstaat*, obgleich heute manche ernstzunehmenden Menschen dies als einzigen Ausweg aus unserer Misere ins Auge fassen. Aber erst einmal der Reihe nach. Die Weltprobleme, die das Nachhaltigkeits-Projekt bearbeitet hat, betreffen alle Menschen, Völker und Staaten, wenn auch in unterschiedlicher Schärfe. Sie lassen sich nur erfolgreich bearbeiten, wenn alle »Problemproduzenten« und alle, die sonst zu einer Lösung beitragen können, gemeinsam daran arbeiten, und wenn andere, die (noch) unbeteiligt sind, mit großer Aufmerksamkeit darauf achten, nicht selbst zu »Problemproduzenten« zu werden. Als Erstes brauchen wir also *Übereinstimmung über die Probleme*. Das ist weniger selbstverständlich, als man meinen könnte, wie die Haltung der amerikanischen Regierung zur Klimaerwärmung oder die der südafrikanischen zu AIDS gezeigt haben: Beide (demokratischen!) Staatsführungen haben sich erst einmal gegen die mehrheitlich geteilte Problemdefinition gesperrt, und wir sind bei beiden immer noch nicht völlig über den Berg.

Was ist also »Weltregieren«? »Weltregieren oder ›global governance‹ ist eine Spezies des Regierens, und *Regieren* bedeutet nichts anderes, als aussichtsreiche Vorgehensweisen zur Lösung gemeinschaftlicher Probleme zu identifizieren, sie in verbindliche Verhaltensregeln umzuschreiben, die Einhaltung dieser Regeln zu überwachen und sie, falls notwendig, geänderten Rahmenbedingungen anzupassen. *Weltregieren* liegt dann vor, wenn sowohl die Probleme als auch die Regeln, mit deren Hilfe sie gelöst werden sollen, nicht auf den Rahmen einer politischen Gemeinschaft beschränkt bleiben, sondern einen tendenziell weltumspannenden Charakter haben« (Volker Rittberger).

Damit globales Regieren funktioniert, braucht es als nächsten Schritt *Übereinstimmung über die Ziele*. Auch die wird nicht einfach zu erreichen sein. Auch vernünftige Leute können sich über das streiten, was sie wollen; oder was sie wollen sollen. Wer die Bücher unserer Reihe liest, mag gelegentlich Schwierigkeiten haben, die schiere Möglichkeit zum Streit zu verstehen – so klar scheinen die Tatbestände und die Handlungsnotwendigkeiten zu sein. Aber wenn man daran denkt, dass China – wenigstens bis vor kurzem – die maximale Steigerung des eigenen Bruttosozialprodukts gegenüber der Schonung selbst der Atemluft in chinesischen Städten für vorrangig hielt, wenn man in Rechnung stellt, dass eine große deutsche Volkspartei bis vor kurzem glaubte, unser mit Immigranten bestücktes Land sei kein Einwanderungsland, wenn man staunend zur Kenntnis nimmt, dass die gegenwärtige amerikanische Regierung lange gegen die preiswerte Abgabe von AIDS-Medikamenten gekämpft hat – dann kann man sich vorstellen, dass schon die Einigung auf das, »was Sache ist« und »wo es hingehen soll«, viel Schweiß der Edlen kosten wird; denn hier geht es um Ideologie *und* Interessen, und das sind hohe Hürden.

Die Festlegung der Ziele ist nur der erste Schritt. Wenn man ein Haus bauen will, genügt der Schattenriss nicht. Ein Bauplan muss her, die Statik muss durchgerechnet sein, eine Arbeitsteilung zwischen den Handwerkern ist zu vereinbaren, ein Ablaufplan zu erstellen, Bestellungen und Beschaffungen sind zu tätigen und vieles mehr. So auch hier: Was jeder Akteur – die oben genannten Beteiligten an der Weltpolitik, mit den Staaten im Mittelpunkt – zu tun hat, ist festzulegen. Das ist noch schwieriger als die Ziele: Hier kommen Fragen der Verantwortung (für die bestehenden Zustände), der ungleichen Möglichkeiten (zwischen Reich und Arm), der Verteilung von Gütern und Werten und der Gerechtigkeit ins Spiel. Diese Kombination von Moral und Nutzen ist hochbrisant, weil konflikttreibend. Die meisten Kriege der Weltgeschichte haben diese beiden Elemente in unterschiedlichen Mixturen als Ausgangspunkt.

Nachhaltigkeit zweiter Ordnung

Damit bin ich am »harten Kern« meines eigenen Beitrags zum Nachhaltigkeits-Projekt angekommen. Es geht mir nämlich nicht darum, einzelne Regelsysteme zu entwerfen, die auf

Dauer die Probleme erfolgreich, das heißt nachhaltig, regeln und verwalten, die meine Kollegen analysiert haben, das heißt, es geht nicht um »nachhaltiges Weltregieren erster Ordnung«. Wie das gemacht werden sollte, dazu steht in den anderen Büchern das Wesentliche. Vielmehr geht es mir um »nachhaltiges Weltregieren zweiter Ordnung«: um die grundsätzliche Überlegung, wie überhaupt die *Voraussetzungen* dafür geschaffen werden können, dass solche Regeln zustande kommen. Dieser Gedanke bedarf der Erläuterung, bevor wir uns damit beschäftigen können, worum es dabei eigentlich geht. Es leuchtet auf den ersten Blick schwer ein, dass man die offensichtlichen Probleme nicht einfach angehen kann. Geht es nicht nur darum, die richtigen Experten und Expertinnen zu finden, die Lösungen entwerfen? Der vernünftigste Weg, auf den sich diese Expertinnengruppe einigen kann oder für die sich wenigstens eine Mehrheit bildet, wird dann umgesetzt – warum kann man es nicht einfach so machen?

Die hinter dieser Frage stehende Philosophie heißt »Sozialtechnologie« oder »social engineering«. Sie wäre gut und schön, wenn es nur um technische Fragen ginge. Aber, wie ich versucht habe darzulegen, verlieren auch Fragen der Naturwissenschaft – der Ökologie, der Meteorologie – ihre Unschuld, wenn sie mit dem Sozialen und dem Politischen in Berührung kommen. Dann geht es um Interessen und Glauben, um Moral und Leidenschaft, um Mehr und Weniger, um Gut und Böse. Wo sich die »reine Wissenschaft« und ihre breite, gesellschaftlich und politisch wirkungsmächtige Anwendung treffen, spaltet sich meistens auch die Wissenschaftlergemeinde in Pole, Gruppen, Parteien und Sekten. Die »ExpertInnen« helfen nichts mehr, wenn sie sich streiten. Ihr Streit ist bereits – oft nur unbewusst – mit Wertvorstellungen, kulturellen Prägungen, Ideologien versetzt. Umgekehrt wählen sich Öffentlichkeit und Politik aus den wissenschaftlichen Streitpositionen das heraus, was in ihre Wertvorstellungen, kulturellen Prägungen und Ideologien passt.

Das klingt nach Resignation, ist aber nicht so gemeint. Wir schaffen es ja trotz dieser Tatsache immer wieder, zu Entscheidungen zu gelangen. Oft sind diese Entscheidungen auch ganz vernünftig und führen weiter. Das Wichtige ist nicht, dass ein Weg stets eindeutig vorgezeichnet ist und alle Beteiligten sich automatisch auf diesen Weg einigen (die Welt wäre ein langweiliger Platz, wenn dies so wäre). Wichtig ist vielmehr, die Vorkehrungen dafür getroffen zu haben, mit Konflikten dauerhaft so umgehen zu können, dass Entscheidungen möglich werden und alle Streitparteien sich dem auch fügen. Verlässliche Verfahren, die allen Beteiligten so fair erscheinen, dass sie sich auf deren Ergebnisse auch dann verlassen, wenn diese von ihren Präferenzen abweichen, sind die Grundvoraussetzung für nachhaltiges Regieren. Dann kann man sich nämlich einigermaßen darauf verlassen, dass die Regeln hinreichende Gefolgschaft finden, und zwar auch unter denen, die andere Regeln für (noch) besser halten und / oder bei ihrem Zustandekommen dagegen votiert haben. Es ist das Geheimnis unserer demokratischen Verfassungen, dass dies trotz lautstarkem Streit immer wieder gelingt. Nachhaltiges Weltregieren verlangt, vergleichbare Rahmenbedingungen auch auf globaler Ebene zu schaffen.

Die Qualitäten, die Regeln dazu verhelfen, dass die Menschen sie in diesem Sinne nachhaltig befolgen, lassen sich in vier Gruppen einteilen:

- Erstens: Wenn die Regeln angewandt werden, muss sich die Lage verbessern, die Menschen müssen spüren können, dass das Problem, für dessen Bearbeitung man die Regel zuallererst gesetzt hat, einer Lösung näher gerückt ist, dass ihr eigener Wohlstand sich mehrt oder Missstände schwinden (»Output-Legitimität«).

- Zweitens: Die Regel muss annehmbar zustande gekommen sein. Die Leute müssen sich darin wiederfinden können. »Ownership« ist das Schlüsselwort, das anzeigt, dass eine vereinbarte Problemlösung nicht einigen wenigen gehört, sondern möglichst vielen. Dieses Gefühl der »Ownership« kommt normalerweise dadurch zustande, dass man irgendwie – direkt, durch Beteiligung von Repräsentanten, durch Befragungen oder Bürgerforen – an der Regelsetzung beteiligt war (»Input-Legitimität«).
- Drittens: Die Regel muss änderbar sein. Es könnte sich ja herausstellen, dass sie das Problem nicht optimal löst oder dass sich das Problem verändert. Oder dass sie Kosten und Nutzen sehr ungleich verteilt. Für diese Fälle müssen sich die Betroffenen darauf verlassen können, dass die Vorschriften nicht in Zement gegossen sind, sondern sich in einem annehmbaren Zeithorizont verbessern lassen.
- Viertens: Die Betroffenen müssen die »Regelgemeinschaft« als angemessen akzeptieren. Sie müssen bereit sein, mit den Partnern zusammenzuarbeiten. Es darf keine Feindschaft geben, die die Regelgemeinschaft zersprengt. Dies ist keine Eigenschaft der Regel selbst, sondern der Gruppen(n) von Menschen, die von dem zu lösenden Problem betroffen sind. Ist die Feindschaft stärker als der problembedingte Leidensdruck, so hilft die beste Regel der Welt nicht zu einer nachhaltigen Problemlösung.

Die Vorkehrungen, die vonnöten sind, um diese vier Bedingungen einzulösen, müssen mit drei miteinander verketteten

Stolpersteinen fertigwerden, die nachhaltigem Weltregieren im Wege stehen (außer Ignoranz, Dummheit, Gier und Bösartigkeit). Es geht nicht um individuelle Unzulänglichkeiten, sondern um strukturelle Grundprobleme weltpolitischen Handelns. Diese Stolpersteine sind der *Umgang mit Verschiedenheit*; der *Streit um Gerechtigkeit*; und *Krieg*.

Der Umgang mit Verschiedenheit

Die Welt ist fragmentiert. Sie besteht aus 192 Staaten und mehr als 6000 Ethnien. In diesen Staaten und Ethnien konkurrieren Weltreligionen wie das Christentum (in seinen zahllosen Ausprägungen, die wiederum untereinander im Clinch liegen), der Islam (mit seinem Schisma zwischen Sunna und Schia, mit jeweils unterschiedlichen Schulen und Sekten wie den Alawiten, Drusen oder Ismaeliten, die von »Strenggläubigen« als Häretiker angesehen werden), das Judentum, der Hinduismus, der Buddhismus, der Konfuzianismus, der Taoismus, der Shintoismus sowie Naturreligionen. Ganz zu schweigen von Millionen Menschen, die areligiös sind. Und natürlich gibt es auch unterschiedliche politische Ideologien. Den Liberalismus mit seinen konservativen, sozialdemokratischen und sozialistischen Ausprägungen; den Marxismus, der immer noch seine Anhänger hat und mit Hugo Chavez eine unorthodoxe, muntere »Neo«-Form entwickelt; diverse Formen von Staatsautoritarismus, die das »Gute Regieren« von starken, autoritären Führungen abhängig sehen, so in China, Singapur oder Malaysia; diverse Kreuzungen von Religion und Politik wie in der Islamischen Republik Iran oder in der wahabitischen Monarchie in Saudi-Arabien.

Nachhaltiges Weltregieren muss Wege finden, diese Vielfalt so unter einen Hut zu bringen, dass Entscheidungen möglich werden, die auf Akzeptanz stoßen. Das ist alles andere als leicht. In einem späteren Kapitel will ich mit Behutsamkeit und Vorsicht Vorschläge entwickeln, wie aus der Vielfalt wenigstens in großen Fragen Einheit erwachsen kann.

Im Westen herrscht eine ziemlich einhellige Meinung über das »Weltregieren«, in dem sich von den solidarischen Idealisten des Kosmopolitismus bis zu den neokonservativen Promotoren der amerikanischen Hegemonie alle einig zu sein scheinen: Es soll nach unserer Nase gehen. Wir sind im Besitz des Patentrezeptes. Die Verbindung von Marktwirtschaft und Demokratie ist das Ideal. Alle Probleme sind so zu lösen, und eine Menge Freiheit und Menschenrechte gibt es obendrein. In diesem Geiste hat Francis Fukuyama 1992 das »Ende der Geschichte« verkündet (und damit seine tiefe Unkenntnis des Geschichtlichen dokumentiert). Damit wäre die Rezeptur für die Art und Weise, wie weltweit Entscheidungen zu treffen und umzusetzen sind, bereits auf dem Tisch und weitere Diskussionen wären überflüssig. Außer vielleicht über die Feinsteuerung des »Wie«: Ob es über eine kosmopolitische Demokratie, das heißt mit einer demokratisierten UNO, erreicht werden soll oder durch eine gemeinsame Entscheidungsfindung der Demokratien, die dann auch für die anderen gleich mit entscheiden, deren Befugnis durch ihren nichtdemokratischen Charakter ausgeschlossen wird, ist umstritten. Aber der Grundsatz steht fest.

Nun bin ich als Kind des demokratischen Nachkriegsdeutschland ein ebenso überzeugter Demokrat wie die Verfechter der Weltdemokratie und glaube an unsere Werte nicht weniger als sie. Was mich von ihnen unterscheidet, ist die Bereitschaft zu größerer Demut und zum Respekt auch vor denjenigen Werten, die wir nicht so sehr mögen. Unsere Werte sind auf einem ganz bestimmten geschichtlichen Pfad gewachsen. Dass dieser Pfad mit ideologischem Unsinn verklärt wird, wie etwa dem, dass die liberalen Menschenrechte dass natürliche Produkt der »christlich-jüdischen« Tradition seien, verstärkt die gefährliche Arroganz des Westens noch. Wer auch nur rudimentäre Kenntnisse der Geschichte des christlichen Abendlandes besitzt, dem ist klar, dass die Christen buchstäblich durch Blut gewatet sind, dass die Trennung von Staat und Kirche (so weit sie reicht!) dem glücklichen Umstand eines ungefähren Machtgleichgewichts zwischen beiden in Mittelalter und früher Neuzeit entsprang (und wo ein solches Gleichgewicht nicht gegeben war, unheilvolle Allianzen entstanden, wie im Spanien der Nach-Reconquista, dem christlichen Äquivalent des Taliban-Staates). Der Kenner westlicher Geschichte weiß auch, dass sich die demokratische Gewaltenteilung ohne Zutun der Religion aus dem frühneuzeitlichen Gleichgewicht zwischen Monarchen, Adel und Bürgertum entwickelt hat. Und er ist sich dessen bewusst, dass von der Aufklärung an bis in unsere Tage hinein die Menschenrechte gegen den Widerstand der Kirche(n) erkämpft werden mussten. Diese Historie gibt wahrlich keinen guten Grund für ein kulturhistorisches Überlegenheitsgefühl. Für das Weltregieren ist aber etwas anderes entscheidend: Es hat weder Sinn, anderen die eigenen Vorstellungen für die geeignete Entscheidungsform aufzwingen zu wollen, wenn man die Kooperation der anderen braucht. Noch führt es irgendwohin, wenn man glaubt, die »Guten« könnten den »Bösen« ihre eigenen Entscheidungen aufzwingen. Beide Ansätze provozieren Widerstand und Verweigerung. Genau das kann man aber für eine nachhaltige Weltpolitik nicht brauchen. Widerstand und Verweigerung stehen einer effektiven Problemlösung im Wege. Und noch schlimmer: Beide sind der Ausgangspunkt für Gewaltspiralen. Sie öffnen das Tor des Krieges. Der übergeordnete Grundsatz für den Umgang mit der Verschiedenheit heißt daher Teilhabe. Alle wesentlichen Stimmen haben ein Anrecht, mitzureden, gleich ob sie demokratischen oder nichtdemokratischen Regierungen (oder auch Nichtregierungsorganisationen!) gehören. Übrigens fällt uns gar nicht auf, dass wir in einer Reihe von politischen Fragen einer erzundemokratischen Institution ständig Gehör schenken, oft sogar mit erheblichem Gewinn: nämlich der katholischen Kirche, deren mittelalterliches Hierarchieprinzip nun wirklich jedem überzeugten Demokraten das Herz bluten lassen muss. Wir tun das mit gutem Grund: der besteht im Respekt vor Millionen Gläubigen, die sich willig von den nicht gewählten, sondern von oben ernannten Würdenträgern der Kirche in bestimmten Fragen repräsentieren lassen. Der gleiche Respekt muss in übertragenem Sinne anderen, nichtdemokratischen Ländern gelten, solange dort Bürgerinnen und Bürger nicht in großer Zahl durch offene Rebellion bekunden, dass sie die Herrschenden nicht mehr tolerieren. Also noch einmal: Unsere Kultur ist nur eine von vielen, wenn auch aus unserer Sicht die beste und wichtigste. Politische Grundsätze, die aus dieser historisch gewachsenen Kultur entspringen, sind nicht dann universal gültig, wenn unsere klugen, lebenden Philosophen dies aus den Werken ebenso kluger, toter Philosophen logisch lückenlos ableiten. Denn auch die toten Philosophen und die Regeln der Ableitung sind auf unserem eigenen kulturellen Mist gewachsen – wir bewegen uns also immer noch im eigenen, beschränkten Kreise und nicht in der weiten Welt. Universale Gültigkeit gewinnen nur solche Prinzipien, Normen und Regeln, die *tatsächlich von den Repräsentanten aller Kulturen der Welt anerkannt* werden. Universalismus ist also nicht das, was wir von uns aus behaupten, aber er ist auch nicht unmöglich, wie manche philosophischen Gegenwartsströmungen wie der Kommunitarismus oder der Postmodernismus meinen. Er ist vielmehr eine Frage möglichst breiter Zustimmung. Nicht »Ableiten«, sondern Debattieren ist daher die Devise. Gerade deshalb ist die UNO so wichtig und nicht, wie manche wahrhaftig glauben, durch die NATO oder eine durch alle Demokratien erweiterte »Globale NATO« zu ersetzen oder (wenn sie nicht so entscheidet, wie wir das wünschen) auszuhebeln. Denn nur in der UNO sind wirklich alle Länder, Regionen und Kulturkreise präsent – wenn auch leider nicht überall mit *gewählten* Führern.

Der Streit um Gerechtigkeit

Kaum ein Wert genießt so hohes Ansehen wie die Gerechtigkeit, und um kaum eines anderen willen ist so viel Blut vergossen worden. Der Umgang mit ihm verdient daher ebenso viel Respekt wie Vorsicht. Über die Gerechtigkeit gibt es in allen Kulturen ausführliche ethische Debatten, die sich um das gute Leben und die gerechte Ordnung drehen, in die es eingebettet ist. Sehr viel weniger hat man über Gerechtigkeit im Raum jenseits von Gesellschaft und Staat nachgedacht, mit einer bestürzenden Ausnahme, der des »gerechten Krieges«. Erst in jüngerer Zeit ist der Gedanke an die Verteilungsgerechtigkeit im globalen Rahmen behandelt worden, vorerst – nicht unerwartet – ausgesprochen kontrovers.

Der »gerechte Krieg« verbindet zwei unserer drei Schlüsselprobleme des globalen Regierens. Ich will diesen Begriff einer Fundamentalkritik unterziehen. Mit dem Attribut »gerecht« verwandelt sich der Krieg von etwas Schrecklichem in etwas Gutes. Dass gerecht und gut zwei Seiten einer Medaille sind, ist seit der Antike Bestandteil westlichen Denkens; diese Überlappung ist auch dem Denken anderer Kulturen nicht fremd. Das Begriffspaar erweckt daher den Eindruck, dass es Kriege gibt, die intrinsisch gute Eigenschaften haben. Das bestreite ich. Der »gerechte Krieg« zeichnet sich dadurch aus, dass er für einen gerechtfertigten Grund geführt wird, dass er von der angemessenen Autorität (den Staatsführungen oder heute dem Sicherheitsrat der UNO) beschlossen wird, dass das Ius in Bello, das humanitäre Völkerrecht, beachtet wird, die Trennung zwischen Zivilisten und Kombattanten. Andere Möglichkeiten zur Behebung der Ungerechtigkeit, gegen die der Krieg geführt wird, müssen ausgeschöpft und die Anwendung von Gewalt proportional zu Zielen und Notwendigkeiten sein. All das sind Prinzipien, gegen die sich nichts sagen lässt. Sie rechtfertigen aber das Attribut »gerecht« nicht. Es gibt wenige völlige Übereinstimmungen zwischen den verschiedenen Kulturen der Welt, aber dass Gerechtigkeit »Jedem das Seine« bedeutet (übrigens auch »Jeder das Ihre«), halten sie in der einen oder anderen Form alle fest. Was das »Seine« oder »Ihre« ist, darüber wird gestritten. Aber Einigkeit besteht darin, was es nicht ist: Der gewaltsame Tod eines oder einer Unschuldigen ist immer ungerecht. Nun bringt der Krieg aber den Tod von Unschuldigen zwangsläufig mit sich. Der Kollateralschaden ist nicht ein vermeidbarer Zufall, sondern wohnt der Kriegshandlung inne. Er kommt in jedem Krieg als dessen unvermeidbarer Begleitumstand vor (das gilt übrigens auch für den Tod von zum Dienst gepressten Soldaten, die keine Chance der Verweigerung haben). Wenn der Krieg aber notwendigerweise den Tod von Unschuldigen, also eine gravierende Ungerechtigkeit, hervorruft, so kann er nicht intrinsisch gerecht sein. Der »gerechte Krieg« ist eine begriffliche Unvereinbarkeit. Damit ist nicht gesagt, dass es keine Kriege gibt, die nicht zu vermeiden sind. Die Verteidigung gegen einen Angriff oder die Hilfe für von einem wirklichen Genozid (und nicht nur dessen Behauptung) Bedrohte sind gerechtfertigt. Aber Rechtfertigung ist nicht gleich Gerechtigkeit. Auch solche Kriege sind im Kern ungerecht, weil unschuldiges Leben verlorengeht. Sie können das kleinere Übel sein, aber ein Übel sind auch sie – und ein schönfärberischer Begriff wie »gerechter Krieg« ist der psychologische oder, schlimmer, propagandistische Versuch, diese tragische Tatsache zu verschleiern. Die Diskussion des Krieges unter dem Gesichtspunkt der Gerechtigkeit hat also die Devise, die im folgenden Abschnitt vertieft wird, noch dringlicher gemacht: den Krieg, wenn es nur irgend geht, zu vermeiden.

Der zweite Aspekt von Gerechtigkeit betrifft die Verteilung von Gütern. Wir leben in einer Welt horrender Ungleichheit. Der geringste Teil davon ist individuell selbst verschuldet. Menschen werden in Lebenslagen hineingeboren, die dem Aufstieg zu einem guten Leben hohe Barrieren in den Weg stellen. Sie sind nicht unüberwindlich, aber sich aus einer solchen Lage herauszuarbeiten verlangt so viel Kraft, um die Hindernisse zu überwinden und die (teils bösartigen) aktiven Widerstände hinter sich zu lassen, dass nicht jeder und jede den Erfolg schaffen kann. Unendlich leichter hat es das Akademikerkind, das eine Bildung erhält, welche seine Karrierechancen enorm erhöht, die Anwaltstochter, die schon in der Schule weiß, dass sie einmal in die gutgehende Kanzlei einsteigen kann, oder der missratene Sohn aus dem Fürstenhaus, der es auch bei gröbstem Eigenversagen schlechterdings nicht fertigbringt, in ein materiell elendes Leben abzusinken. Ein gewisses Maß an Ausgleich für diese profunde Chancenungleichheit erscheint nicht unbillig.

Ungleichheit besteht nicht nur zwischen Individuen, sondern auch zwischen gesellschaftlichen Gruppen und Staaten. Das hat miteinander zu tun. Die Ungleichheit zwischen Staaten ist einerseits historisch bedingt. Die Frühentwickler aus Europa und den Vereinigten Staaten haben den Rest der Welt mit Repression und Ausbeutung überzogen und damit dessen Entwicklung verzögert. Sie haben die Exkolonien überwiegend in einem Zustand hinterlassen, der deren Aufstieg erschwerte, durch willkürliche Grenzziehung, das Hochputschen ethnischer Gegensätze, die fortgesetzte Dominanz von Unternehmen aus der Kolonialmacht. Sie haben über die formale Unabhängigkeit hinaus Sonderbeziehungen zum Schaden der Entwicklung ihrer Klienten beibehalten (etwa Frankreich in Afrika). Das Weltwirtschaftssystem haben die westlichen Nationen so geformt, dass die Entwicklungsländer trotz scheinbarer »Präferenzen« für sie dadurch benachteiligt sind, dass die Sektoren, in denen diese Länder am konkurrenzfähigsten waren und sind, lange Zeit (Textilien) oder bis heute (Landwirtschaft) von der allgemeinen Liberalisierung ausgenommen wurden. Die Entwicklungsländer konnten nicht nur auf den westlichen Märkten ihre Produkte nicht wettbewerbsfähig anbieten, sondern durch Subventionen konnten die amerikanische und die europäische Landwirtschaft sogar deren Märkte überschwemmen, obgleich dort eigentlich kostengünstiger produziert wird. Diese inhumane Praxis hat Millionen von Bauern in der Dritten Welt ruiniert und ist für Hungersnöte und Tote verantwortlich. Die EU-Agrarpolitik, um es drastisch zu sagen, ist ein Mordinstrument. Eines ist sie jedenfalls nicht: gerecht. Nur: Unsere Bauern sehen das anders. Über Gerechtigkeit kann es viele unterschiedliche Vorstellungen geben – bis hin zur Überzeugung traditioneller Hindus, dass die extremen Ungleichheiten des Kastensystems göttliche Gerechtigkeit widerspiegeln, weil der Rang in der Gesellschaft die angemessene Abgeltung der moralischen Leistungen im vorigen Leben sei, eine Idee, die sich mit den Ideen aus anderen Kulturen und Religionen nicht verträgt. Wir kommen trotz dieser misslichen Voraussetzung nicht umhin, nach Maßstäben für Gerechtigkeit zu suchen, die sich irgendwie mit den zentralen Maximen aller Kulturen vereinbaren lassen. Gelingt uns dieses Kunststück nicht, werden alle Regelungen, die wir für die vielfältigen Probleme und Risiken der Globalisierung treffen, anfällig für frustrationsgetriebene Versuche bleiben, sie umzustürzen. Denn die – in ihren eigenen Augen und nach ihren jeweiligen Gerechtigkeitsüberzeugungen – benachteiligten Parteien werden solche Regelungen als illegitim betrachten und andere wollen. Diese würden dann ein ständiges Provisorium bleiben, was selbst gutwillige Parteien zögern ließe, sie zu befolgen; denn selbst wenn man mit Regeln und Normen übereinstimmt, leidet der Wille an der Unterwerfung unter sie an der Befürchtung, andere, deren Mitwirkung gebraucht wird, würden vielleicht dauerhaft dagegen verstoßen. Eine solche Situation ist das Gegenteil von Nachhaltigkeit. Der Zusammenstoß gegensätzlicher Ideen über Gerechtigkeit ist überdies gefährlich. Gerechtigkeit ist nicht irgendein Wert unter vielen. Er ist ein ganz zentraler, da er einerseits unauflöslich mit Interessen verwoben und andererseits hochgradig emotional besetzt ist. Wer sich in seinen Interessen verletzt fühlt und diesen misslichen Umstand einem ungerecht handelnden Fremden zuschreibt, wird diesen Fremden als Feind empfinden, dem es noch dazu an moralischem Wert gebricht – sonst könnte er nicht so ungerecht handeln. Die dergestalt in Gang gesetzte

Maschine der Befeindung ist zu unbegrenztem Eskalationslauf fähig. Über die Verletzung von Gerechtigkeitsprinzipien führt ein breiter Weg zum Krieg.

Die Verbannung des Krieges

Der Krieg ist der Erzfeind der Nachhaltigkeit. Dass er der »Vater aller Dinge« sei, wie Heraklit meinte, offenbart eine schlechte Meinung von Vätern. Der Krieg zerreißt viele feingeknüpfte Netze, verwüstet Land, verbrennt Ernten, bringt die Demographie durcheinander, vernichtet und gefährdet die Umwelt. Das war schon immer so. Im Zeitalter modernster Waffen hat sich sein nachhaltigkeitsfeindliches Zerstörungspotenzial vervielfacht. Wer erinnert sich nicht der entlaubten Wälder in Vietnam? Kriege, bei denen gentechnisch erzeugte biologische Agenzien freigesetzt oder Kernwaffen in großer Zahl angewandt würden, könnten unabsehbare Wirkungen zeitigen.

Dieser Punkt verdient Vertiefung. Im Jahre 1995 öffnete sich der Welt eine unvergleichliche Chance, im Einvernehmen die furchtbarste Waffe unserer Zeit, die Kernwaffe, zu beseitigen. Mehr als 180 Staaten, die freiwillig auf den Besitz dieses gewaltigsten Zerstörungsinstruments unserer Zeit verzichtet haben, erklärten ihre Bereitschaft, diesen Verzicht unbegrenzt zu verlängern. Dies geschah auf einer Konferenz in New York, in dem alle Vertragsparteien des Nuklearen Nichtverbreitungsvertrages (NVV) übereinkamen, die bis dahin gültige Beschränkung der Geltungsdauer dieses Vertragswerks auf 25 Jahre aufzuheben: Der Vertrag erhielt unbegrenzte Gültigkeit. Die Nichtkernwaffenstaaten verlangten für diesen außergewöhnlichen Schritt einen Preis: Die Atommächte mussten sich verpflichten, zügig bestimmte Maßnahmen zu ergreifen, beispielsweise die Kernwaffentests und die Produktion von Spaltmaterial für Waffenzwecke baldmöglichst rechtsverbindlich zu beenden und systematische Schritte zur nuklearen Abrüstung zu gehen. Im Jahre 2000 wurden diese Vorschriften durch eine Reihe weiterer Schritte ergänzt. Wenig davon ist geschehen, im Gegenteil: In ihrer Arroganz sind die Kernwaffenstaaten zu der Meinung gelangt, die »Habenichtse« durch die Entfristung des Vertrages in der Tasche zu haben. Von Abrüstung ist nicht die Rede. China rüstet auf, Russland rüstet um, Großbritannien hat gerade über die Indienststellung einer neuen U-Boot-Raketengeneration entschieden, und die USA und Frankreich bauen umfangreiche Laboratorien, um trotz des Verzichts auf Nukleartests neue Kernwaffen entwickeln zu können. Die Folgen sind vorhersehbar und bereits im Gange: Andere folgen im Windschatten der »Großen«. Ihr schlechtes Beispiel regt an. Ändert sich der Kurs nicht, wird es in einer Generation 30 Kernwaffenstaaten geben, mit immens gestiegenen Risiken, dass diese Waffen auch eingesetzt werden oder in die Hand von Terroristen geraten.

Biologische Waffen sind durch die Biowaffenkonvention verboten. Freilich wird die Vertragseinhaltung der Mitgliedsstaaten nicht überprüft. Um diesen misslichen Zustand zu ändern, haben die Vertragsparteien ein Protokoll ausgearbeitet. Nach sieben Jahren verwarfen die USA 2001 das Verhandlungsergebnis im Zuge der kurzsichtigen Praxis der Bush-Administration, an die Stelle vereinbarter Rüstungsbeschränkungen die eigene militärische Stärke zu setzen. Mit der Nanotechnologie ist eine weitere militärisch ausbeutbare technische Revolution in den Horizont getreten, deren Auswirkungen, werden sie nicht völkerrechtlich eingehegt, unabsehbar sind. Das Zerstörungspotenzial von Leben und Sachwerten, das in jeder dieser Waffentechnologien enthalten ist, sprengt alles geschichtlich Dagewesene. Der Zweite Weltkrieg nimmt sich wie eine Rauferei ungezogener Buben aus, vergleicht man ihn mit Szenarios, die den Einsatz dieser Waffentypen durchdenken. Kriegsverhütung muss also ein zentrales Ziel jeglicher auf Nachhaltigkeit gerichteten Weltpolitik sein. So utopisch dies auch klingt, ist es doch nur eine Minimalmaxime, über die wir noch hinausgehen müssen. Denn schon die Aussicht des Krieges beschädigt das Nachhaltigkeitsprinzip. Akteure, die an die Möglichkeit eines künftigen Waffengangs glauben, haben gute Gründe, sich bei der Kooperation mit jenen zurückzuhalten, mit denen sie sich womöglich auf dem Schlachtfeld wieder treffen könnten. Denn Kooperation stiftet Nutzen, und wenn der Feind, der (vorübergehend?) Kooperationspartner ist, von diesem Nutzen zu viel erhält, wächst seine Macht und damit das Risiko der eigenen Niederlage im künftigen bewaffneten Zusammenstoß. Um des eigenen Überlebens willen mag es also rational sein, die Kooperation zu verweigern, mit der Verweigerung gefährdet man allerdings unter heutigen Umständen das Überleben aller – ein wahrhaftes Dilemma!

Die Möglichkeit des Krieges zu denken heißt, darauf vorbereitet sein zu müssen. Sich nicht zu rüsten würde bedeuten, dass man einem überlegenen Gegner hilflos ausgeliefert ist. Man baut also Streitkräfte auf und stattet sie in wiederholten, durch den technologischen Fortschritt angetriebenen Zyklen mit immer wirkungsmächtigeren Waffen aus. Damit motiviert man jedoch die eigene Umgebung, sich ebenso zu verhalten, selbst wenn sie zunächst einmal gar keine aggressiven Absichten gehegt hat – was man selbst indes nicht wissen konnte oder falsch eingeschätzt hat. Dieses »Sicherheitsdilemma«, entweder einem Angriff hilflos gegenüberzustehen oder sich und andere in eine kostspielige und riskante Rüstungsspirale zu treiben, scheint die logische Folge der Unordnung internationaler Beziehungen zu sein, des Fehlens einer allgemein anerkannten und praktizierten Rechtsordnung: Jeder Staat ist auf die eigene Stärke verwiesen, und das Miteinander-Konkurrieren vieler starker Staaten macht die Welt nicht sicherer, sondern insgesamt gefährlicher. Der Rüstungswettlauf verschlingt enorme Mittel, die für andere Zwecke nicht zur Verfügung stehen. Mit einem Zehntel des amerikanischen Verteidigungshaushalts, der mittlerweile bei etwa unglaublichen 500 Milliarden Dollar pro Jahr liegt, ließe sich die Umrüstung der amerikanischen Energiewirtschaft auf ein klimaneutrales Primärenergieträger-Mix erreichen – um nur ein Beispiel zu geben. Dass die Verteidigungshaushalte fast überall zu den drei bedeutendsten Posten der öffentlichen Ausgaben zählen, zeigt die globalen Ausmaße dieser – gemessen an der Aufgabe, Nachhaltigkeit zu schaffen – gigantischen Mittelverschwendung. Bricht dann der Krieg tatsächlich aus, steigen die Kosten ins Uferlose. Mit dem Geld, das eine politisch-rechtliche Weltordnung freisetzen könnte, in der das Militär nur noch gemeinsam definierte »Polizeiaufgaben« für das globale Gemeinwohl wahrnähme, ließe sich vermutlich der größte Teil der Nachhaltigkeitsprojekte bestreiten. Nachhaltigkeit verlangt nichts weniger als den Umbau einer in Freund-Feind-Denkschemata befangenen Mentalität. Im »Anderen« nicht mehr den realen oder potenziellen Feind zu sehen, sondern den Kooperationspartner, mit dem man Meinungsverschiedenheiten haben mag, aber eine Vielzahl von Problemen teilt und daher auch das Interesse, sie gemeinsam zu lösen. Es geht also keineswegs um Harmonie (die ja auch langweilig sein kann), sondern schlicht um die Anerkennung des »Anderen« als Teil einer gleichberechtigten Partnerschaft, in der gemeinsame und gegenläufige Interessen gemischt auftreten. Heute fällt es schwer, diese Option als pure Utopie von Idealisten abzutun. In der Europäischen Union ist der Gedanke an einen Krieg gegeneinander verschwunden, und das schließt auch die Schweiz, Norwegen oder Island ein; dasselbe gilt für Nordamerika. In Südamerika ist man auf dem Wege dahin. Im Südpazifik haben die kleineren Länder innere Probleme und Konflikte, aber zwischen den Nachbarn gibt es keine Kriegsgründe. Und die Staaten in Südostasien, die sich in der Regionalorganisation ASEAN vereint haben, liegen zwar in vielen territorialen Streitigkeiten miteinander, stimmen aber seit Gründung der ASEAN in dem eisernen Grundsatz überein, diese Konflikte durch Konsultation und Verhandlungen, aber keinesfalls mit den Waffen zu lösen. Mit anderen Worten: Ein nicht unbeträchtlicher Teil der Weltregionen hat den zwischenstaatlichen Krieg aus dem politischen Denken verbannt. Darüber täuschen die blutigen Konflikte hinweg, die in anderen Weltgegenden toben und über welche die Medien vorrangig berichten; denn den Frieden nimmt man als etwas Selbstverständliches hin, ohne ihn zu beachten (außer im Augenblick eines spektakulären Friedensschlusses).

Die Aufgaben

Diese drei Herausforderungen – mit Verschiedenheit konstruktiv umzugehen, einigermaßen vereinbare Vorstellungen von Gerechtigkeit zu verwirklichen und den großen Krieg zu verhindern – liegen aller weltpolitischen Nachhaltigkeit zugrunde. Sie zu schaffen wird umso schwieriger sein, als wir in einer Umbruchszeit leben. Große Veränderungen sind im

Gange, die eine Unruhe in die Welt tragen, die nicht unterdrückt oder vermieden werden kann.

Erstens: Die globalen Machtverhältnisse verschieben sich. Augenblicklich ist die Welt »unipolar«: Es gibt eine Supermacht, der keine andere auch nur nahe kommt: die Vereinigten Staaten von Amerika. Schaut man sich freilich die entscheidenden Daten an, so zeigt sich, dass dies nicht so bleiben wird. Die USA vereinen cirka 5 % der Weltbevölkerung auf ihrem Territorium, produzieren 20 % des Weltbruttosozialprodukts und bringen knapp 50 % der Weltmilitärausgaben auf. Dabei legte ihre Wirtschaft, die Grundlage jeder Macht, in den letzten zehn Jahren mit 3–4 % pro Jahr zu. Die Volksrepublik China beherbergt cirka 20 % der Weltbevölkerung, steht für ungefähr 4 % des Weltbruttosozialprodukts und gibt weniger als 6 % der Weltmilitärausgaben aus, wuchs aber in den letzten zehn Jahren jährlich mit ungefähr 10 %. Indien liegt im Bevölkerungsanteil knapp hinter China (und könnte 2030 bevölkerungsstärkstes Land der Erde sein), seine Militärausgaben machen nicht mehr als 2 %, sein Bruttosozialprodukt nicht mehr als 2 % des Weltaufkommens aus. Indien wuchs im letzten Jahrzehnt doppelt so schnell wie die USA. Dies bedeutet, dass wir uns im Laufe einer Generation auf einen »Machtübergang« vorbereiten müssen: China wird die USA an Machtpotenzial überholen, Indien wird nahe aufschließen. Machtübergänge sind raue Zeiten. Sie münden meistens in einen Krieg. Den können wir uns keinesfalls leisten. Die gesamte Menschheit muss daran interessiert sein, dass der Wechsel an der Weltspitze sanft und im geregelten Einvernehmen vor sich geht.

Zweitens: Der Islam und der Rest der Welt. Moslems überall, und am meisten jene im arabischen Raum, fühlen sich als die Verlierer der Weltgeschichte der letzten Jahrhunderte.

Enorme Frustration hat sich aufgestaut. Berechtigte Klagen über unfaire und ungerechte Behandlung sind zu hören. Warum darf Israel arabisches Territorium besetzen, ohne bestraft zu werden, aber wenn der Irak dasselbe Delikt verübt, gibt es eine internationale Exekution? Warum ist es erlaubt, Moslems in Guantánamo jeglicher Menschenrechte zu berauben, aber wenn der Iran 15 britische Soldaten festhält, wird die Keule geschwungen? Warum wird es Indien, Nordkorea und Israel gestattet, Kernwaffen zu besitzen, gegen Irak und Iran wird dagegen gedroht und geschossen? Das Ausmaß der Entfremdung ist beängstigend. Al-Qaida ist die verbrecherische Perversion dieses weitverbreiteten Gefühls. Die Reintegration der islamischen und der arabischen »Mitte« in das Gestalten der Welt ist die zweite große weltpolitische Menschheitsaufgabe des 21. Jahrhunderts.

Drittens: Wir müssen wenigstens die Aussicht auf die Beseitigung von Not schaffen. Dies klingt hypermoralisch und unmöglich. Und natürlich können wir keine Tsunamis, Erdbeben oder Vulkanausbrüche verhindern. Katastrophale Ereignisse dieser Art werden immer wieder Not erzeugen (die wir freilich, die richtigen Vorkehrungen vorausgesetzt, lindern können). Wovon hier die Rede ist, ist die strukturbedingte, »systematische« Not, in der Menschen leben; vor allem Schwarzafrika ist hiervon betroffen. Das Phänomen des »gescheiterten Staates« ist nirgendwo so verbreitet wie auf dem Subkontinent südlich der Sahara. Folgt man unseren Medien, hat man gelegentlich den Eindruck einer allumfassenden Misere; steckt dahinter womöglich ein tiefsitzender Rassismus (»Menschen dunkler Hautfarbe sind der selbständigen Entwicklung nicht fähig«)? Manchmal bin ich geneigt, das zu glauben, weil der Aufschwung Indiens (wo dunkelhäutige Menschen wohnen) gleichfalls so auffällig ignoriert wird.

Denn auch Afrika hat seine Highlights: Das seit der Unabhängigkeit bewundernswert gut regierte Botswana. Mali, wo eine von Frauen geführte Zivilgesellschaft ein Militärregime zur Aufgabe veranlasst und einen Bürgerkrieg beendet hat. Ghana, wo ein Militärdiktator freiwillig in den Ruhestand ging und seither eine Demokratie zu blühen beginnt. Senegal und Benin, stabile Demokratien. Mozambique, ein gelungenes Beispiel von Versöhnung nach einem blutigen Bürgerkrieg.

Nein, auch Afrika ist nicht hoffnungslos. Aber das Phänomen der gescheiterten Staaten und die bestürzende Armut bedürfen flächendeckender Bearbeitung. Der neoliberale Zeitgeist geht zu flott über die psychologischen und politischen Verwerfungen hinweg, die (vermeintliche?) Hoffnungslosigkeit bei den Menschen erzeugt. Andererseits ist die Ideologie mancher Globalisierungsgegner anscheinend blind gegenüber der Tatsache, dass in den letzten 20 Jahren ein gewaltiger Teil der Menschheit aus der Armut aufgetaucht ist in einen Zustand des »Auskommens« (wenn nicht des Wohlstandes): 300 Millionen in China, 250–300 Millionen in Indien, 250 Millionen in Südostasien, 100 Millionen in Südamerika. Das ist indes nicht genug. Solange eine vierstellige Millionenzahl in vermeintlicher Hoffnungslosigkeit vegetiert, kann der Rest nicht ruhig schlafen; wem das schlechte Gewissen die Nachtruhe nicht stört, der sollte aus Sicherheitsgründen wach bleiben. Weltsozialpolitik ist auch Sicherheitspolitik. Die deutsche Sicherheit wird nicht am Hindukusch verteidigt, wie ein deutscher Verteidigungsminister bonmotierte, sondern eher durch Verbesserungen in den Slums von Daressalam oder Lagos. Um meine Leser zu erinnern: Es kommt mir hier immer nur darauf an, über die Voraussetzungen nachzudenken, unter denen sich Lösungen für diejenigen Problemlagen in Angriff nehmen lassen, die meine Kolleginnen und Kollegen in den anderen Bänden dieser Reihe so überzeugend identifiziert haben. Dabei geht es mir nicht um utopische Weltentwürfe, sondern um die sehr schlichten Bedingungen, unter denen die Menschheit politisch überleben und deshalb auch die großen Fragen der Globalisierung – Wirtschaft, Bevölkerung, Umwelt, Gesundheit usw. – bearbeiten kann. Im nächsten Kapitel möchte ich Modelle besichtigen, die diesen Ansprüchen zu genügen versuchen. Welche verschiedenen Gänge schlägt das aufgeklappte Menu des Weltregierens vor, und wie bekömmlich sind sie?

2 Wie die Welt n i c h t regiert werden kann

Die drängenden Fragen der Menschheit haben zu vielfältigen Versuchen Anlass gegeben, ein System zu entwerfen, mit dem sich die Welt vernünftig regieren ließe. Solche Versuche gehen recht weit in die Geschichte zurück; Kants kritische Auseinandersetzung mit der Idee des Weltstaats und seine Alternative eines »Friedensbundes« stellen nicht den ersten Entwurf dar, aber einen Standard, an dem sich noch heute jeder Ansatz messen lassen muss. In unseren Tagen entwickeln sich solche universalpolitischen Ansätze mit hoher Frequenz. Verwunderlich ist das nicht: Es spiegelt unsere begründete zeitgenössische Sorge wider, die von uns selbst geschaffenen mannigfaltigen Gefahren könnten uns überwältigen, wenn wir nicht schleunigst Abhilfe schaffen. Wer vom Anstieg der Meeresspiegel, vom transnationalen Terrorismus und von der Wasserknappheit bedroht ist, ist gegen seinen eigenen Willen genötigt, darüber nachzudenken, wie sich das auf globaler Ebene bewältigen lässt. Allerdings kommen ziemlich unterschiedliche Weltentwürfe dabei heraus, wenn George W. Bush, die Führungsspitze der Nichtregierungsorganisation ATTAC oder die Islamische Konferenz, eine Vereinigung moslemischer Länder, über diese Fragen nachdenken.

In diesem Kapitel möchte ich mich kritisch mit den wichtigsten Konzepten auseinandersetzen, die man für die Aufgaben des Weltregierens vorgeschlagen hat. Der erste Typus geht vom Status quo aus und übersteigert ihn noch: Ein *Welt-*

imperium oder eine *Welthegemonie* des (relativ »netten«) Stärksten erscheint seinen Befürwortern am besten geeignet, die wachsenden Risiken zu bewältigen. Der zweite Typus traut keinem einzelnen Akteur so viel Kraft und Weisheit zu, wohl aber dem Zusammenschluss der Führungsmacht mit den nächststärksten Kräften: einem *Friedensbund der Demokratien*. Der dritte Typus reicht – wie das Imperium – über die konföderale Koordination zwischen den Staaten hinaus. Statt der imperialen Herrschaft eines Staates über den Rest will er jedoch eine Art globaler Volksherrschaft, eine (mehr oder weniger starke) *Weltrepublik*, die nicht die Staaten, sondern die Individuen als ihre Basissubjekte versteht. Bunter geht es im vierten Typus, der *Global Governance*, zu: Hier herrscht eine Vielfalt von Akteuren. Neben Staaten treten Unternehmen, internationale Organisationen und Nichtregierungsorganisationen, aus deren Zusammenwirken funktional wirksames und substanziell (relativ) vernünftiges Weltregieren erwächst. Bezeichnenderweise entstammen all diese weitreichenden Ideen dem Diskurs innerhalb des Westens. Nichtwestliche Stimmen sind kaum zu hören – und das ist auch der schwerwiegendste Mangel, der ihnen allen anhaftet. Keiner dieser Ansätze vermag mich zu überzeugen. Sie lösen unsere drei Probleme nicht: den Umgang mit Verschiedenheit, die Herstellung von Gerechtigkeit und die Verhütung des Krieges. Im Gegenteil drohen sie in der einen oder anderen Weise die Sache noch schlimmer zu machen. Das Kapitel wird daher mit einem dicken Fragezeichen enden.

Imperiales und hegemoniales Regieren – das einprogrammierte Scheitern

Imperien sind in der Geschichte periodisch aufgetreten. Das Perserreich, das römische Imperium, die Mongolenherrschaft, das Osmanische Reich und das britische Empire sind die bekanntesten Beispiele: Einem weit entwickelten, seiner Umgebung überlegenen Zentrum gelingt es, dieser seine Herrschaft aufzudrücken. Über die Zeit hinweg entwickelt sich eine mehr oder weniger gut funktionierende Gefolgschaft. An der Peripherie entstehen jedoch immer neue Herausforderungen, zum Beispiel durch ferne Eroberer, die das Imperium zur weiteren Ausdehnung zwingen. Die Kombination von reichlichen Ressourcen, guter Verwaltung, militärischer Überlegenheit (durch Organisation, Technik, Disziplin und Strategie) und verlässlicher Gefolgschaft erlaubt es, riesige Gebiete mit erstaunlich geringem Gewalteinsatz zu führen. Eine minimale militärische Präsenz in den Grenzgebieten als Abschreckung und als »Feuerwehr« für kleine Krisen, unterfüttert von der Möglichkeit, sie durch größere Expeditionsheere entscheidend zu verstärken, hält andere von inneren Aufständen und externen Aggressionen ab. Die Provinzen führen dem Zentrum neue Ressourcen zu und öffnen neue Rekrutierungsmöglichkeiten für die Streitkräfte (man denke etwa an die keltischen und germanischen Bestandteile der römischen Reiterei). Das Gift, das die Imperien zersetzte, war ihre Überdehnung. Je weiter die Front vom Zentrum entfernt ist, umso mehr nimmt seine Macht ab, desto heftiger ist infolgedessen die Anforderung an den Machteinsatz, wenn das Imperium angegriffen wird. Je vielfältiger die beherrschten Völkerschaften, umso wahrscheinlicher der Widerstand an mehreren Stellen, der das nötig macht, was das Imperium am meisten vermeiden möchte: den gleichzeitigen Gewalteinsatz in mehreren Krisen.

Je weiter die Entfernungen, desto länger dauert die Kommunikation und desto schwieriger ist sie; infolgedessen fällt es dem Zentrum umso schwerer, seine Beauftragten in der Peripherie zu kontrollieren; diese können ihre eigenen Spiele spielen, von der hemmungslosen Bereicherung auf Kosten der Einheimischen (mit der fast unvermeidlichen Folge von Aufständen und deren kostspieliger Unterdrückung) bis hin zur Herausforderung der Zentralgewalt. Sowohl die römische Republik wie das römische Kaiserreich zerfielen nicht in erster Linie durch externe Herausforderungen, sondern durch die Kumulation von Macht an der Peripherie, die genutzt wurde, um Machtstellungen im Zentrum zu erobern. Im mongolischen Imperium waren die Kommunikationslinien zuletzt so lang, dass das Reich schier unter seiner eigenen Ausdehnung zerbrach.

Die Welt ist heute räumlich geschrumpft. Das Ausdehnungsdilemma, das Zentralproblem der Imperien, scheint damit entfallen zu sein. Dieser Umstand ermutigt die Theoretiker des amerikanischen Imperiums, etwa die Neokonservativen im American Enterprise Institute in Washington, aber auch europäische Autoren, im systematischen Ausbau der Macht der USA und in deren Einsatz für den Zweck eines vernünftigen Weltregierens die beste – weil realistischste – aller Optionen zu sehen. Heute ist globale Kommunikation in Echtzeit möglich, und zwar über mehrere Medien. Weltweite Netzwerke von Satellitenbeobachtung und Fernsehstationen erlauben das optische Überwachen der eigenen Operationen in der Peripherie und der Bewegungen möglicher oder tatsächlicher Gegner. Die Geschwindigkeit des militärischen Eingriffs über ein luftgestütztes Expeditionsheer (in Stunden bis Tagen), ein mit schwerem Gerät ausgerüstetes seegestütztes Kontingent (in Wochenfrist) oder, wenn Gefahr im Verzug ist, ein gänzlich maschinelles, schnelles Zuschlagen mit Marschflugkörpern oder weitreichenden Raketen (in Minuten), in Zukunft möglicherweise weltraumgestützte Laserwaffen (in Minuten- oder gar Sekundenfristen) erlauben Reaktionsgeschwindigkeiten in einer ganz anderen Dimension, als dies früheren Imperien möglich war. Die Vereinigten Staaten sind daher in der Lage, ihren übrigen Machtmitteln – ihrer wirtschaftlichen Stärke, ihrer kulturellen Ausstrahlungskraft – eine jederzeit weltweit einsetzbare Fähigkeit zum militärischen Eingreifen zur Seite zu stellen. Deren Abschreckungswirkung, so die Vertreter eines neuen Imperiums, wird die Notwendigkeit, sie einzusetzen, auf ein kostenverträgliches Minimum beschränken; die Reaktionsgeschwindigkeit erlaubt es, Risiken frühzeitig, das heißt präventiv, zu behandeln, ehe sie sich zu handfesten Gefahren ausweiten, deren Bekämpfung dann mit größerem Aufwand verbunden wäre.

Die Befürworter einer amerikanischen Weltherrschaft führen bedenkenswerte normative Argumente für ihre Präferenz an: Die USA sind ein demokratisches Land mit liberal-universalistischen Werten. Sie werden (relativ) gut und vernünftig regiert und verfügen über enorme wirtschaftliche und technische Ressourcen. Ihr Umgang mit anderen ist vergleichsweise gütig, ihr Interesse, fremdes Territorium zu kolonisieren (im Unterschied zu kontrollieren), ist relativ gering ausgeprägt. Im historischen Vergleich ebenso wie im Querschnittsvergleich mit anderen möglichen Aspiranten (Russland? China?) scheinen die USA die bessere Alternative darzustellen. Aus dieser Prämisse erwächst die Erwartung, dass die USA verhältnismäßig wirksam und relativ annehmbar für die Betroffenen Sicherheit stiften, was ihnen eine ausreichende Gefolgschaft verschafft, um den Problemen historischer Imperien zu entgehen. Noch dazu ist in Washington der Wille vorhanden, die

Verhältnisse in der Welt möglichst stabil zu gestalten. Die amerikanische Elite empfindet durchaus das Verantwortungsgefühl als einzige Supermacht. Dieses Selbstbewusstsein ist die Voraussetzung dafür, dass die Kosten und Opfer aufgebracht werden, die eine imperiale Macht auf sich nehmen muss, um weltweit das kollektive Gut »Sicherheit« herzustellen, auf dessen Grundlage erst andere Güter wie Wohlfahrt, ökologisches Gleichgewicht usw. erwachsen können. Durch die historischen Umstände sind die USA in die Rolle der Imperialmacht hineingewachsen. Es kommt nun darauf an, diese Rolle bewusst mit dem hinreichenden Maß an Gemeinnützigkeit auszufüllen.

Wie sähe eine solche imperiale Weltregierung aus? Den Vereinigten Staaten fiele die Aufgabe zu, als Weltpolizist alle sicherheitspolitischen Schwelbrände zu löschen, bevor sie sich zu Großfeuern entwickeln könnten – das entspricht ziemlich genau der Idee der militärischen Konfliktprävention, wie sie die Regierung Bush in ihrer »Nationalen Sicherheitsstrategie« von 2002 beschrieben hat. Wenn ein Staat den von den USA gesetzten globalen Regeln feindselig gegenübersteht, wäre es die Sache der USA, diese feindliche Macht einzuhegen. Washington würde sich bei beiden Aufgaben auf ein weltweites Netzwerk von Bündnissen stützen können, die ihm einen Teil seiner Aufgaben abnehmen würden. Solche Bündnisse erlauben eine umfassende militärische Präsenz und erleichtern dadurch, dass sie Flughäfen, Logistikzentren, Vorratslager und Häfen zur Verfügung stellen, auch das Nachführen schlagkräftiger Expeditionsstreitkräfte. Die Bündnispartner bilden gleichfalls die Masse einer freiwilligen Gefolgschaft, deren Einverständnis den US-gesetzten Regeln, mit denen die Globalisierungsprobleme bearbeitet werden sollen, ihre globale Gültigkeit verleiht; im Gegenzug schenkt Amerika seinen

Alliierten in ständigen Konsultationen Gehör. Mit ihrer Hilfe kann es auch gelingen, mit nichtmilitärischen Mitteln über ein System von Anreizen und Sanktionen widerstrebende Dritte zum Einlenken zu veranlassen.

Hegemonie ist die sanftere Alternative zum Imperium, mit dem sie die Führungsrolle eines Zentralstaats teilt, der für das gesamte Gefüge Sicherheitsleistungen erbringt. Die Hegemonie funktioniert mit einem geringeren Aufwand an militärischer Gewalt und globaler Präsenz und mehr mit Mitteln sanfter Macht, also wirtschaftlichen Beziehungen, institutioneller Steuerung, kultureller Überzeugungskraft, diplomatischer Geschicktheit und medialer Präsenz. Die größeren Bündnispartner spielen – ständig im Zusammenspiel mit dem hegemonialen Zentrum – eine eigenständigere Rolle, die Lasten sind etwas gleichmäßiger auf etwas mehr Schultern verteilt; dafür obliegt es dem Hegemon, mehr zuzuhören und auf die Interessen und Auffassungen dieser Partner Rücksicht zu nehmen. Dennoch bleiben im Kern Ähnlichkeiten mit dem imperialen Modell: Die Hegemonialmacht gibt die Regeln weitgehend vor, und ihre eigene militärische Stärke ist der Garant der Regeldurchsetzung, auch wenn sie seltener und weniger sichtbar in Erscheinung tritt. Unter heutigen Bedingungen erscheinen die Chancen einer nachhaltig wirksamen Hegemonie auf den ersten Blick gegeben. Denn die Instrumente »weicher Macht«, die den USA zur Verfügung stehen, übertreffen die aller Vorgänger. Amerikas wirtschaftliche Dominanz hat nachgelassen, aber immer noch bringen die USA mit cirka 20 % des Weltbruttosozialprodukts mehr auf als jeder andere Nationalstaat (zwar hat die EU als ganze die Nase vorn, aber ihr mangelt es, anders als Washington, an der Fähigkeit, diese Ressourcen mit einem nationalen Willen zu füllen und für politische Ziele einzusetzen). Amerikanische Populär-Kultur penetriert die (jugendlichen) Gesellschaften der schärfsten ideologischen Gegner der USA, die diplomatische Präsenz Washingtons ist allumfassend, internationale Institutionen sind nach amerikanischen Modellen geformt, und amerikanische Staatsangehörige, Günstlinge oder Führungskräfte, die auf die Duldung der USA angewiesen sind, nehmen dort Schlüsselpositionen ein. Die Ausgangsbedingungen für imperiales oder hegemoniales Führen sehen daher für Washington denkbar günstig aus. Bereits manche Theoretiker des Imperiums haben indes in ihre eigenen Entwürfe den Zweifel mit eingebaut: Dieser Zweifel stützt sich auf die historische Erfahrung der Überdehnung, in der sie ein geschichtliches Naturgesetz sehen. Nun gibt es keine geschichtlichen Naturgesetze, sondern eher intelligente und törichte Formen des auswärtigen Handelns. Überdehnung rechnet in die zweite Kategorie, denn es zählt zu den fundamentalsten Fehlern jeglicher Strategie, wenn sie sich Ziele setzt, für die die eigenen Mittel nicht ausreichen – man denke an das Deutsche Reich. Denkt man die Überdehnungs-Problematik durch, dann bemerkt man bald, dass die imperiale Form des Weltregierens selbst unter heutigen Umständen nicht funktionieren kann: Das Aufherrschen fremder Regeln in einer Welt der Vielfalt, ob es nun imperial oder hegemonial durchgeführt werden soll, fordert in der Peripherie Widerstand heraus (Scheitern am Problem der Verschiedenheit); die innenpolitische Unterstützung für den imperialen oder hegemonialen Aufwand ist nur zu erlangen, wenn der Führungsnation auch entsprechende Vorteile zuwachsen, die auf Kosten anderer gehen (Scheitern am Problem der Gerechtigkeit). Beides fordert Widerstand heraus, den das Imperium gewaltsam bekämpfen muss (Scheitern am Problem der Kriegsverhütung).

Die bösartige Pointe der weltgeschichtlichen Entwicklung

ist nun, dass dieselben Umstände, die scheinbar das Überdehnungsproblem für Imperialisten vermindern, es ihren Gegnern möglich machen, Widerstand wirksamer zu leisten: Moderne Kommunikationstechnik, zeitgenössische Verkehrsmittel und die heutige Waffentechnologie ermöglichen es selbst kleinen Gruppen, ihren Widerstand über große Entfernungen hin zu koordinieren, ihn sogar bis ins Territorium der Führungsmacht zu tragen und dabei im schlimmsten Fall immensen Schaden anzurichten. Dabei spielt der Vergleich der technikbedingten strategischen Handlungsfähigkeit ausgerechnet dem »David« in die Hände: Denn die Führungsmacht muss ja Ordnung stiften, eine enorm anspruchsvolle Aufgabe, die mit militärischen Mitteln alleine kaum zu leisten ist. Der Rebell hingegen muss nur Schaden anrichten, um die feinen Fäden des Ordnungsnetzes immer wieder von neuem zu zerreißen und schrittweise die Kosten der Führung so hoch zu treiben, dass die ferne Basis imperialer Herrschaft eines Tages sagt: »Wir haben genug!« Was in der absoluten Verteilung der Machtinstrumente als hoffnungslose Asymmetrie gegenüber der gegen die Herrschaft Aufbegehrenden erscheint, erweist sich in der Ökonomie des relativen Zweck-/Mittelverhältnisses als Asymmetrie zuungunsten der Führungsmacht: Das Ausdehnungsdilemma schiebt sich auf höherem Niveau erneut gebieterisch in den Vordergrund. Es besteht indes kein *Zwang* zur Überdehnung: Sich durch die Herausforderungen in den Sog des Ausblutens ziehen zu lassen ist kein ehernes Gesetz, sondern das Ergebnis unvernünftiger Entscheidungen. Gibt die Führungsmacht dem Sog nicht nach, muss sie andere als imperiale Formen des Regierens zugestehen: Anstelle des globalen Kampfes tritt die Verständigung mit dem früheren Gegner, seine Beteiligung am Setzen von Regeln und an der Befriedung der Konflikte, tritt ein Zwang zum

Kompromiss weit über das hinaus, was imperiale Herrschaft und harschere, stark militärisch abgestützte Formen von Hegemonie zugestehen wollen. Das Imperium ist daher als Form des Weltregierens im 21. Jahrhundert eine Aporie, die an ihrer eigenen inneren Dynamik im Angesicht der zu großen Aufgabe scheitern muss. Ihre Folge ist entweder das Ausbluten der imperialen Macht und in dessen Gefolge im schlimmsten Falle Anarchie als Gegensatz der Nachhaltigkeit oder der Übergang in kooperativere Formen des Regierens.

In der heutigen weltpolitischen Praxis zeigen sich – neben der eindrucksvollen Bestätigung dieser allgemeineren Überlegungen durch das Scheitern der Bush-Regierung – noch weitere, konkrete Schwächen des amerikanischen Imperiums. Die USA verfolgen eine engstirnige, weitgehend ideologisch geprägte Agenda. Sie teilen die Welt allzu willkürlich in Freund und Feind. Ihr Verantwortungsgefühl gegenüber manchen Weltproblemen – Ungleichheit, Umwelt, Klima, Energieverbrauch, AIDS – ist entweder unterentwickelt oder ideologisch so kanalisiert (AIDS-Bekämpfung durch Enthaltsamkeit und voreheliche Jungfräulichkeit statt durch Kondome und preiswerte Medikamente), dass sich die USA zum Setzen vernünftiger und wirksamer Regeln als weitgehend unfähig erweisen. Ihr Anspruch, über dem Gesetz zu stehen (wieso kann Donald Rumsfeld für die Folterkammer Abu Ghraib die Verantwortung übernehmen, ohne bestraft zu werden?), untergräbt jede Geltung globaler Regeln. Die USA haben nach dem Zerfall der Sowjetunion die Chance gehabt, ein vernünftiges Weltregieren aufzubauen, und sind kläglich daran gescheitert. Das ist die traurige Tatsache.

Der demokratische Bund: Die »zivilisatorische Mission« in neuem Gewande

Die USA können den Führungsjob also nicht alleine machen. Sie scheitern an der Unmöglichkeit erfolgreichen imperialen Regierens und besitzen, auf sich selbst gestellt, nicht die notwendige Weisheit, vernünftige Regeln zu setzen. Die nächste Alternative verändert daher die sanftere Form, die Hegemonie, zu einer institutionellen Lösung, in der die Rolle der Vereinigten Staaten zu der des »Primus inter Pares« schrumpft. Statt überragender Alleinstellung beschränkt sich Amerika darauf, seine Macht in eine »Gemeinschaft der Demokratien« einzubetten. Diese schaffen es gemeinsam, die schwere Aufgabe des Weltregierens auf sich zu nehmen. Seinen praktischen Ausdruck findet diese Idee in den Vorschlägen, die NATO zu »globalisieren«. Schon seit mehreren Jahren drängt die amerikanische Regierung das Bündnis, die Beziehungen zu demokratischen Ländern außerhalb des atlantischen Bündnisses, zu Israel, Japan, Südkorea, Australien oder Neuseeland – enger zu gestalten, ja, sogar deren Mitgliedschaft ins Auge zu fassen. Ivo Daalder und Jim Goldgeier, zwei in den USA beheimatete Politikwissenschaftler, haben daraus ein konzises Programm gemacht. Sie mühen sich, etwaige Befürchtungen zu zerstreuen, die NATO könne sich an die Stelle der Vereinten Nationen setzen wollen. Ihr eigenes Plädoyer läuft jedoch auf Folgendes hinaus: Die NATO ist den Vereinten Nationen so lange hilfreich, wie die UN tun, was die NATO-Demokratien wollen. Ist das nicht der Fall, handeln Letztere nach dem eigenen Gusto. Damit erweist sich die Scheinmitwirkung von Nichtdemokratien in den UN als reine Dekoration. Noch direkter gehen die Parteigänger von Präsident Bush zu Werke, die – in der Tradition des amerikanischen Neokonservatismus – unverblümt erklären, dass die Mitwirkung nichtdemokratischer Staaten in den Vereinten Nationen deren Legitimität ohnehin untergrabe und es daher das gute Recht des Westens sei, nach seinen eigenen Maßstäben zu entscheiden und zu handeln.

Für dieses Modell spricht, dass Demokratien relativ besser regiert werden als Nichtdemokratien. In Demokratien hat es noch keine Hungersnot gegeben, sie verbinden sich häufig mit leistungskräftigen Marktwirtschaften, die Rechtsstaatlichkeit ist signifikant höher als in Nichtdemokratien, was ihren Bürgerinnen und Bürgern mehr Sicherheit im Alltagsleben gibt. Der regelmäßige Regierungswechsel begrenzt das Ausmaß an Korruption und Machtmissbrauch, von denen ja auch Demokratien nicht verschont bleiben. Die Freiheiten, die die Menschen im demokratischen Umfeld genießen, machen das Leben lebenswerter. All das verleiht demokratischen Regierungen eine höhere Legitimität, als sie Tyranneien, Einparteienregimen, Militärjuntas, »Gottesstaaten« und dergleichen mehr zukommt. Statistisch gesehen sieht die Sache nicht schlecht aus. Je nach Definition sind heute 50–60 % der Staaten der Welt Demokratien. Dazu zählen etliche der bevölkerungsreichsten Staaten: Indien, die USA, Indonesien, Brasilien, Japan, Deutschland mit der ganzen Europäischen Union, zusammen über 500 Millionen Menschen. Demokratien bringen weit über 50 % des Weltbruttosozialprodukts zusammen und – im Lichte der seltenen Notwendigkeit, Recht mit Macht durchzusetzen, ziemlich wichtig: Sie bestreiten drei Viertel der Weltmilitärausgaben. Die Befürworter der Weltregierung durch einen »demokratischen Bund« stützen sich vermeintlich auf ein äußerst ehrwürdiges Modell: Kants Friedensbund. Kant lehnte den Weltstaat als nicht machbar (weil die Staaten ihre Souveränität nicht aufgeben würden) und gefährlich (weil potenziell tyrannisch) ab. Er setzte dagegen den »Friedensbund freier Staaten«, der als freiwillige, rechtsgestützte Institution durch wechselseitigen Gewaltverzicht und zwischenstaatliche Vertrauensbildung den Frieden nachhaltig sichern würde. Abgesehen von der Rahmung der internationalen Handelsbeziehungen durch das »Weltbürgerrecht« sah Kant keine weitere Regelsetzung jenseits des Nationalstaats vor, lebte er doch in einer Zeit schwach ausgeprägter weltweiter Beziehungen. Das Weltbürgerrecht beschränkte er auf die Berechtigung jedes Menschen, andere Länder unbehelligt zu besuchen und mit den dortigen Einwohnern zu kommunizieren und Handel zu treiben (im Gegenzug trat dazu die Pflicht, jegliches Gewalthandeln gegenüber den Besuchten zu unterlassen). Heute verlangt Weltregieren größere Anstrengungen an Koordination und Zusammenarbeit, jedoch wäre der »Friedensbund« eine Grundlage, auf der die Mitglieder ein globales Regelwerk aushandeln könnten. Das Beharren auf dem weltpolitischen Primat der Demokratien wird intellektuell anspruchsvoll unterfüttert durch die Verfälschung, die die liberale Theorie internationaler Politik an Kants »Ewigem Frieden« vorgenommen hat. Aus dem – von den inneren Verfassungen seiner Mitglieder absehenden – »Friedensbund freier Staaten«, von dem dort die Rede ist, wird in dieser Lesart ein »Club der Demokratien«. Die Verwechslung des Begriffs »Freier Staat« mit »Demokratie« verfälscht indes seine historische Bedeutung. »Freier Staat« meint bei Kant einen Staat, der sich äußerer Souveränität erfreut: Die »Freiheit« eines Staates gilt gegenüber den Einmischungsversuchen anderer, nicht seiner inneren Verfassung. Natürlich konnten nur solche souveränen Einheiten selbstständige Mitglieder eines »Friedensbundes« von Staaten sein. Kant hatte also den »Friedensbund« als eine gemischte internationale Organisation im Sinn, in der die Mitgliedschaft auch für Nichtdemokratien offenstand. Eine solche auf Frieden zielende Institution würde die besten Bedingungen bieten, um durch Überzeugung und gutes Beispiel die Nichtdemokratien allmählich zu einer Anpassung ihrer inneren Verhältnisse an das Modell ihrer demokratischen Partner zu bewegen. Das gilt auch heute. Mit der Verfälschung von Kants Friedenstheorie begibt sich das liberale Projekt auf eine abschüssige Bahn, deren Richtung den eigenen Intentionen zuwiderläuft. Das entscheidende Argument setzt hier nicht an der »Überdehnung« der demokratischen Kräfte an. Vielmehr richtet sich der Blick auf die Folgen des Willküraktes, in dem ein Bündnis der Demokratien den politischen Willen aller übrigen Staaten übergeht und weltpolitische Entscheidungen an deren Stelle trifft und sie gegen Widerstand durchzusetzen beansprucht. Eine solche Konfrontation produziert eine neue Form von Sicherheitsdilemma auf globaler Ebene. Dieses Dilemma entspringt nicht mehr wie das klassische der Ungewissheit über die Absichten der Nachbarn, sondern der Gewissheit über die missionarischen Absichten des Liberalismus, wobei lediglich ungewiss bleibt, zu welchem Zeitpunkt man selbst ins Visier der liberalen Werte- und Kampfgemeinschaft rücken wird.

Nichtdemokratien sind infolgedessen mit einem doppelten Sicherheitsproblem konfrontiert: Sie sind nur noch auf Einladung von Demokratien, also zweitrangig, oder womöglich gar nicht mehr beteiligt an der Gestaltung der Weltordnung, können also nicht über die Regeln mitbestimmen, die den Rahmen für ihr Handeln, besonders aber für ihre eigene nationale Sicherheit darstellen. Als Unbeteiligte an der Anwendung dieser Regeln laufen sie auch noch Gefahr, Objekte von Interventionsbeschlüssen der Demokratien zu werden. Die übliche Antwort auf das allgemeine Sicherheitsdilemma sowie auf spezifischere Bedrohungen besteht in dem Versuch, sich selbst mit angemessenen Abschreckungs- und Verteidigungsmitteln zu versehen. Wie der Fall Iran zeigt, geschieht das auch; in seinem Ehrgeiz, regionale Vormacht zu sein, beschnitten, durch die militärische Präsenz der USA auf allen Seiten bedrängt und als Mitglied der von der amerikanischen Regierung benannten »Achse des Bösen« mit dem Risiko eines gewaltsamen Regimewechsels konfrontiert, hält Teheran gegen den Wunsch der internationalen Gemeinschaft daran fest, sich mit Hilfe eines »friedlichen« Nuklearprogramms eine Option auf eine künftige Abschreckungsfähigkeit zu schaffen. Der missionarische liberale Universalismus treibt den Rüstungswettlauf an. Da seine politischen Protagonisten die stärksten Mächte der Welt sind, bleibt den Sich-bedroht-Fühlenden nur der Versuch, durch besonders furchterregende Abschreckungsmittel, das heißt, durch Massenvernichtungswaffen, die Missionare von ihrem Tun abzuhalten. Globale Rüstungswettläufe und die Proliferation von Massenvernichtungswaffen sind die Folge. Außerdem: Wer die NATO in der genannten Weise »globalisieren« möchte, schätzt die Bereitwilligkeit der Demokratien in den Entwicklungsländern durchaus falsch ein, sich in ein solches Bündnis mit »dem Westen« einzureihen. Israel, Japan, Australien und Neuseeland mögen hierzu noch aufgelegt sein. Für Brasilien, Südafrika, Indien oder Indonesien kann man das nicht voraussetzen. Diese Länder sind sich ihrer demokratischen Verfasstheit zwar durchaus bewusst, die sie von vielen ihrer Partner in der Blockfreien-Bewegung unterscheidet. Zugleich misstrauen sie jedoch dem Verbund der ehemaligen Kolonialmächte. In vielen Fragen – etwa bezüglich des Nahostkonflikts oder beim Umgang mit Iran – sehen sie die Dinge anders als die westliche Führungsmacht und deren Parteigänger und sind nicht willens, sich vereinnahmen zu lassen. Der Einladung, einer globalen NATO beizutreten, dürften sie eine höfliche Absage erteilen. Damit gesellt sich der Spaltung der Welt in Demokratien und Nichtdemokratien eine zweite zwischen »Nord« gegen »Süd«. Auch der »demokratische Bund« scheitert an der Unfähigkeit, mit Verschiedenheit fertigzuwerden. Der Ausschluss des »Südens« – und, was den Befürwortern einer demokratiegeführten Weltordnung nicht aufzufallen scheint – des bevölkerungsreichsten Landes der Welt (Chinas) – wird Ressentiments erzeugen: Das Gerechtigkeitsproblem potenziert sich. Das Aufschaukeln von Diktat und Widerstand, das wir schon aus dem Modell des Imperiums kennen, wiederholt sich. Die Treuhänderschaft der Demokratien für die Welt kann zu einem Weltkrieg entarten. So geht es also auch nicht.

Die Weltrepublik – der kosmopolitische (Alb-)Traum

Unter Kosmopolitismus verstehe ich die Unterstellung einer globalen Vergemeinschaftung der Menschheit. Diese (vermeintliche) Gemeinschaft taugt nach Auffassung der zeitgenössischen »Kosmopoliten« als Grundlage für eine – wenigstens »dünne«, das heißt, mit ganz wenigen, aber entscheidenden Kompetenzen ausgestattete – Weltdemokratie; die eingeforderten Kompetenzen sind die Gewährleistung von Sicherheit, die Wahrung von Menschenrechten und die Befugnis, weitere Entscheidungsfelder an sich zu ziehen, sollte sich das als notwendig erweisen. Dahinter steht die Vorstellung, dass sich universalistische Prinzipien widerspruchsfrei und unabhängig von den historisch gewachsenen Ethiken verschiedener Kulturen aus allgemein gültigen Grundsätzen ableiten ließen und daher aus sich heraus Geltung für alle beanspruchen könnten. Und es steht die zeitgeschichtliche Diagnose dahinter, dass sich die Verflechtung der Welt bis zu einem Punkt weiterentwickelt habe, der die Regelungen der Fragen von »Weltinnenpolitik« auch in staatsähnlicher Form notwendig und möglich mache. Der kosmopolitische Diskurs erhebt Anspruch nicht nur auf die Zustimmungsfähigkeit, sondern gar auf die Zustimmungspflichtigkeit zu den von ihm propagierten Normen. Diese Normen verlangen als Grundlage des Weltregierens eine Weltrepublik, in der gewählte Vertreter über Krieg und Frieden und übergreifende Verteilungsfragen entscheiden. Ob diese Vertreter neben dem Sicherheitsrat und der Vollversammlung der Vereinten Nationen als dritte Kammer wirken oder ob sie die Weltregierung im Sinne parlamentarischer Demokratie gleich selbst wählen, darüber gibt es verschiedene Auffassungen. Quintessenz aller Modelle kosmopolitischer Demokratie ist, dass das Wahlprinzip in irgendeiner Form auch auf die globale Ebene durchschlägt und dass die heutigen Nationalstaaten Kernbereiche ihrer nationalen Souveränität an dieses weltdemokratische Gebilde abtreten sollen.

Die Globalisierung bringt in der Tat beachtliche Konvergenzen, Amalgamierungen, Vernetzungen und Kommunikationen zwischen zuvor getrennten kulturellen Räumen mit sich. Sie weicht die harte Schale des Nationalstaats auf. Für die Verwirklichung gesellschaftlicher Ziele und Projekte ist immer die Mitwirkung (Tun und Lassen) von Akteuren außerhalb der Grenzen des Territorialstaates vonnöten, seien es andere Staaten oder nichtstaatliche Akteure. Diese Entwicklung ist jedoch nur eine Seite der Medaille. Die andere Seite ist die Bekräftigung eigener Identität namentlich durch solche Akteure, die unter der gewaltsamen Ausdehnung der westlichen Welt für Jahrhunderte jeder Chance zur Autonomie beraubt waren. Staatliche Souveränität wird dort vielfach – und zwar auch von Menschen, die unter den tyrannischen Formen der Herrschaft leiden und dagegen kämpfen – als Schutz der Chance autonomer Entwicklung verstanden. Dass viele oppositionelle Iraner den gewaltsamen Regimewechsel zurückweisen, obwohl sie das gegenwärtige System als abscheulich empfinden, ist bezeichnend: Die Herrschenden sind zwar ungeliebte Antidemokraten, aber es sind für sie »ihre« Antidemokraten. Was selbst die kosmopolitischen Minimalisten als universal gültig vortragen, ist Ergebnis der westlichen liberalen Geschichte und Kultur, deren Modellcharakter für den Rest der Welt sie einfach unterstellen. Es ist lehrreich, selbstkritisch die Balken im eigenen Auge zu besichtigen: Wir haben ein System erfunden, das begüterten und organisierten Interessen einen überproportionalen Einfluss auf politische Entscheidungen gestattet, Meinungsmache in immer weniger Händen konzentriert, soziale Ungleichheiten (und damit massive Chancenungleichheiten) aufrechterhält und jüngst wieder vergrößert. Unsere Vorstellung von Freiheit gestattet die ständige Verletzung der Gefühle religiöser Menschen und die Abwertung des weiblichen Körpers zum Schaustück des männlichen Voyeurismus und kommerziellen Werbeobjekt. Ungeachtet verfassungsmäßiger Bestimmungen und liberaler Rhetorik ist die Diskriminierung (bis zur Drangsalierung) der Fremden Teil unserer gesellschaftlichen und politischen Praxis. Unser System pflegt einen fast blasphemischen Umgang mit der Schöpfung und entbehrt eines belastbaren Konzepts für die ökologische und soziale Zukunftsvorsorge. Es hat die Großfamilie zerlegt und schickt sich an, dasselbe mit der Kernfamilie zu tun. Die Vernachlässigung der Kinder und die Entwürdigung der Alten scheinen zwangsläufige Folgen zu sein. Der Drogenkonsum ist verbreitet und wird nicht wirksam bekämpft.

Ich selbst fühle mich in der liberal geprägten Umwelt wohl, deren Schattenseiten ich gerade benannt habe. Das liegt daran, dass ich darin groß geworden bin. Den Angehörigen anderer Kulturen und Regionen muss man es indes nachsehen, wenn sie Wertesysteme und Institutionen, die auf unserem Mist gewachsen sind, nicht enthusiastisch übernehmen wollen; darin liegt der legitime Aspekt der durchaus nicht interessenfreien Konstruktion »asiatischer Werte«. Sie mögen Rechte und Pflichten in anderer Weise zueinander justieren, als wir es gewöhnt sind, die wir individuellen Abwehr- und Entfaltungsrechten eindeutig die Priorität zuweisen. Sie mögen Kollektiv und Individuum in einem anderen Verhältnis sehen. Der einzelne Mensch mag ihnen nur durch seine Teilhabe an der Gemeinschaft Teil der Menschheit sein, also mediatisiert und nicht, wie im liberalen Universalismus, unmittelbar. Die Ergänzung der Führungsetagen durch Kooptation mag ihnen (wie der katholischen Kirche oder Unternehmen) einleuchtender und zweckmäßiger erscheinen als die Selektion von Führungspersonal durch allgemeine Wahl. In keiner dieser Alternativen stehe ich als Person auf der antiliberalen Seite. Ich weise nur darauf hin, dass solche Orientierungen nicht nur als herrschaftssichernde Elite-Ideologien, sondern als »Volkskultur« anderswo (noch?) verankert sind. Unsere liberal-demokratischen Prinzipien sind aus unserer Kultur erwachsen und wären erst dann zur Richtschnur globaler Institutionen geeignet, wenn sie weltweit zustimmungsfähig wären. Das ist heute nicht der Fall: Dass eine Weltkultur bereits entstanden sei, ist eine fromme Selbsttäuschung der universalistischen Projektunternehmer. Verbinden sich diese Prinzipien, wie in der akademisch modischen Idee eines staatsauflösenden, (quasi)demokratischen Regierens mit der Unterminierung der mühsam gewonnenen Souveränität der früher

Kujonierten, wirken sie doppelt aggressiv, heuchlerisch und abstoßend: Für Chinesen, ja selbst für demokratiegewöhnte Inder, muss die Zumutung, just in dem Augenblick auf ihre Staatlichkeit weitgehend zu verzichten, in dem sie durch eigenes Geschick, durch Fleiß und Beharrlichkeit die Schwelle zur Weltmacht überschreiten, wie ein tückischer Anschlag auf ihre Identität erscheinen: Nachdem der Westen Jahrhunderte lang rücksichtslos die eigenen Interessen verfolgt und diese Völker entmachtet und unterdrückt hat, versucht er nun, sie erneut der mühsam wiedergewonnenen Handlungsfähigkeit zu berauben. Kosmopolitismus erscheint in dieser Perspektive als Kolonialismus mit anderen Mitteln, als westliche Herrschaftsideologie, die aufs Neue die Unterwerfung der Schwarzen, Roten, Braunen und Gelben unter die Maximen des weißen Mannes verewigen will.

Die Kosmopoliten begreifen in bester westlicher Tradition das Individuum als den Träger unveräußerlicher Rechte. Folgerichtig schreiben sie den Bürgern anderer Staaten Rechtsansprüche zu, deren Verletzung den externen Eingriff rechtfertige. Wer hier und heute das »Menschenrecht auf Demokratie« propagiert und die humanitäre Intervention befürwortet, hängt das Damoklesschwert des gewaltsamen Regimewandels über sämtliche Nichtdemokratien. Denn das praktische Urteil, zu welchem Zeitpunkt welcher nichtdemokratische Herrscher dem Verdikt verfällt, zu beseitigender Platzhalter auf der »Achse des Bösen« zu sein, ist gänzlich unberechenbar. Der Saddam Hussein von 1985 war ein tolerierbarer autoritärer Herrscher, der von 2003 ein Tyrann, der abserviert werden musste. Der Milošević von 1995 war der begehrte Partner von Dayton, der von 1999 Ziel eines massiven Luftkriegs. Ansteigende Unberechenbarkeit platziert die Beziehungen zwischen bewaffneten politischen Einheiten –

westlichen und anderen Staaten – unentrinnbar ins Sicherheitsdilemma. Rüstungswettlauf ist seine Grammatik, ungewollte Eskalationen sind seine Satzfehler. Dass sich die Verunsicherten mit Abschreckungsmitteln zu versehen suchen – Iran und Nordkorea –, ist unter ordnungspolitischen Gesichtspunkten nicht wünschenswert, denn die dort Regierenden sind keine netten Leute. Eine kühle sicherheitspolitische Analyse wird jedoch daran nichts Verwunderliches finden: Wer droht, produziert Existenzangst, wer Existenzangst empfindet, versichert sich wirksamer Mittel der Gegenwehr.

Und dann die praktischen Probleme: Wie soll das Weltparlament denn, bitte schön, bestimmt werden? Ein irgendwie überzeugendes Konzept für die Universal-Parlamentarisierung liegt nicht vor. Ungelöst ist das Problem, wie zwischen den gewählten Repräsentanten demokratischer und den ernannten Vertretern nichtdemokratischer Länder unterschieden werden soll (ein umso peinlicheres Versäumnis, als nach dem Proporz chinesische Abgeordnete etwa ein Fünftel bis ein Viertel des Weltparlaments stellen müssten). Wie Proportionalität erreicht werden kann, wenn der Bevölkerungsunterschied zwischen kleinstem und größtem Land nicht, wie in der EU (wo es auch schon Schwierigkeiten bereitet) etwa 1:320, sondern 1:220 000 beträgt, ist schleierhaft. Die großen Nichtdemokratien vom Weltparlament auszuschließen, scheint auch keine gute Idee zu sein, wenn die Zustimmung dieser Länder (zumindest Chinas) zur Änderung der Charta benötigt wird. Ein zweites Problem besteht in der Frage des Wahlsystems, das heißt, der Entscheidung zwischen den Polen eines Mehrheits- oder Verhältniswahlrechts. Nun könnte man das auf den ersten Blick – wie in der EU – den Verfassungen der einzelnen Länder überlassen. Bei eingehender Überlegung ergeben sich hieran jedoch Zweifel. Das Verhältniswahlrecht bringt die Vielfalt mehr zur Geltung und gibt Minderheiten eine stärkere Position. Vermutlich ist das in einem Weltparlament erwünscht, und zwar gerade wenn die Fraktionsbildungen über nationale, regionale oder kulturelle Grenzen hinweggehen sollen; eine solch transregionale, transkulturelle politische Strukturierung ist für die Leistungsfähigkeit eines Weltparlaments zur Behandlung und Beilegung von Konflikten wichtig. Wäre etwa in einem demokratischen China oder in einem demokratischen Indien Mehrheitswahlrecht gegeben, müsste man besorgt sein, ob sich im Weltparlament hierdurch nicht verzerrte Repräsentationen von Weltanschauung (oder Kulturnationalismus) ergeben würden. In einer politisch-kulturell relativ homogenen politischen Gemeinschaft wie der EU ist dieses Risiko zu verschmerzen; trotzdem war es für manche Partner schwer, dem größten Partner, nämlich Deutschland, die stärkste parlamentarische Delegation zuzugestehen. Auf globaler Ebene kann ein solches Übergewicht bedrohlich wirken. Durch den unbedingten Geltungsanspruch, den die westlichen Kosmopoliten für ihre kulturellen Werte und institutionellen Lösungsvorstellungen erheben, werden die ohnedies kräftigen Selbstverteidigungsinstinkte anderswo weiter gestärkt. Die Anerkennung, die den »Anderen« durch die Kolonialgeschichte stets verwehrt blieb, wird weiter unter dem Vorzeichen verweigert, es könnte gar keine anderen Prinzipien des Weltregierens geben als die vom Westen ausgebrüteten. Die absurde Folge tritt ein, dass der wohlmeinende Anspruch, Universalität zu befördern, stattdessen nur darauf hinausläuft, Fragmentierung zu vertiefen. Dazu tragen Machtasymmetrien und der nonchalante Umgang des kosmopolitischen Projekts mit der Gewaltproblematik bei.

Die Idee der kosmopolitischen Demokratie erhebt – anders als das Projekt »globale NATO« – nicht den Anspruch, eine

Gruppe von (vorwiegend westlichen) Demokratien solle über alle anderen regieren, sondern gesteht unterschiedslos jedem Menschen Teilhaberechte zu. Dennoch verkörpert sie ein – wie immer wohlmeinendes – imperiales Projekt: Denn sie verlangt von allen anderen die Unterwerfung unter die in der Geschichte westlicher politischer Kultur siegreichen Prinzipien. Was soll beispielsweise China von den empathischen Forderungen nach einer Parlamentarisierung der UN oder der Weltpolitik im Allgemeinen halten? Bekanntlich ist China keine parlamentarische Demokratie. Der Volkskongress versieht die Rolle eines moderaten Debattenforums, aber nicht die der parlamentarischen Kontrolle und Entscheidung. Von China wird also verlangt, sich einer Systemordnung zu unterwerfen, die nicht die seine ist. Warum in aller Welt sollte man erwarten können, dass die Machthaber in Beijing sich einem solchen Vorschlag beugen – das heißt, ohne zur Not gewalttätigen Kampf? Nichtliberale Staaten sind mit der Zumutung konfrontiert, der Einrichtung weltpolitischer Institutionen zuzustimmen oder sie zu tolerieren, die ihren eigenen Herrschaftsprinzipien zuwiderlaufen. Sie erleben zugleich die Selbstermächtigung liberaler Staaten – gelegentlich unterstützt durch die philosophischen Bannerträger des liberalen Universalismus –, im Einzelfall und in Vorausnahme der künftigen Realisierung einer liberalen Weltordnung Entscheidungen für die ganze Welt zu treffen. All das führt uns geradewegs in die hässliche Welt des Kulturkampfes und des Sicherheitsdilemmas, aber nicht zu einer Ordnung, die nachhaltiges Weltregieren möglich macht.

Global Governance

Am intensivsten und mit größter Nähe am weltpolitischen Detail hat sich die Wissenschaft von den internationalen Beziehungen in den letzten eineinhalb Jahrzehnten über das Problem des »Weltregierens« in der Debatte zur »Global Governance« Gedanken gemacht. Dieser Diskurs unterscheidet sich vom kosmopolitischen Ansatz vorteilhaft dadurch, dass er die Heterogenität der Welt berücksichtigt, von den Konzepten imperialer, hegemonialer oder weltstaatlicher Weltregierung dadurch, dass er auf ein eher horizontales und weniger hierarchisches Steuern der Weltgeschehnisse zielt. Wichtig an »Global Governance« ist, dass dieses Projekt den Anspruch erhebt, sowohl den beobachtbaren Trend des »Weltregierens« zu *beschreiben*, als auch zu ermitteln, wie dieser Trend zum allgemeinen Vorteil weitergeführt werden *sollte*. Die Untersuchungen zu »Global Governance« weisen ein weites Spektrum von Gegenständen und Lösungsvorschlägen auf. In einem sind sie sich aber (fast) alle einig: Der Staat verliert seine Rolle als zentrales Subjekt des Regierens jenseits der Grenzen. Waren früher Regeln für das Verhalten von Staaten, juristischen Personen und einzelnen Bürgern im internationalen und transnationalen Raum ausschließlich Ergebnis der Verhandlungen zwischen Regierungen und waren diese auch dafür verantwortlich, diese Ergebnisse in der Praxis um- und durchzusetzen, so tummelt sich bei Regelsetzung und Implementation heute eine bunte Mischung von Akteuren: Die Staaten sind noch da, aber in ihrer Bedeutung arg geschrumpft. Internationale Organisationen, vor allem ihre tatkräftigen Sekretariate, spielen ihr eigenständiges Spiel. Nichtregierungsorganisationen sind nicht nur durch Kampagnen tätig, in denen sie bestimmte Regierungen durch öffentlichen Druck dazu bewegen wollen, ihre Positionen in Verhandlungen zu vertreten, sie nehmen vielmehr selbst an Verhandlungen teil und spielen eine wichtige Rolle bei der Implementation und der Überwachung der Vertragseinhaltung. Multinationale Unternehmen sind ohne Staaten mit der Regelsetzung befasst, etwa im privaten Handelsrecht. Und mit den privaten Sicherheitsfirmen ist ein Akteur aufgetreten, der – wie die Condottiere der frühen Neuzeit – in einem Handlungsfeld als eigenständiger Unternehmer agiert, das im Zeitalter des Nationalstaats ganz in seine Prärogative gehörte: in der inneren und äußeren Sicherheit, die die Moderne dem Gewaltmonopol des Staates anvertraut hatte.

Global Governance als Antwort auf die Herausforderungen der Globalisierung spielt sich also, so ihre Theoretiker, nur noch in Ausnahmefällen als zwischenstaatliche Interaktion ab (»Regieren durch den Staat«), häufiger in Netzwerken, an denen der Staat nur als einer unter vielen beteiligt ist (»Regieren mit dem Staat«), und zunehmend durch die freie Vereinbarung und eigenständige Regelsetzung nichtstaatlicher Akteure (»Regieren ohne den Staat«). Mit alledem verbindet sich die Hoffnung, dieses bunte Allerlei sei bereits ein Fortschritt an Demokratie; das mag bezweifeln, für wen Demokratie mehr ist als breite, aber ungeregelte Partizipation. Denn wer hat die Nichtregierungsorganisationen legitimiert, für andere zu sprechen? Ist es demokratisch, wenn große Unternehmen, deren wirtschaftliche Macht ohnedies keiner demokratischen Kontrolle mehr unterliegt, auch noch in die Lage versetzt werden, grenzüberschreitend Gesetze zu machen? Ist das wirklich im demokratischen Sinne besser als das Aushandeln von Verträgen zwischen Demokratien und Nichtdemokratien (wo wenigstens in den Ersteren die Regierungen demokratisch legitimiert sind und internationale Verträge zumeist der parlamentarischen Zustimmung bedürfen)? Meine eigene Vorstellung von »Global Governance« geht von der Einschätzung aus, dass die herrschende Meinung die Bedeutung des Staates in der Regelsetzung und -ausführung jenseits der Grenzen unterschätzt und den Sinn dafür eingebüßt hat, was der Staat in dieser Beziehung leisten kann und – im normativen Sinne – leisten soll. Dabei bestreite ich nicht, dass andere Akteure mitwirken (sollen). Ich behaupte aber, dass für ein wirksames, nachhaltiges Weltregieren die zentrale Stellung des Staates unverzichtbar bleibt. Diesen Gedanken möchte ich durch einen kritischen Blick auf die tatsächlichen Wirkungen und Spielräume nichtstaatlicher Akteure und ihr Zusammenspiel mit dem Staat in der heutigen Welt entwickeln.

Internationale Organisationen, namentlich diejenigen mit supranationalen Komponenten und / oder eigenen, bindenden Schieds- oder Gerichtsverfahren, gelten als der erste Normstifter und -wahrer, der sich dem Staat entziehen kann. Bei näherem Hinsehen entpuppen sich diese Organisationen indes als Modelle klassischer – wie der Name schon sagt – *internationaler*, also *zwischenstaatlicher* Kooperation. Das Kollektiv der Nationalstaaten bleibt »Herrin des Verfahrens«. Der Unterschied zu bilateraler oder multilateraler Interaktion *ohne Organisation*, wie sie im 19. und frühen 20. Jahrhundert vorherrschte, liegt im höheren Grad von Institutionalisierung, der den verabredeten Normen ein stärkeres »Rückgrat« verleiht, sowie in den Sekretariaten, die eine eigene Akteursqualität gewinnen. (Dazu gleich noch mehr.) Dennoch bleiben die internationalen Organisationen – wie auch internationale Regime, das heißt, Geflechte von Prinzipien, Normen, Regeln und Verfahren zur Lösung gemeinsamer Probleme, deren Hüter häufig internationale Organisationen sind – effizient als Produzenten und Bewahrer von Normen nur dann, wenn diese Normen in die Praxis der Staaten eingeschrieben bleiben. Es sind die Staaten, die die entscheidende »Stimme« bei der Normproduktion innehaben; und die Staaten verfügen auch über die Möglichkeit zum Rückzug aus den einschlägigen Vertragswerken und zugehörigen Organisationen. Diese Möglichkeit tritt selten in den Vordergrund. Daher ist es verständlich, wenn die internationalen Organisationen als gegeben hingenommen werden und man ihnen eine größere Autonomie gegenüber ihren Mitgliedern zuschreiben möchte, als durch ihre Konstitution gerechtfertigt ist. Erst wenn sich die USA aus der UNESCO zurückziehen, wenn Nordkorea den Nichtverbreitungsvertrag verlässt, wird einem die Vorläufigkeit und auch die Zerbrechlichkeit der internationalen Organisationen und Regime als Governance-Struktur schlagartig bewusst: Sie produzieren Governance »durch den Staat«. Ein weiterer Indikator für die zentrale Stellung der Staaten ist das Einflussgefälle, das innerhalb internationaler Organisationen besteht und in dem sich das Machtgefälle zwischen den Staaten im internationalen System niederschlägt: Die kleineren Staaten haben zwar in der Organisation relativ mehr und die größeren relativ weniger Einfluss, als die grobe Verteilung der Machtressourcen vermuten ließe, aber mächtigere Staaten bleiben einflussreicher als weniger mächtige. Dieser Umstand weist darauf hin, dass die Staaten in ihr der ausschlaggebende Faktor bleiben. Bekanntlich ist dieses Gefälle sogar in die Verfassung einiger Organisationen eingeschrieben, so das Veto der fünf permanenten Mitglieder des Sicherheitsrats in die UN-Charta, die Abhängigkeit der Stimmrechte von der Höhe der Währungseinlage in die Satzung des Internationalen Währungsfonds (IWF), oder die dauerhafte Mitgliedschaft der bedeutendsten Kernenergienutzer im Gouverneursrat der Internationalen Atom-Energie-Organisation. Freilich übt die internationale Organisation durch ihre Institutionalisierung eine unabhängige Wirkung auf die Staaten aus. Staaten bedenken bei ihrem Verhalten immer, was es sie kosten würde, eine funktionierende Organisation zu ersetzen oder neu zu schaffen, wenn die bestehende zerstört würde; sie kalkulieren ihren Ansehensverlust, der drohen würde, würden sie die Regeln ständig brechen. Sie internalisieren die in der Organisation ausgehandelten Normen, bis sie ihnen in Fleisch und Blut übergegangen sind. Darin besteht die Wirkung einer internationalen Organisation. Das heißt aber auch, dass die Organisation nur in und von den Mitgliedern lebt. Sie stellt den Staat damit zentral.

Dass Nichtregierungsorganisationen im Rahmen internationaler Organisationen eine zunehmende Rolle spielen, trifft zu. Freilich tun sie das überwiegend als »Hilfstruppen« der Mitgliedsstaaten und der diesen dienenden Sekretariate. Selten genug gewinnen sie Akteursqualität *jenseits* dieser Assistenzfunktion. Dies ist als Fortschritt der Global Governance keinesfalls geringzuschätzen. Internationalen Normsetzungs- und -kontrollprozessen führen sie zusätzliche Information, Legitimität und Transparenz zu und verbessern damit im Großen und Ganzen deren Qualität. Die Entscheidungs- und Umsetzungsbefugnisse bleiben indes überwiegend bei den Staaten. Was ist mit den Sekretariaten? Sie verkörpern und symbolisieren mehr als alles andere die eigenständige Persönlichkeit der Organisation und ihren Akteurscharakter. In Organisationen mit einer starken Stellung des Generalsekretärs oder -direktors wie etwa den Vereinten Nationen oder der Internationalen Atom-Energie-Organisation erlangen die Sekretariate die Stellung eines eigenständigen Akteurs. Dessen Bewegungsfreiheit bleibt indes durch die Entscheidungskompetenzen der Mitgliedsstaaten begrenzt. Die Mitgliedsstaaten behalten durch die Haushaltskontrolle die Hoheit über jede einzelne Aktivität, welche das Sekretariat vorschlägt. Ein missliebiger Generaldirektor kann abgewählt werden wie etwa in der Organisation für das Verbot chemischer Waffen, deren erster Chef wegen seines Führungsstils und seiner Probleme, mit Haushaltsfragen umzugehen, noch während der laufenden Amtszeit ersetzt wurde. Die Initiativ- und Kontrollfunktionen, welche das Sekretariat wahrnimmt, gehen über den Regelungsbestand einer »rohen Staatenwelt« hinaus und ändern die Form der Governance. Sie ändern jedoch nichts daran, dass das Sekretariat innerhalb eines Systems der »Governance durch den Staat« bzw. »durch die Staaten« operiert. Governance »mit dem Staat« gibt diesem gleichfalls in der Realität mehr Gewicht, als die Formel erkennen lässt. Verhandlungssysteme oder Netzwerke, in denen der Staat neben anderen, nichtstaatlichen Akteuren »auf Augenhöhe« an der Normgestaltung und -bewahrung mitwirkt, tragen der Tatsache Rechnung, dass sich Staatsfunktionen ohne die (grenzüberschreitende) Mitwirkung anderer – seien es Staaten oder andere im jeweiligen Handlungsfeld Beteiligte – nicht erfüllen lassen. Zugleich bedeutet dieser Governance-Typ jedoch auch, dass ohne den Staat »nichts läuft«, dass die Staaten eine Veto-Rolle in der Normgebung behalten (bzw. sich die Rückzugs-Option vorbehalten).

Schwieriger scheint es mit der Governance »ohne den Staat« zu sein, mit denjenigen Normsetzungs- und -kontrollprozessen, in denen sich nichtstaatliche Akteure ohne die Mitwirkung staatlicher Repräsentanten im Rahmen eigener Institutionalisierungen auf grenzüberschreitende Normen einigen, um diese anschließend zu überwachen. (Das am häufigsten genannte Beispiel ist die Lex mercatoria, die Regelung wechselseitiger privatwirtschaftsrechtlicher Ansprüche von

Unternehmen im internationalen Raum. Tatsächlich hat sich der Staat hier aus der aktiven Beteiligung zurückgezogen. Unbestritten ist auch der wachsende Beitrag nichtstaatlicher Akteure zum Schaffen von Normen jenseits des Staates, immer häufiger auch deren Implementationskontrolle. Mein Argument ist jedoch, dass der Staat *im Hintergrund* am Geschehen beteiligt ist und dass diese indirekte Beteiligung für die Governance »ohne den Staat« eine notwendige Bedingung bleibt.

Die erste Hintergrundbedingung ist, dass der Staat entscheidend für die Existenz nichtstaatlicher Akteure und damit ihre Aktionsmöglichkeiten auf dem internationalen Parkett bleibt. Diese Akteure – sofern sie nicht wie die Mafia oder die al-Qaida aus dem Untergrund agieren – bedürfen der Verankerung ihrer Rechtspersönlichkeit in einem Territorialstaat, der diese Rechtspersönlichkeit anerkennt, ihr damit Geltung verleiht und es so ermöglicht, dass der nichtstaatliche Akteur als Handelnder für andere Staaten (und nichtstaatliche Akteure) anerkennungsfähig wird. Die Zuerkennung von Rechtspersönlichkeit ist eine Funktion, in der der Staat (oder die Staatengemeinschaft als Ganzes) nicht ersetzbar ist. Setzt diese Anerkennung einen aktiven Rechtsakt seitens der staatlichen Behörden voraus, so besteht die zweite Funktion in der Duldung oder dem Nichtverhindern. Die selbständige Normsetzungsleistung nichtstaatlicher Akteure hat nur Bestand, weil die Staaten sie nicht durchkreuzen. Würden diese alternatives Recht setzen oder den Versuchen der nichtstaatlichen Akteure, Normen in die Wege zu leiten, aktiv entgegenwirken, müssten einschlägige Aktivitäten scheitern. Schließlich gewährleistet der Staat die Rahmenbedingungen, innerhalb deren die private Normsetzung funktioniert. Wie für alle Normen gilt auch für die durch Private gesetzten: Ihre Geltung bleibt darauf angewiesen, dass ein Erwartungshorizont über den Tag hinaus besteht. Wer übernimmt denn die Gewähr für die Erwartungsstabilität, die erst die Erfolgsaussichten privat erarbeiteter Normen eröffnet, wenn nicht der Staat bzw. die Staatenkooperation? Private Normsetzung ist etwas anderes als Normen, die im Ergebnis staatlicher Verhandlungen zustande kommen. Dieses »Andere« setzt die Gewährleistungsfunktionen der Staaten indes immer schon voraus. Ein Sonderfall dieses Umstandes tritt ein, wenn die Effektivität privater Normsetzung selbst darauf angewiesen bleibt, dass der Staat die Gewähr auch für die Rechtsdurchsetzung übernimmt, also seine Erzwingungsmacht gegen den Normbrecher einsetzen soll; wo Normen in den privatrechtlichen Regelungen staatlicher Gesetze wurzeln, ist dies der Fall. Privat gesetzte Normen können vielleicht ohne diese spezielle Geltungsgewähr des Staates auskommen, aber wohl kaum ohne die abstraktere Gewähr derjenigen Rahmenbedingungen, die die private Rechtsetzung durch Konstituierung der Akteure und / oder Verzicht auf deren Behinderung erst möglich machen.

Auch wenn Rechtsnormen im Einzelfall staatsfrei zustande kommen können, bedürfen sie des »Schattens der Hierarchie« – entweder, weil sie auf die Sanktionsfähigkeit des Staates angewiesen bleiben oder weil die staatliche oder zwischenstaatliche Konstitutierung der nichtstaatlichen Akteure unverzichtbar für den Zukunftshorizont der getroffenen Regelung bleibt. Das Regieren »ohne den Staat« ist – außerhalb der arkanen Reiche von al-Qaida und der Mafia – weitgehend eine optische Täuschung (und auch diese finsteren Herrscher außerstaatlicher Handlungsautonomie können nur agieren, soweit und solange der Staat ihnen keine wirksamen Grenzen setzt, sie also in gewisser Weise duldet). Der Staat sitzt auch bei der Normgebung und -wahrung durch Private unsichtbar am Tisch. Seine Leistungen sind nur wesentlich subtiler als beim »Regieren durch« und »Regieren mit dem Staat«.

Unter den genannten Projekten für eine Weltregierung unter den Bedingungen der Globalisierung erscheint »Global Governance« noch am wenigsten von westlichen Herrschaftsgelüsten durchzogen zu sein. Und doch geht sie an der Perspektive der meisten Entwicklungsländer dramatisch vorbei. Dort wird vielfach – etwa in China und Indien, in Malaysia und Singapur, in Mali und Brasilien – die Globalisierungsepoche als diejenige Zeitspanne empfunden, in der die Handlungsfähigkeit des Staates steigt und in der wachsende Ansprüche an ihn gestellt werden, die er auch zum Teil befriedigen kann. In anderen Teilen der Dritten Welt ringt man um die Wiederherstellung der inneren Souveränität, versucht, das erschütterte Gewaltmonopol auf die eine oder andere Weise zu restaurieren, gegebenenfalls mit äußerer Hilfe.

Es lässt sich also feststellen, dass der Staat als Identifikations- und Referenzsystem in einer Reihe von Staaten außerhalb Europas sein Gewicht behalten oder noch gesteigert hat und dass ihm zugleich Ressourcen zugewachsen sind, die in den Augen der zugehörigen Völker seinen Wert und Status gesteigert haben. Für Inder oder Chinesen ist es eben kein Verlust an staatlichen Steuerungskompetenzen, wenn ihre Regierungen in den Verhandlungen der Welthandelsorganisation als gewichtige »Player« ernst genommen werden. Es ist vielmehr das ungeheuer befriedigende Erlebnis, als anerkannter und geachteter Teilhaber an den Prozessen globaler Regelsetzung mitzuwirken. Gerade zu diesem Zeitpunkt entdeckt der Westen die Ideologie der Entstaatlichung, beschreiben die Theoretiker der Global Governance vermeintliche Realprozesse des schwindenden Staates, gründen zeitgleich die

Kosmopoliten darauf die Forderung, ihn als zentrale Figur der internationalen Politik zu entwerten. An der Schwelle des Aufstiegs zweier Entwicklungsländer zu Weltmächten und anderer handlungsfähiger Entwicklungsländer (z. B. Brasilien, Südafrika, Malaysia) zu ernst genommenen Partnern in internationalen Verhandlungen muss eine solche Debatte anderswo als Teil des Versuchs des Westens erscheinen, diesen Prozess zu stoppen, um die 400 Jahre währende westliche Hegemonie mit anderen Mitteln aufrechtzuerhalten. Für sich konsolidierende Entwicklungsländer ist Souveränität der Schutzraum, innerhalb dessen sich ihre autonome Entwicklung vollziehen kann. Es hat wenig Sinn, mit dem Argument dagegen anzugehen, Souveränität schütze das Übel der »Bad Governance« bis hin zu schweren Menschenrechtsverletzungen und Genozid; denn darum geht es bei den genannten Ländern – auch bei denjenigen mit nichtdemokratischen Regierungssystemen – gar nicht. Souveränität bedeutet für sie das Recht, den eigenen rechtlichen und politischen Pfad zu wählen ohne sich dabei von anderen hineinreden zu lassen. Auch die »Global Governance« geht also mit dem Problem der Verschiedenheit – hier: unterschiedlicher historischer Entwicklung, einschließlich der ganz unterschiedlichen Erfahrung der Globalisierungsepoche – unzulänglich um. Sie verletzt die Gerechtigkeitsansprüche derjenigen Akteure mit anderen Erfahrungen und trägt so – gegen die eigenen Absichten – zur Konfliktverschärfung bei. Das Beharren auf Souveränität meint für Chinesen, Inder und andere keineswegs eine Verweigerungshaltung gegenüber verrechtlichten Kooperationsprojekten; sie wollen jedoch die Kontrolle darüber behalten, welche Projekte das sind, welches materiale Recht, welche Rechtsformen und -verfahren gewählt werden, um sich dann aus freier Entscheidung einzureihen. Das begründet den Wunsch nach Teilhabe durch die staatliche Repräsentation, also die ganz normale Produktion internationalen Rechts.

Fazit

Für unsere Zwecke ist nichts Geeignetes zum »nachhaltigen Weltregieren« im Angebot. Die Projekte sind aus der westlichen Perspektive entworfen und spiegeln teils unverblümt, teils unbewusst den westlichen Herrschaftsanspruch wider. Der ist aber eher Teil des Problems als der Lösung; diese Feststellung treffe ich als jemand, der an die westlichen Werte glaubt und froh ist, in einem liberal-demokratischen Land zu leben. Aber diese Überzeugungen und dieses Wohlbefinden sind eine Sache, die Hoffnung, darauf ließe sich gleich eine Ordnung für den Globus gründen, eine ganz andere. Die teils nassforsche, teils naive Art, mit der die diskutierten Projekte von uns auf andere schließen, spielt Verschiedenheit herunter, etabliert unser eigenes Verständnis von Gerechtigkeit als das allein gültige und heizt zugleich den »Kampf der Kulturen« und die Großmächterivalität an, insofern auf die Bedürfnisse und Wünsche aufstrebender Nationen keine Rücksicht genommen wird. Alle diskutierten Weltordnungsprojekte enthalten Aspekte, mit denen wir weiterarbeiten können. Die Vorschläge für ein neues Imperium und für Hegemonie machen uns darauf aufmerksam, dass die ungleiche Verteilung von Macht irgendwie zu berücksichtigen ist. Das kosmopolitische Projekt legt uns die Hochschätzung der Menschenrechte und die Verbindung von »Gutem Regieren« und Demokratie nahe. Global Governance vermittelt die Einsicht, dass die Beteiligung nichtstaatlicher Akteure an der Regelsetzung den heutigen Verhältnissen auf der Welt angemessen ist. Aber ihre Einseitigkeit entwertet dieses intellektuelle Guthaben: Es droht ein Nettoverlust an Nachhaltigkeit durch das Verfehlen unserer drei Grundziele.

3 Der Umgang mit Verschiedenheit

Manche Zweige der Sozialpsychologie betrachten die Verschiedenheit sozialer Kollektive als den zwangsläufigen Ausgangspunkt gewaltsamer Auseinandersetzungen: Menschen brauchen Identität, und das bedeutet stets, sich von jemandem »Anderen« zu unterscheiden. Kollektive Identitäten entstehen in »In-groups«, die sich durch ihre Besonderheiten von den (vermeintlichen oder tatsächlichen) Eigenschaften von »Out-groups« unterscheiden. Die Integrationsprozesse der Ersteren sind mit wachsender Entfremdung von den Letzteren verbunden. Das Fremde erscheint schließlich als feindselig und bedrohlich. Andere Sozialpsychologen und Soziologen widersprechen indes der pauschalen Prognose, dass Unterschiede immer in (gewaltträchtigen) Konflikten enden müssen. Verschiedenheit kann auch Neugier, Interesse, wechselseitige Ergänzung, Arbeitsteilung usw. hervorrufen. Menschen können sich mit Aspekten fremder Identität identifizieren und von Aspekten der eigenen Identität distanzieren. Das weicht die harte Schale gewaltträchtiger kollektiver Identität bis zur Unwirksamkeit auf. Verschiedenheit verdammt uns also nicht zum Krieg. Sie kann dazu führen, wenn wir viel falsch machen. Aber wir haben stets die Freiheit, der fatalen Straße von »Unterschied« zu »Gewalt« auszuweichen.

Es gibt auf der Welt etwa 6000 unterschiedliche »Völker« (Ethnien). Diese bilden größere Gruppen in den »Weltkulturen«. Samuel Huntington, der Urheber der These vom

»Kampf der Kulturen«, zählt sechs bis neun Kulturkreise, die sich in seiner Sicht um Religionen gruppieren: Die »westliche«, das heißt, römisch-christliche Kultur (der er den Protestantismus und das Judentum zuschlägt), die orthodoxe Kultur, den Islam, den Hinduismus, den Konfuzianismus (den er dann mit dem Buddhismus und dem japanischen Shintoismus vermengt), die afrikanische (bei der er sich nicht sicher ist, was sie ist und ob es sie überhaupt gibt) und die Latino-Kultur (die er mal eigenständig, mal als Teil der römisch-christlichen behandelt). Bei näherem Hinsehen sind die Trennlinien zwischen den Kulturen weniger scharf und viel fließender, als Huntington es darstellt. Im »Westen« hat das laizistische Frankreich mit dem protestantischen Fundamentalismus des amerikanischen Bibel-Gürtels oder dem tiefen Katholizismus Polens wenig gemein. Im Islam macht der blutige Bürgerkrieg im Irak das Schisma zwischen Schia und Sunna ebenso deutlich wie das Misstrauen, mit dem sich Iraner und Araber beäugen. Wenn man von Riad nach Katar reist, bleib man zwar im Reich der Sunniten, aber der strikte Wahabismus der Saudis hat mit dem weltzugewandten Islam des kleinen Scheichtums wenig gemein. Auch in Indien unterscheidet sich der traditionelle, tolerante und vielgesichtige Hinduismus beträchtlich von dessen orthodoxer Fassung als Buchreligion, die den radikalen Nationalhinduismus beseelt. Und so weiter und so fort. Die 6000 Ethnien und die wenigen Kulturkreise teilen sich auf derzeit 192 Staaten auf. Wir reden zwar von »Nationalstaaten«, aber Nation und Staat sind selten völlig identisch. So leben Menschen, die Deutsch als ihre Muttersprache betrachten, in Polen, Tschechien, Österreich, Italien, Frankreich, Belgien, Dänemark, der Schweiz und Liechtenstein. Ungarische Minderheiten sind in der Slowakei, in der Ukraine und in Serbien zu Hause. Estland, Lettland,

Weißrussland, die Ukraine, Kasachstan und andere »Spaltprodukte« der früheren Sowjetunion haben viele russischstämmige Bürgerinnen und Bürger. Im Zuge der Globalisierung sind in vielen Ländern »Diasporas« entstanden, Einwanderergemeinden mit einer bleibenden Bindung an ihr Herkunftsland. In Afrika sind die Staatsgrenzen von den Kolonialmächten willkürlich gezogen worden, ohne Rücksicht auf Stämme und Völker. So kommt es, dass in manchen Staaten Mehrheiten über Minderheiten, in anderen Minderheiten über Mehrheiten regieren, oft auf Kosten der staatlichen und gesellschaftlichen Stabilität. Die Verschiedenheit findet sich im Innern der Staaten und noch mehr zwischen ihnen.

Worin besteht das Problem? Die Wertsysteme der Kulturen kreisen um Vorstellungen vom guten Leben. Gut bedeutet dabei zweierlei: zum einen eine Lebensgestaltung, die für die Menschen Zufriedenheit, Glück und Erfüllung bedeutet; zum anderen eine Lebensführung, die mit den vorherrschenden sittlichen Normen im Einklang steht, im Lichte der jeweiligen Kultur also »richtig« ist. Diese Normen prägen einerseits die gesellschaftlichen und individuellen Vorstellungen von Richtig und Falsch im Sinne »ungeschriebener Gesetze«. Sie stehen andererseits als Leitprinzipien hinter den Rechtssystemen, also den geschriebenen Gesetzen und deren Anwendung in der Rechtsprechung. Nun erfordern die Globalisierungsprobleme Regelungen, die sowohl in rechtlicher Form (als Gebote und Verbote) als auch in nichtrechtlicher Form (in angelernten Verhaltensgewohnheiten, die als »richtig« gelten) ihren Niederschlag finden müssen. Obergrenzen für die CO_2-Emissionen für jedes einzelne Land oder der Verzicht auf biologische Waffen fallen in die erste Kategorie, der sparsame Umgang mit Energieressourcen oder die Abkehr von der Praxis der Blutrache in die zweite. Solche Regelungen müssen mit den diversen kulturellen Werten zur Deckung gebracht werden können. Andernfalls werden die Vertreter verschiedener Kulturkreise ihnen nicht zustimmen.

Kulturelle Integration, kulturelle Fragmentierung

Die Schwierigkeit dieser Aufgabe ist keinesfalls zu unterschätzen. Freilich gibt es Umstände, die sie im Vergleich zu der von Samuel Huntington beschworenen Starre der interkulturellen Grenzen abmildern. Bei Huntington erscheinen Kulturen wie die kristallinen Strukturen harten Gesteins: Sie besitzen ihre innere Ordnung, die über Zeit, über Generationen und Jahrhunderte verharrt, und sind durch eine harte Schale von den Einwirkungen anderer »kultureller Gesteine« geschützt. Im wirklichen Leben spielt sich jedoch etwas Anderes ab, das Zusammen- und Gegenspiel von Vereinheitlichung und Differenzierung, von wechselseitiger Durchdringung und Abgrenzung, von interkulturellem Lernen und Abkapselung, von Globalisierung und Fragmentierung, von Dialog und Kampf. Der Prozess der Globalisierung stellt alle Weltregionen vor vergleichbare Probleme. Überall stehen überkommene Traditionen vor Herausforderungen, müssen Regierungen mit dem »Eigensinn« des Weltmarktes und seinen sozialen Folgen fertigwerden, stellen sich ökologische Probleme wie das Ozonloch oder der Klimawandel, verschärft die Migration die Aufgabe gesellschaftlicher Integration. Die Probleme sind ungleich verteilt, die Ressourcen zu ihrer Lösung noch mehr. Aber alle Regionen und ihre Länder stehen in unterschiedlichen Abstufungen vor diesen Herausforderungen. Diese Gleichzeitigkeit ist geschichtlich neu. Die unterschiedlichen Entwicklungsgrade der Gesellschaften und die relative

Abgeschiedenheit ihrer geographischen Räume begünstigten früher die Formierung unterschiedlicher kultureller Antworten auf gleiche, aber nicht simultan auftretende Problemlagen. Die Gleichzeitigkeit der Probleme eröffnet heute größere Möglichkeiten kultureller Konvergenz als je zuvor. Zusätzlich begünstigt wird eine solche Annäherung dadurch, dass die erfolgreichsten Antworten über globale Medien selbst in entlegene Gegenden kommuniziert und die zugehörigen Mittel über den Weltmarkt überall angeboten werden. Über Werte, Normen und kulturelle Leitbilder findet ein Austausch in globalen Netzwerken statt. Optimisten reden davon, dass eine »Weltkultur« im Entstehen oder womöglich schon vorhanden sei. Dem steht indes vielerorts die teils instinktive, teils herrschaftlich motivierte Tendenz gegenüber, die eigenen Traditionen gegen das Fremde zu schützen. Normalerweise werden Traditionen bei dieser Gelegenheit gewissermaßen »hinter dem Rücken der Akteure« neu erfunden, sie rekonstruieren eine vermeintliche Authentizität, die mit den historischen Vorbildern wenig zu tun hat, an die die Urheber aber mit Inbrunst glauben. Fundamentalisten, die den vermeintlichen Purismus des Urislam und die »eigentliche« Urbedeutung des Koran hervorheben, ignorieren die historische Gebundenheit der Sitten und Gebräuche, die sich in dem heiligen Buch niedergeschlagen haben und, noch gravierender, die Tatsache, dass die Schriftform des Koran, ebenso wie jene der Bibel, zeitlich gestaffelt in großen Teilen erst *nach* dem Ableben des Religionsgründers endgültig fixiert wurde. Der evangelikale Fundamentalismus geht mit der Bibel genauso um, auch die jüdische Orthodoxie. Der Hinduismus als Buchreligion ist gar eine Neuerfindung des 19. und 20. Jahrhunderts.

Der Schutz des Eigenen vor dem Fremden ist weltweit beobachtbar. In München-Untersendling möchten moslemische

Vereine eine Moschee bauen, um den zahlreichen Bewohnern islamischen Glaubens der umliegenden Stadtviertel zu ermöglichen, ihre Religion in würdiger Umgebung auszuüben; nichtmoslemische Anwohner und die bayrische Landesregierung stemmen sich nun mit allen erdenklichen Mitteln gegen die Verwirklichung dieses Vorhabens, welches von der Stadt München bereits genehmigt war. Gleiches spielt sich gegenwärtig in Köln ab. Diese Versuche, den Moscheebau zu verhindern, atmen denselben Geist wie die blutigen Attentate gegen »feindliche« Touristen in Djerba oder Bali. Die Akteure nutzen die jeweils vorhandenen Mittel, die bayrische Landesregierung das repressive Instrumentarium des Verwaltungsrechts, die radikalen Mörder selbstgebastelte Bomben. Die Verschiedenheit der Mittel darf über die Gleichheit der Zwecke und Gesinnungen nicht hinwegtäuschen: die Abwehr des Fremden, das mit Hilfe der Globalisierung übermächtig in den eigenen Vorgarten vordringt. Diese Abwehr ruft wiederum Gegenbewegungen derjenigen gesellschaftlichen und politischen Kräfte hervor, die in der Öffnung für das Unbekannte eine Bereicherung, in größerer Verschiedenheit mehr Wahlmöglichkeiten und mehr Freiheit und in der Vielfalt die Chancen von besseren Antworten auf die Herausforderungen sehen. Neben der vertikalen Gegenreformation der je spezifischen Kulturen an ihren Ursprungsstandorten ergibt sich so eine horizontale Globalisierung der Kulturen quer durch alle Standorte hinweg. Wirtschaftliche Eliten ticken in Hongkong oder Mumbai nicht anders als in Frankfurt, London oder New York. Menschenrechtsgruppen, die sich an den diversen Konventionen der Vereinten Nationen orientieren, die den Geist der westlichen Aufklärung atmen, sind durch alle Kulturen verbreitet und machen den autoritär Herrschenden überall zunehmend zu schaffen. Greenpeace hat nationale Ableger rund um die Welt, weil auch die ökologische Wertorientierung, vor allem seit der Sonderkonferenz der Vereinten Nationen zu Umweltfragen in Rio de Janeiro von 1992, überall Wurzeln geschlagen hat.

Dieser tatsächlichen *Universalisierung* von Werten über Kulturgrenzen hinweg steht eine Streuung *partikularer* Orientierungen gegenüber; sie kommt durch die globalisierungsgetriebene Migration zustande: Mit der Diaspora wandert auch die Kultur der Herkunftsländer in die Einwanderungsländer ein und differenziert sich dort wieder in zwei Formen: erstens »Hybride«, das heißt, Mischformen, in denen sich beide Kulturen mehr oder weniger harmonisch verbinden – wie z. B. bei unseren europäischen Parlamentariern moslemischen oder hinduistischen Glaubens, die westliche und ursprüngliche Werte in einer kreativen Verarbeitung zusammenbringen; zweitens abgeschottete Subkulturen, in denen die Abwehrängste und die Fundamentalisierung, die Gruppen in der alten Heimat betreiben, auch in der neuen wirksam werden. Das Versagen der Aufnahmeländer, die dritte Generation der Einwanderer reibungslos zu integrieren, spielt hier eine entscheidende Rolle; die administrativen Attacken gegen die Münchner Moschee (s. o.) sind ein besonders krasses Beispiel für dieses kontraproduktive Fehlverhalten.

Amartya Sen hat das Argument starkgemacht, dass die kulturelle Identität nur eine Facette der reichen Individualität von Menschen ist. Andere Aspekte – Nationalität, soziale Klasse, Bildungsstand, politische Orientierung, Hobbys usw. – formen Identität maßgeblich mit. Sen hat dazu aufgerufen, diese Vielfalt von Identität in den Vordergrund zu stellen, um einer einseitigen Politisierung religiös-kultureller Identitäten vorzubeugen, die er zu Recht für gefährlich, weil besonders gewaltträchtig hält. Indes hat es keinen Sinn zu ignorieren, dass eine solche einseitige Identitätsbildung vielerorts existiert und das Denken und Handeln von Menschen bestimmt. Dass eine Gruppe engagierter »Kulturunternehmer«, von den evangelikalen Fernsehpredigern in den USA bis zu Osama bin Laden, diese Vereinseitigung aktiv betreibt, tritt erschwerend hinzu. Weil das so ist, empfiehlt sich der offene Kampf gegen kulturell-religiöse Identitäten nicht. Denn er wird vom Boden eines bereits etablierten Universalismus aus geführt, der selbst Ausdruck einer bestimmten historisch-kulturellen Entwicklung ist (s. u.). Der Versuch, die »Vereinseitigung« aufzubrechen, erscheint dann anderen selbst als Gefahr kultureller »Überfremdung« und verschärft die Gegensätze eher, als sie zu mildern. Man kommt daher um die Anerkennung derjenigen Akteure in Ländern der lange vom Westen unterdrückten Dritten Welt nicht herum, die sich unter Berufung auf ihre gewachsene Kultur und ihre Religion von westlich-liberalen, säkularisierten Vorstellungen abgrenzen. Sie sind ebenso legitime Akteure wie Menschen mit universalistischen Orientierungen, die uns besser gefallen. Das gilt insbesondere für die Regierungen nichtdemokratischer Staaten, die ja ausschließlich über Völker herrschen, die nicht dem westlichen Kulturkreis angehören. Es hat keinen Sinn, weltpolitische Regelungen, die den Problemen der Globalisierung zu Leibe rücken sollen, nur mit chinesischen, saudischen, oder birmesischen Menschenrechtsgruppen treffen und die jeweiligen Regierungen links liegenlassen zu wollen. Hinter denen stehen nämlich durchweg nennenswerte Unterstützergruppen. Die Vorstellung, dass eine »Junta« nur aus einer Handvoll Machthabern besteht und die Menschen ansonsten allesamt danach gieren, endlich in den Genuss westlicher Werte zu kommen, ist durch die blutigen Erfahrungen in Afghanistan und im Irak schmerzlich widerlegt. Die gemeinsame, friedliche Regelung von Problemen beginnt mit der Anerkennung handlungsmächtiger Akteure, auch wenn wir sie nicht lieben müssen (und können) und auch wenn wir Zweifel darüber haben, ob sie »ihr« Volk zur Gänze repräsentieren. Aber wir müssen – wie zu Zeiten des Ost-West-Konflikts mit den Autokraten in Moskau – unser Auskommen mit ihnen finden (wobei sich inzwischen durch die stabile Unterstützung des »lupenreinen Demokraten« Putin durch die Mehrheit der russischen Bevölkerung zeigt, dass diese auch nicht ganz »westlich« tickt).

Die politische Bedeutung des kulturellen Faktors

Angesichts des empirischen Befundes, dass die großen Kulturkreise zahlreiche Differenzierungen aufweisen und dass sie unter den Bedingungen der Globalisierung qua Migration allmählich in jedem Nationalstaat präsent sind, mag es auf den ersten Blick als wenig sinnvoll scheinen, nach dem kulturellen Faktor in der Politik überhaupt zu suchen. Ist es wirklich berechtigt, von dem »Westen« zu sprechen, der weltpolitisch bei »den Moslems« Missfallen erregt?

Samuel Huntington hat – bei allen berechtigten Zweifeln an seiner zeitgeschichtlichen Diagnose – den wichtigen Hinweis gegeben, dass unter heutigen weltpolitischen Voraussetzungen die »Kultur« einen politischen »Körper« nur gewinnen kann, wenn sie durch die bestehenden Nationalstaaten wirkt. Ein näherer Blick auf diese immer noch wichtigsten weltpolitischen Akteure offenbart, dass die meisten davon von je einer prägenden Kultur *dominiert* werden. Diese mag eine Mehrheit vereinigen (wie die hinduistische in Indien) oder Sache einer Minderheit sein (wie die den Sudan beherrschende Kombination aus salafitischem Sunnitentum und arabischer Ethnie), entscheidend bleibt, dass der Staat als Machtinstrument seiner politischen Elite in einer bestimmten Richtung kulturell geprägt ist. Diese Prägung kann sich dann durch ein kulturell orientiertes, vor allem religiös-politisches Unternehmertum sogar noch schärfer akzentuieren. Präsident Ahmadinedschad in Iran, die Siedlerbewegung im Westjordanland oder die nationalhinduistische Bewegung in Indien sind einschlägige Beispiele. Die so formierte kulturelle Prägung staatlicher Politik kann über die Grenzen hinaus wirksam werden: mehrere Reihen von Staaten ähnlicher oder gleicher kultureller Prägung entwickeln eine gemeinsame, gegen (vermeintliche) Herausforderer gerichtete Identität. Gegensätze zwischen den Kulturen sind insofern kein Naturgesetz, wie Huntington glauben machen will, sondern das Ergebnis politischer Handlungen. Die fortgesetzte Repression der palästinensischen Bevölkerung in der »West Bank« durch Israel wirkt als einigender Impuls für die politische Wahrnehmung innerhalb der islamischen Welt, jenseits aller Spaltungen in Araber und Nichtaraber, Sunna und Shia oder sunnitische Rechtsschulen. Denselben Effekt hatten die Mohammed-Karikaturen in dänischen und deren Nachdruck in außerdänischen Medien. Während die gesellschaftlich-kulturelle Fragmentierung und Mischung in den Gesellschaften eine soziale Tatsache bleibt, wird staatliche Politik durch solche Entwicklungen in einer Weise kanalisiert, als bestünde gesellschaftlich-kulturelle Einheitlichkeit in den gegeneinander stehenden Lagern.

Wenn daher im Folgenden häufig vom »Wir« die Rede ist, so meine ich damit die westlichen Länder, unter denen trotz aller Unterschiedlichkeit das gemeinsame Erbe der Aufklärung zum Tragen kommt, ein gemeinsamer liberaler Urgrund der Verfassungen, Weltsichten und Wertorientierungen, der die Gemeinsamkeiten zwischen Frankreich und den USA, zwischen Deutschland und Großbritannien, zwischen Schweden und Italien immer noch größer erscheinen lässt als jene zwischen irgendeinem dieser Länder und Saudi-Arabien, Malaysia oder China. Das »Wir« dementiert nicht den wachsenden Trend zum Kontakt, zur wechselseitigen Durchdringung der Kulturen und zu ihrer inneren Differenzierung, sondern berücksichtigt, dass trotz dieser Entwicklungen die Zugehörigkeit zu einem kulturellen »Lager« als weltpolitisch bedeutsam behandelt werden muss.

Dominanz der westlichen Kultur als historische Tatsache und als Problem

Die Verschiedenheit bildet ein magisches Dreieck mit Gerechtigkeit und Gewaltlosigkeit. Sein Wirken auf die Chancen gemeinsamer Problemlösung ist nicht ohne den Blick auf die Geschichte der letzten vier Jahrhunderte zu klären. Diese Periode stand im Zeichen der globalen Ausdehnung westlicher Macht. Für den Westen galt dieser beispiellose Machtzuwachs als Erweis der eigenen Überlegenheit, als zivilisatorische Mission oder – in der rassistischen Version des britischen Empire – als »the White Man's Burden«. In Großbritannien und in Frankreich hat man die tiefe Schuld und die fatale Langzeitwirkung dieser imperialen Verirrung bis heute noch nicht recht verarbeitet.

Die Ursachen dieser Überlegenheit suchte man im christlichen Menschenbild – nach den Exzessen des (deutsch-österreichischen) Antisemitismus wurde es verschämt zum jüdisch-christlichen Menschenbild umbenannt. Tatsächlich ist die Überlegenheit westlicher Waffen, Unternehmen und Organisation dem besonderen historischen Pfad Europas geschuldet, der dem relativen Gleichgewicht von Kaiser und Papst, der entstehenden europäischen Nationalstaaten und der strategischen Gruppen in diesen Staaten – Hof, Adel und Bürgertum – zu danken ist. Das (organisierte) Christentum war in dieser Entwicklung eher eine reaktionäre Kraft, die Handelsgeist, Menschenrechte und Demokratie, wo immer es ging, an der Entfaltung zu hindern suchte. Welche Perversionen des »christlichen Menschenbildes« möglich sind, zeigte sich im Spanien der Reconquista, wo Kirche und weltliche Herrschaft, anders als im übrigen Europa, nicht in einer prekären Balance zueinander standen, sondern eine für die Entwicklung und Freiheit des Landes (und für Juden, Moslems und »Ketzer«) verhängnisvolle Symbiose eingingen. Dass die Kirchen nach der Demokratisierung des Westens, als es nicht anders ging, Theologien entwickelten, die mehr oder weniger mit dem Geist der Aufklärung vereinbar sind, zeigt ihre Flexibilität. Mit der »Natur« des christlichen Menschenbildes hat das wenig zu tun. Und Frauen dürfen immer noch nicht katholische Priesterin sein, so wie sie in Saudi-Arabien kein Auto steuern dürfen.

Für den Rest der Welt bedeuten die drei Jahrhunderte des Kolonialismus und Imperialismus ein unvergessenes Trauma: Fremdherrschaft, Demütigung, gewaltsame Bekehrung, Gewalt bis zum Genozid, Versklavung, Ausbeutung. In der historischen Erfahrung der beherrschten Völker ist der Westen mit der exzessiven Verneinung der Menschenrechte verbunden. Diese Wertorientierung auf Menschenrechte galt nichts, solange die Kolonialmächte selbst die fraglichen Territorien beherrschten. Sie wird heute, beispielsweise im »Krieg gegen den Terror« selektiv außer Kraft gesetzt, wenn dies strategisch geboten scheint, wie in Guantanamo, den Kidnapping-Aktivitäten der CIA und deren Sondergefängnissen im Ausland. Der selbstgerechte Versuch, sie als Keule gegen Regime in Anschlag zu bringen, die dem Westen missliebig sind, erscheint vielen Menschen dort – auch solchen, die sich zu den Werten der Aufklärung bekennen – als zynischer Versuch, imperialistische Herrschaft mit neuen Mitteln fortzusetzen oder wiederzuerrichten. (Dass die westliche Kritik an autokratischen Regimen dennoch gerechtfertigt sein kann, hilft unter der Last der Geschichte leider nicht weiter.) Historisch hat imperiale Herrschaft oft kulturelle Verschiedenheit akzeptiert oder sogar zum eigenen Nutzen eingesetzt. Die Vorherrschaft des Westens unter den Bedingungen der Globalisierung empfinden viele Menschen anderswo als mehr oder weniger gewaltsame *Nivellierung* von Verschiedenheit. Sie fühlen sich unter das Einheitsjoch der imperialen oder hegemonialen Macht gebeugt. Teilhabe an der Regelsetzung findet nicht statt. Die Ausgeschlossenen empfinden dies als äußerst ungerecht. Dieses Empfinden stachelt zum gewaltsamen Widerstand auf.

Wie soll man mit dem Dilemma umgehen, dass wir »Westler« einerseits an unsere Werte glauben und der Meinung sind, ihre Universalisierung wäre für alle das Beste, andererseits aber im Interesse eines nachhaltigen Weltregierens genötigt sind, zumindest zeitweise mit autokratischen Herrschern und nichtliberalen Weltanschauungen Frieden zu machen? Aller Umgang mit Verschiedenheit beginnt mit der Erkenntnis, dass der westliche Universalismus, unser Glaube an Menschenrechte, Gleichheit, Freiheit, demokratische Teilhabe und so weiter, gleichfalls ein kultureller Partikularismus ist wie der Islam (in seinen vielfältigen Erscheinungsformen), der Hinduismus oder der Konfuzianismus. Ein der Tradition ergebener Moslem glaubt an die Gültigkeit der in Koran und Scharia niedergelegten Gesetze. Unsere westliche Moralphilosophie muss Umwege gehen, um zu begründen, was wir eigentlich »sollen«. Für einen gläubigen Moslem gibt die Tradition auf diese Fragen viele (vermeintlich) ewig gültige Antworten. Wo diese auf neue Umstände anzuwenden sind, bedarf es nicht der parlamentarischen Gesetzgebung, sondern der kompetenten theologischen Auslegung. Das »Menschenrecht« besteht darin, dass der Gläubige Anspruch auf die sorgfältigste und gewissenhafteste »Wahrheitssuche« hat, was das göttliche Wort im konkreten Fall verlangt, weil es dem Einzelnen dann am besten geht, wenn er in völligem Einklang mit dem göttlichen Willen steht. Im klassischen Konfuzianismus besteht das entscheidende Menschenrecht darin, dass der Einzelne in Harmonie mit seiner gesellschaftlichen Umwelt, in der Geborgenheit des Familienverbandes und unter einer guten Regierung lebt. Alle drei Elemente gehören zusammen. Die Familie besteht aus einem Geflecht von Rechten und Pflichten und ist der primäre Bezugspunkt menschlichen Lebens. Der Mensch steht nicht über dem Kollektiv, sondern das Glück des Menschen und die Harmonie des Kollektivs sind untrennbar aufeinander bezogen. Das Risiko, dass der Wettbewerb zwischen den Familien die Harmonie der Gesellschaft stören könnte, wird durch das »gute Regieren« aufgefangen. Denn die kaiserlichen Beamten – die Besten des Volkes – sorgen für die Gerechtigkeit zwischen den konkurrierenden Ansprüchen. Und weil die um die Interessen ihrer Familien besorgten Menschen sich auf die Qualität der Urteile verlassen können, wirken Interessenkonflikte nicht als tödliches Gift für die erwünschte Harmonie der Gesellschaft. Aber wie bleibt garantiert, dass die Hierarchie der Beamtenschaft (einschließlich der Richterschaft) wirklich die Besten zusammenbringt? Ganz klar, würde ein klassischer Konfuzianer sagen: dadurch, dass die Besten die Nächstbesten aussuchen, also durch Kooptation. Nachdem der Kaiser durch göttlichen Ratschluss einst die Besten an die Spitze des Staates versammelt hat, ist die Selbstergänzung, Generation für Generation, die beste Lösung; jedenfalls viel besser, als diese wichtigste Angelegenheit den Meinungsschwankungen des Volkes, seiner Anfälligkeit für populistische Verführungen anheimzugeben (man sieht die erstaunlichen Parallelen zwischen diesem traditionellen Konfuzianismus und der Ideologie der kommunistischen Partei; das mag manches im heutigen China erklären). Und wenn das Unwahrscheinliche eintritt und Kaiser und Regierung wirklich versagen – so bestimmte Spielarten des Konfuzianismus –, dann hat das Volk immer noch das Ausnahmerecht zur Rebellion.

Ich habe klassische islamische und konfuzianische Vorstellungen vom guten politischen System so ausführlich diskutiert, um darzutun, dass die ihnen zugrunde liegenden politischen Ethiken kohärent, auf den Menschen bezogen und nicht einfach verächtlich von der Hand zu weisen sind. Wer indigniert auf den »realen« Konfuzianismus und die »reale Scharia« (Saudi-Arabien oder das Taliban-Regime) hinweist, sollte sich daran erinnern, dass Realität und Ideal auch in unserer eigenen Welt auseinanderklaffen. Das »christliche Abendland« hat in seinem Aufstieg auch *nach* den Errungenschaften der Aufklärung schwarze, braune, rote und gelbe Völker in schamloser Weise unterdrückt und ausgebeutet. Die Rede von Menschenrechten ist im Lichte der Kolonialgeschichte ein einziger Hohn. Und heute? In den USA muss man schon Millionär sein, um erfolgreicher Politiker werden zu können; der real existierende Rassismus widerspricht Grundsätzen der amerikanischen Verfassung, und den Ureinwohnern oder Sluminsassen geht es so schlecht wie den Vernachlässigten und Machtlosen anderswo. Im Deutschen Bundestag sitzen überproportional Verbandsfunktionäre und Beamte – die Chancengleichheit, wie in unseren Verfassungen proklamiert, besteht in keinem real existierenden demokratischen System. Wer Geld hat, hat eine dramatisch höhere Chance, die Ergebnisse von Politik zu beeinflussen, als ein Armer. Und er hat bessere Aussichten, vor unseren unabhängigen Gerichten Recht zu bekommen, als jemand mit begrenzten Mitteln, weil die Qualität der anwaltlichen Vertretung und die finanzielle Kapazität, den ganzen Instanzenzug durchzustehen, vom Vermögen und vom Einkommen abhängen. Auch die Trennung von Staat und Religion, die so viele Kulturkämpfer gerne als Banner gegen den Islam in die Schlacht tragen, ist in den westlichen Demokratien selten vollkommen verwirklicht. Die Gleichberechtigung von Frau und Mann steht auf dem Papier, ein Blick auf den Anteil der Frauen in Führungspositionen der deutschen Wirtschaft lässt erröten. Der Umgang mit Immigranten ist schmählich. Wenn dem Scharia-Islam und dem Konfuzianismus das Auseinanderfallen von Ideal und Wirklichkeit vorzuhalten ist, dann sollten wir den Balken im eigenen Auge nicht übersehen! Was die Entscheidungsfindung und die Auswahl der Entscheider in den politischen Systemen angeht, ein Aspekt, in der wir westlichen Demokraten von der moralischen Überlegenheit unserer Verfassungen durchdrungen sind, gibt es Modelle, die gegenüber dem westlichen durchaus »westliche« Argumente ins Feld führen können. Das in vielen traditionellen Gesellschaften geltende System der »Ältesten« leidet eigentlich nur an seinem Gender-Vorurteil zugunsten der Männer. Ansonsten bietet es eine größere Chancengleichheit, in die Führungsrollen einzurücken, als unsere komplexen Erfordernisse von viel Geld (USA) oder Protektion innerhalb einer Partei (die meisten europäischen Demokratien). Schaut man sich an, dass unter den Eliten in westlichen Demokratien fast nur Pensionäre – ob Generäle, Admirale, Außenminister, Verteidigungsminister, Premierminister oder Senatoren – die Vernunft zeigen, für die vollständige nukleare Abrüstung einzutreten, dann erscheint einem die Idee, die Alten mit der Entscheidungsfindung zu betrauen, nicht nur egalitärer, sondern auch sonst gar nicht so schlecht. Im alten Athen wurden Regierungspositionen ausgelost – das schafft die größte Chancengleichheit überhaupt (sieht man von der Tatsache ab, dass damals Frauen und Sklaven aus der Zahl der Losbaren ausgeschlossen waren). Das traditionelle afrikanische Palaversystem schließt eine gültige Entscheidung aus, bevor der Konsens aller erreicht ist – das ist die demokratischste Form der Entscheidungsfindung, weil es keine Exklusion gibt. Wem angesichts dieses anspruchsvollen Erfordernisses angst und bange wird, ob so überhaupt je Entscheidungen fallen, der unterschätzt die erzieherische Wirkung dieses Systems auf die Einstellung der Beteiligten: Weil die Leute wissen, dass von jedem gleich viel abhängt, sind sie überzeugungsfähiger und kompromissbereiter. Warum diese »exotische« Diskussion? Um zu zeigen, dass es nicht von vornherein ausgemacht ist, dass wir westlichen Kinder der europäischen Aufklärung die Weisheit mit Löffeln gefressen haben, was Modelle der Entscheidungsfindung betrifft. Außerdem ist an die »Dialektik der Aufklärung« zu erinnern, die Doppelbödigkeit westlicher Wertemuster: Die nicht von der Aufklärung beleckten Regionen haben in ihrer Weise viel Dreck am Stecken, aber sie haben weder ein Verdun noch ein Auschwitz, noch ein Hiroshima »zustande gebracht«. Der türkische Völkermord an den Armeniern, die Auslöschung »unerwünschter« Klassen durch die Roten Khmer oder die Massaker der Hutu an den Tutsis in Ruanda waren gewiss auch völkermörderische Menschheitsverbrechen. Die wüstesten massenmörderischen Verirrungen der menschlichen Zivilisation sind jedoch den Eignern des christlichen Menschenbildes vorbehalten geblieben. Die Selbstgerechtigkeit, mit der wir dem »Fremden« begegnen, ist daher im Lichte der Geschichte nicht nachzuvollziehen. Wenn also unsere eigene Wertorientierung so geschichts- und kulturgebunden ist wie die von uns kritisierten Anschauungen, wenn auch unser eigenes System Gründe bietet, Kritik zu üben, und wenn unsere eigene Geschichte die bislang monströsesten Abweichungen von den von uns selbst beschworenen Normen aufweist, dann gibt es keinen guten Grund mehr, ohne viel Federlesens von allen anderen die Anerkennung unserer Werte als universal gültig zu verlangen. Im Gegenteil, die außergewöhnliche materielle Stärke, die unsere westliche Kultur aufweist, passt mit einem gehörigen Maß an Demut, Toleranz und Bereitschaft der Anerkennungen für das »Andere« bestens zusammen. Wir können uns diese Toleranz leisten, ohne unser Selbstwertgefühl deshalb einzubüßen. Den anderen, die diese materiellen und machtpolitischen Erfolge nicht aufweisen, fällt diese Großzügigkeit naturgemäß viel schwerer. Wundern sollte das uns, die historischen Verursacher dieser Minderwertigkeitskomplexe, keinesfalls.

Die kulturelle »Unschärferelation«

In den zwanziger Jahren erschütterte der spätere Nobelpreisträger Werner Heisenberg den stolzen Glauben der Naturwissenschaften in objektive Erkenntnis durch die Entdeckung der »Unschärferelation«: In der Mikrowelt subatomarer Experimente beeinflusst das Messinstrument – selbst wenn es nur aus einem Photon, einem winzigen Teilchen, besteht, den Zustand des Gemessenen. Als Folge lassen sich Geschwindigkeit und Standort des gemessenen Objekts nicht gleichzeitig zuverlässig bestimmen. Heisenbergs Einsicht ist fundamental: Was wir messen, sehen und beurteilen, hängt von unserem Instrumentarium ab. In der Physik sind das Geräte. In der Politik und im Alltagsleben sind es kulturelle Repertoires. Welche Hinweise können wir nun dem Heisenberg'schen Begriff für unsere Problematik entnehmen? Nehmen wir einmal an, wir hätten uns mit Partnern aus anderen Kulturen darauf verständigt, dass ein bestimmtes Problem vorliegt und wir es gemeinsam lösen müssen. Eine Reihe von Entscheidungen ist nun zu treffen: Welches Prinzip ist in einer gegebenen Situation einschlägig? Wie ist die Situation zu beschreiben? Wie ernst ist die Lage? Welche Gegenmaßnahmen sind angezeigt? Die »Lasten des Urteilens« (John Rawls) bringen für all diese Fragen das Risiko mit sich, irrtümlich zu antworten. Dabei ist nie auszuschließen, dass der Irrtum *systematische* Form annimmt: Es ist vielmehr denkbar, dass Urteile durch den kulturellen Standort des Sprechers oder der Sprecherin verzerrt werden, dass man von Sprechern unterschiedlicher kultureller Herkunft signifikant unterschiedliche Urteile hören wird. Man denke hier etwa an die Schwierigkeit, eine universal geteilte Definition von Terrorismus zu finden. Erst das von Kofi Annan 2003 eingesetzte »High level panel«, zusammengesetzt aus herausragenden Persönlichkeiten aus allen großen Weltregionen und -kulturen, hat gezeigt, dass es möglich ist, die Unterschiede zu überbrücken; wie in anderen Fragen hat es einen offensichtlich über die kulturellen und regionalen Grenzen akzeptablen Vorschlag gemacht, wie man Terrorismus definieren kann (von diesem Panel wird noch mehr die Rede sein!). Die Voraussetzung war der gute Wille aller Mitglieder, eine selbstreflexive und selbstkritische Anstrengung mit dem guten Willen zur Einigung zu unternehmen. Der Kern der Schwierigkeit für universalistische Ethiken besteht in dem, was ich die »kulturelle Unschärferelation« nennen möchte: Man mag sich im besten Fall des Risikos bewusst sein, dass das eigene Urteil von kulturellen Einflüssen getrübt sein könnte. Es fehlt aber im Einzelfall der objektive Maßstab, ob dies der Fall ist oder nicht. Denn die auf das eigene kulturelle Vorurteil selbstkritisch Reflektierenden denken immer noch *innerhalb* ihres eigenen, partikularistischen kulturellen Rasters nach. Im Rahmen der Diskurse im *eigenen* Kulturkreis lässt sich dieses Problem nicht auflösen. Das Problem der kulturellen Unschärferelation verbietet nicht, einen liberalen Standpunkt zu vertreten. Es spricht jedoch dagegen, in kategorischer Form seine unbedingte Richtigkeit zu behaupten und aufgrund dessen seine Umsetzung in die politische Wirklichkeit zu verlangen. Vielmehr empfiehlt sich eine Haltung der Demut, die die eigene Position unter einen korrigierbaren Irrtums- und Kompromissvorbehalt stellt: Man hält für *vorläufig* richtig, was man vertritt, ist sich aber dessen gewahr, dass man sich aufgrund kultureller Engführung irren könnte und dass in jedem Fall Kompromisse mit anderen Auffassungen aus Gründen der politischen Klugheit, wenn nicht sogar der politischen Fairness, notwendig sein werden. Nur so lässt sich vermeiden, dass der vermeintliche Universalismus das Vehikel wird, mit dem man eigene Machtinteressen transportiert.

Demut und Selbstbewusstsein

Der Ausgangspunkt meiner Rezeptur, mit der Verschiedenheit auf der Welt umzugehen, ist demnach die freiwillige Rücknahme der *unbedingten* Geltungsansprüche unserer

Werte und Normen. Wir haben anzuerkennen, dass auch fremdartig, archaisch und – auf den ersten Blick – ziemlich unsympathisch anmutende Weltanschauungen und Wertsysteme zunächst einmal einen Platz am Verhandlungstisch beanspruchen dürfen, wenn es um die Regelung der gemeinsamen globalen Probleme geht; einen Platz, der nicht nur dadurch gerechtfertigt wird, dass wir schließlich gemeinsam aushandeln müssen, was zu tun ist, sondern der auch dazu berechtigt, bei den Prinzipien, die der Verteilung von Kosten und Nutzen zugrunde liegen, also letztlich moralischen Fragen, bis hin zur Frage der Anwendung von Gewalt (siehe Kapitel 5), ein Wörtchen mitsprechen zu dürfen. Angesichts unseres unausrottbaren westlichen Überlegenheitsgefühls (welches in mir genauso unwillkürlich aufsteigt wie wohl in den meisten meiner westlichen Leserinnen und Leser) ist diese Forderung, uns selbst zurückzunehmen, ein starker Tobak und schwer zu ertragen. Wollen wir indes in einer nachhaltig regierbaren Welt leben, gibt es keine Alternative. Wir bescheiden uns mit einem Platz am runden Verhandlungstisch (und beanspruchen nicht von vornherein die Kopfseite eines rechteckigen), oder es wird keine erfolgreichen Verhandlungen geben. Der oberste Grundsatz interkulturellen Regierens ist die *gleichberechtigte Beteiligung aller* an der Ausarbeitung praktischer Kompromisse und konkreter Problemlösungen. Es gibt keinen Anspruch auf avantgardistische Privilegien, die eine Seite berechtigen würden, im Vorgriff auf einen unterstellten »künftigen weltbürgerlichen Zustand« (Jürgen Habermas) für andere die moralische Vormundschaft zu übernehmen. Heißt das nun, dass wir Knall auf Fall unsere kosmopolitischen Ideen völlig aufgeben müssen? Diese Folgerung ziehen in der westlichen Philosophie die Kommunitaristen und Poststrukturalisten. Die Kommunitaristen heben die

Wertigkeit jeder lokalen Kultur hervor: Alles Partikulare habe die gleichen Rechte, und über dem Partikularen, dem Örtlichen, Begrenzten könne es nichts universal Gültiges geben. Die Poststrukturalisten erkennen die Gleichwertigkeit aller Wertsysteme an: Alle sind gleich ungültig, weil die Rückschau auf ihre Entstehungsgeschichte ihre Zufälligkeit und Willkür erweist. Was gilt, ist das Ergebnis eines (grausamen) historischen Würfelspiels, hinter dem sich keine universale Regel auffinden lässt. Damit schwindet die Hoffnung auf die Vereinbarung von Regeln, die globale Geltung beanspruchen können. Wir bleiben nur Getriebene der Globalisierung, was kommt, liegt in der Hand der jeweiligen – zufälligen – Machtverhältnisse. Beide Weltsichten sind zwar erfrischend kritisch gegenüber allen Fundamentalismen und der chronischen westlichen Selbstgerechtigkeit. Die bestehenden Anstrengungen, gemeinsame Regelungen für interdependente Handlungsfelder zu finden, die von staatlichen und nichtstaatlichen Akteuren aus allen Kulturen unternommen werden, weisen jedoch zumindest auf eine gemeinsame Problemidentifikation hin: Offensichtlich gibt es jenseits allen Dissenses über Werte, Normen und angemessene Lösungen eine regionen- und kulturübergreifende Zustimmung zu der Einsicht, dass alle Menschen auf diesem Planeten mit den gleichen schwerwiegenden Herausforderungen konfrontiert sind, die keine partikulare Gemeinschaft für sich alleine lösen kann. Und dies ist nicht allein die Auffassung derjenigen Angehörigen fremder Kulturkreise, die sich von den westlichen Idealen haben überzeugen lassen. Vielmehr schließt sie Institutionen, Regierungen, Regionalorganisationen und Nichtregierungsorganisationen quer durch die Kulturen ein. Damit ist zunächst einmal – wahrhaftig universal, nämlich durch die Zustimmung von staatlichen und nichtstaatlichen Repräsentanten aus allen

Weltregionen (und damit auch allen Weltkulturen) – die Notwendigkeit festgestellt, es mit kulturübergreifenden, von allen anerkannten Normen und Regeln zu versuchen, um der Lösung der gemeinsamen Probleme näher zu kommen. Die Anerkennung bestehender Vielfalt, wie ich sie in diesem Kapitel vertrete, schließt die Möglichkeit universell geltungsfähiger Normen und Regelungen nicht kategorisch aus. Sie verneint nur ein für alle Mal die Berechtigung, dass einer der existierenden Partikularismen *aus sich selbst heraus* für alle Übrigen definieren kann, was universell gelten soll. Er kann auch nicht im Vorgriff auf das Ergebnis eines noch nicht geführten Diskurses die Behauptung aufstellen, von ihm entwickelte Normen seien für alle zustimmungsfähig (genau das ist die »Erbsünde« des westlichen Kosmopolitismus). Denn die Geltungskraft weltordnungsstiftender Normen kann nur aus der *tatsächlichen* Zustimmung von Repräsentanten aller Weltregionen / -kulturen (und seien es »nur« staatliche – vgl. Kap. 6) hervorgehen, so wie das geltende Völkerrecht idealiter auch. Um diese Zustimmung zu erwirken, muss man die anderen indes erst einmal fragen. Zu unterstellen, die Zustimmung sei schlechterdings unausweichlich, weil sich das zwingend aus unseren westlichen Grundprinzipien ableiten ließe, ist nicht gut genug: Denn diese Unterstellung ist ja selbst aus unserer partikularistischen Weltsicht entwickelt. Damit wären wir wieder bei der kulturellen Unschärferelation angelangt. Aber können wir auf eine solche universale Zustimmung überhaupt hoffen? Es gibt drei Gründe, warum das nicht ausgeschlossen erscheint. Die Zustimmung mag erstens zustande kommen, weil es bereits jetzt über die Grenzen der Kulturen und ihrer internen Differenzierungen hinaus einen geteilten Grundbestand von Gemeinsamkeit geben könnte, der als Fundament für solche universalen Normen dienen könnte – eine Art »harten Kern des Völkerrechts«. Er mag sich zweitens durch die künftige Verschmelzung heute unterschiedlicher Normensysteme ergeben. Oder auch – drittens – aus langwierigen Überzeugungsprozessen in Verhandlungen. Gelingender Universalismus ist zwar keine geschichtliche Notwendigkeit – die Sache kann auch schiefgehen –, aber er ist immerhin möglich. Er kommt aber nicht durch apodiktische Forderungen zustande, sondern durch geduldiges Reden miteinander.

Ein Indikator, dass praktischer Universalismus möglich ist, liegt darin, dass es überall auf der Welt soziale Bewegungen gibt, die gegen die Unterdrückung durch nichtdemokratische Regierungen aufbegehren und mehr Freiheit und Gerechtigkeit fordern. Freilich müssen wir berücksichtigen, dass sich dieser Protest häufig auch gegen im Westen etablierte Formen von Politik richtet, dass diese Bewegungen häufig eine starke Betonung auf ihre eigene, nichtwestliche Identität legen und dem Westen (bzw. dem »Norden«) und den von ihm aufrechterhaltenen weltwirtschaftlichen Institutionen eine Mitschuld an der eigenen Misere zuweisen. Sie lassen sich daher nicht ohne Vorbehalte als Kronzeugen für das westliche Modell ins Feld führen. Vielleicht ist der Westen dennoch in der besten Position, die Diskussion über solche Normen in Gang zu bringen. Versuchen sollte er es. Aber statt von vornherein zu behaupten, dass seine eigene Wertorientierung universal gültig sein müsse, geht es darum, sie als ein Diskursangebot zu formulieren. Sie steht damit als Einzelbeitrag am Anfang eines langen Prozesses und nicht schon als dessen unumstößliches Ergebnis fest; dieser Prozess könnte, wenn es gut läuft, zu einer rechtsförmigen Institutionalisierung globalen Steuerungs- und Regierungshandelns führen. Dabei steht zu vermuten, dass der hier skizzierte »bescheidene« Westen größere

Chancen hat, mit seinen Diskurs-Inputs Gehör zu finden, als der bislang bekannte, selbstgerechte und kulturimperialistische. Legitim wäre ein liberales politisches Programm zur Reform der Weltordnung, auf das sich die Demokratien verständigen und das sie ihren nichtdemokratischen Partnerländern Schritt für Schritt vorschlagen. Dabei würden sie von der Maxime ausgehen, dass jeder Reformschritt allgemein zustimmungsfähig sein muss. Diese Strategie der kleinen Schritte wird von der liberalen Erkenntnis getragen, dass gute Institutionen diejenigen, die in ihnen wirken (hier: die Regierungen), zum Besseren verändern. Internationale Institutionen, die allen Beteiligten Kooperationsmöglichkeiten bieten, eröffnen nebenbei die besten Chancen für eine politische und gesellschaftliche Evolution nichtdemokratischer Systeme.

Damit nähern wir uns der heiklen Frage, in welcher Weise Demokratien ihrem Wunsch praktischen Ausdruck verleihen dürfen, in Nichtdemokratien einen Regimewandel herbeizuführen – auch einen solchen Prozess kann man ja als Teil einer globalen normativen Integration werten. Anders als John Rawls oder als die Kommunitaristen halte ich eine solche politische Praxis, solange sie mit angemessenen, das heißt, strikt friedlichen Mitteln verfolgt wird, für legitim. Es geht um einen begrenzten, diskursiven Konflikt, den die nichtdemokratischen Partner aushalten müssen. Richtlinie ist die Politiktechnik, die Ernst-Otto Czempiel »gewinnfreie Werbung« genannt hat: Demokratien werben für ihr System und ihre Werte durch ihr gutes Beispiel; indem sie im politischen Diskurs ihre Werte vertreten; indem sie die menschenrechtsverletzende Praxis ihrer Partner offen, aber gemessen und drohungsfrei kritisieren. Legitim scheint es mir auch, gewaltfreie zivilgesellschaftliche Akteure in anderen Ländern zu unterstützen. Die letzten beiden Aktivitäten verlangen Augenmaß und umgekehrt die Toleranz gegenüber vergleichbaren, aber ungeliebten Aktivitäten anderer im eigenen Land, die von außen unterstützt werden (solange sie gewaltfrei bleiben). Beides, internationale Kooperation und Werbung für die eigene Sache, vollziehen sich grundsätzlich im Rahmen der Anerkennung von Souveränität und – konsequenterweise – der Beachtung des Gewaltverbots. »Grundsätzlich« meint natürlich, dass materialrechtlich seltene, engumrissene Ausnahmetatbestände eingeräumt werden: drastische Verbrechen gegen die Menschlichkeit, Genozid sowie die Tolerierung grenzüberschreitender terroristischer Handlungen vom Territorium eines Staates aus, der sich weigert oder unfähig ist, diese Handlungen zu unterbinden. Verfahrensrechtlich müssen hierbei strikteste Regeln gelten (Kap. 5). Im Umgang mit Verschiedenheit gibt es also zwei zwingende Notwendigkeiten: erstens, auf die Anwendung von Gewalt zu verzichten, um die Durchsetzung eigener Werte als Grundlage von globalen Regeln durchzusetzen; zweitens, die Positionen anderer als prinzipiell gleichberechtigt anzuerkennen (auch wenn man anderer Meinung ist). Man darf indes an den eigenen universalistischen Ansprüchen ohne schlechtes Gewissen festhalten, wenn man diese beiden Prinzipien beherzigt und die eigenen Beiträge als Vorschläge, nicht als gültige Dekrete begreift. Natürlich ist Herrschaft qua Diktat viel bequemer – deshalb lassen ja auch so viele Diktatoren ungern freiwillig von dieser bequemen Lage ab. Für den Westen ist sie indes kein gangbarer Weg zum globalen Regieren.

Vier Begegnungen jenseits der eigenen Grenzen

Wir nehmen also den universalen Anspruch für unsere Prinzipien dahingehend zurück, dass wir sie als Diskursangebot verstehen, das nur dann universale Geltung erlangen kann, wenn es globale Billigung findet, also beispielsweise in weltweiten Verhandlungen einen Konsens erzielt. Wir sind genötigt, um die Zustimmung anderer zu ringen, um zu vernünftigen Lösungen für unsere gemeinsamen Probleme zu gelangen. Dabei können wir auf vier unterschiedliche Gegenüber stoßen.

Erstens: Wir treffen auf Partner, die im Prinzipiellen und in der Sache mit uns einer Meinung sind. Das ist dankenswert einfach. Hier geht es nur noch um Verteilungsfragen (wer muss wie viel zahlen, wer erhält wie viel heraus?), aber nicht mehr um die grundlegenden Fragen, an welchen ethischen, vor allem an welchen Gerechtigkeitsprinzipien (siehe Kapitel 4) sich die Lösung orientieren soll. Das ist die Art von Fragen, wie wir sie in der Europäischen Union, in der NATO, in der OECD bearbeiten; zugegeben, auch diese Fragen lassen sich nicht einfach lösen, aber im Vergleich mit den nachfolgenden sind sie purer Luxus!

Zweitens: Wir begegnen fremden Positionen, die mit uns die Problemdefinition teilen und gleichfalls einig sind, dass eine Lösung gefunden werden muss. Leider sind ihre Wertsysteme von den unseren verschieden. Das ist noch kein Grund zur Resignation. Wie beispielsweise Hans Küng in seinem »Weltethos«-Projekt oder Dieter Senghaas in seinem Vergleich der Modernisierbarkeit der verschiedenen Kulturen herausgefunden haben, gibt es eine erstaunlich große Schnittmenge, in der die scheinbar so gegensätzlichen kulturellen Wertmuster dieser Welt übereinstimmen. Diese Felder der

Gemeinsamkeit zu finden und gemeinsam festzulegen, was wir aus ihnen für die Prinzipien gemeinsamer Problemlösung herausarbeiten können, wird eine vorrangige Aufgabe der nächsten Jahrzehnte sein. Das ist harte Arbeit, aber sie ist nicht aussichtslos, solange wir uns die Notwendigkeit, die lebensbedrohlichen gemeinsamen Probleme zu lösen, vor Augen halten. Die gemeinsamen Gefahren wie eine Klimakatastrophe, ein Zusammenbruch des Weltwirtschaftssystems, eine allgemeine Energieknappheit oder der transnationale Terrorismus verbinden auch das scheinbar Gegensätzliche; das war schon immer eine gültige Daumenregel der Weltpolitik.

Parallel zu diesen direkten Verständigungsversuchen über Prinzipien bietet sich der Weg über praktische Projekte an: Nehmen wir einmal an, wir haben es mit einem Partner zu tun, der in einer Wüstenzone mit hoher Sonneneinstrahlung gelegen ist. Wir bieten Investitionen und Technologietransfer für eine Nutzung dieser günstigen Bedingungen zur Stromerzeugung an und investieren in die Leitungen von dort nach hier. Damit ist eine »Win-Win-Situation« gegeben, das heißt, alle können hinterher besser stehen: Wir sehen beide das Problem einer ausreichenden Energieversorgung der Welt zu klimaverträglichen Bedingungen und leisten einen Beitrag zu seiner Lösung. Wir lösen überdies besondere Probleme unserer beiden Länder, nämlich unsere Armut an Primärenergieträgern und den Überfluss unseres Partners an einem wirtschaftlich eigentlich nicht nutzbaren Raum, nämlich seiner Wüste. Bis zu diesem Punkt haben wir gleichlaufende und sich ergänzende Interessen verfolgt. Als Nächstes kommt das etwas schwierigere Problem der Verteilung von Kosten und Gewinnen. Was erhalten wir für unsere Investitionen und unsere Bereitschaft zum Technologietransfer? Was bekommt der

Partner für die Landnutzung und seine Arbeitskräfte? Vermutlich werden diese Fragen durch knallharte Verhandlungen, durch »Feilschen« und am Ende durch einen Kompromiss beantwortet. Für die Belange des konkreten Projekts wäre an dieser Stelle Schluss: Alle Schritte, die zu seinem Erfolg erforderlich sind, sind getan. Vielleicht würde man noch eine Projektkommission einsetzen mit der Aufgabe, unerwartete Schwierigkeiten oder Streitigkeiten im Detail zu behandeln. Weiteres wäre eigentlich nicht nötig. Aber vielleicht wäre es sinnvoll, einen gemeinsamen »Ethikausschuss« einzusetzen, der auf Grundlage der erreichten Lösung beschaut, welche Prinzipien guten Lebens und der Gerechtigkeit dabei eigentlich zur Anwendung gekommen sind: Welche Ideen über Energieversorgung und Umweltverträglichkeit haben wir verwirklicht? Welche Prinzipien über gute Kooperation sind in den Modalitäten der Zusammenarbeit enthalten? Welche Vorstellungen von Fairness bestimmen den erreichten Kompromiss über die Verteilung von Nutzen und Lasten, das heißt, welche Grundsätze von Gerechtigkeit haben wir zusammen angewandt? Anders als in dem – wie gesagt, gleichfalls sinnvollen – Versuch, auf abstrakter Ebene moralische Gemeinsamkeiten zu definieren, suchen wir sie auf diesem Wege in der praktischen Empirie auf. In dem Maße, wie gemeinsame, um Problemlösungen gruppierte Projekte wachsen, erhöht sich die Erfahrungsbasis unseres »Ethikausschusses«. Stellt man sich eine Reihe solcher Ausschüsse vor, die ihre Ergebnisse ständig austauschen, so ergibt sich ein Prozess der »Weltethik aus der Praxis«. Der »Bonus« bei dieser Methode besteht darin, dass »nebenbei« auch noch handgreifliche Vorteile für die beteiligten Partner herausspringen. Das wiederum mag die Motivation beflügeln, die Sache voranzutreiben.

Drittens: Wir stoßen auf von uns sehr verschiedene und

uns gegenüber höchst misstrauische Akteure, die mit uns nichts zu tun haben wollen, aber keinen Grund sehen, zur Gewalt zu greifen. Misslich ist das schon, weil sich mit ihnen keine Lösungen für die (trotzdem vorhandenen) gemeinsamen Problemlagen finden lassen: Sie sehen schlechterdings keine Chance, ihre Werte mit den unseren so vereinbar zu machen, dass das notwendige Minimum von Gemeinsamkeit zu erzielen wäre (oder umgekehrt: wir können diese Chance nicht erkennen). Die intensive Berührung zwischen ihnen und uns, die ein gemeinsames Projekt mit sich bringt, gilt als zu großes Risiko für die eigene Integrität, um das Wagnis einzugehen. Das ist schlecht für die Nachhaltigkeit, aber es bleibt immer noch die Möglichkeit, mit solchen Akteuren einen Zustand der friedlichen Koexistenz bei möglichst wenig Interaktion und Berührung zu etablieren und darauf zu hoffen, dass der missliche Zustand sich ändert. Wenigstens bleibt der Frieden erhalten und damit die Hoffnung auf Besserung. Versuchen lässt sich dennoch manches. Sieht der Partner für sich Probleme, die wir genauso sehen, obgleich wir über Prinzipien der Kooperation nicht übereinstimmen können, so bietet sich der Weg über das Hilfsangebot an: Wir sind bereit, ohne institutionellen Überbau die vom Partner angestrebte Lösung zu unterstützen (z. B. Nahrungsmittellieferungen an Nordkorea). Über Zeit könnten sich daraus zwei positive Entwicklungen ergeben: Wachsendes Vertrauen, das weiteren Dialog ermöglicht; oder konkrete Projekte, die selbst mit schwierigen Partnern die »Weltethik von unten« auf längere Sicht zustande bringen. Friedliche Koexistenz sollte nie als ein Endzustand gesehen werden, über den man nicht hinauskommt. Sie ist auch ein Sprungbrett, von dem aus man weitergelangen kann. Dazu bedarf es freilich großer Geduld und der Toleranz für bizarr erscheinende Verhaltensweisen anderer.

Viertens: Wir haben es mit wirklichen Feinden zu tun, die zu friedlicher Koexistenz mit uns nicht bereit sind, weil sie in uns ein grundlegendes, im Lichte ihrer Weltanschauung zu beseitigendes Übel sehen. Dieser Fall wird extrem selten sein. Hier bleibt nur die Bereitschaft übrig, sich zu wehren. Wer mit uns und anderen nicht friedlich koexistieren will, gegen den müssen wir uns verteidigen. Denn auf dieser Basis lässt sich keine Nachhaltigkeit einrichten: Wer Krieg will, steht auch dem demütigsten Versuch in dieser Richtung entgegen. Wie dieser seltene Fall eintreten kann, dafür legt die historische Existenz von Adolf Hitler, dafür legen die gnadenlosen Gewaltorgien von al-Qaida gegen Unbeteiligte Zeugnis ab. Die beste Option besteht noch darin, den möglichen Herd der Gewalt einzuhegen und seine Handlungsmöglichkeiten nach außen zu beschränken. Eine solche politische Quarantäne würde es dann erlauben, das Übel »auszusitzen« und auf bessere Zeiten zu warten. Darüber hinaus gilt es, Ursachenforschung zu betreiben: Wo nahm diese Entwicklung ihren Anfang? Welche eigenen Handlungen haben sie womöglich begünstigt oder hervorgerufen? Was ist zu tun, um zu verhindern, dass die feindlichen Akteure ihre Gefolgschaft vergrößern? Wer ist als Ziel oder Opfer außer uns noch betroffen und deshalb unser Koalitionspartner? Genau das war die Überlegung, mit der die Bush-Administration nach dem 11. September 2001 zunächst erfolgreich die Anti-Terror-Koalition schmiedete, um sie dann durch die bodenlose Torheit des Irak-Krieges und eine Reihe weiterer weltpolitischer Fehler (z. B. das uneinsichtige Streben nach vollständiger militärischer Überlegenheit über alle und jeden) gleich selbst wieder in ihre Bestandteile aufzulösen. Der Ansatz selbst war jedoch richtig: Die Gegner einer nachhaltigen Weltordnung in Schach zu halten ist Interesse und Aufgabe aller. Richtig gehandhabt, ist selbst dieser vierte Akteurstyp, dem wir auf der Weltbühne begegnen, noch von Nutzen für das gemeinsame Ziel, weil er den Rest der Welt zusammenrücken lässt; er ist dann »ein Teil von jener Kraft, die stets das Böse will und doch das Gute schafft«, in den Worten Mephistos aus dem »Faust«. Den umgekehrten Fall darf es jedoch nicht geben: Dass wir, die westlichen Länder, ein anderes Land als »zu beseitigendes Übel« definieren und zur Gewalt greifen. Die Gewalt soll ausschließlich der Selbstverteidigung vorbehalten bleiben, und wo sie der Verhinderung eines größeren Übels gilt – etwa des Völkermords, – liegt die Entscheidungskompetenz nicht beim Westen (allein). Dazu in späteren Kapiteln mehr.

Mittel und Wege

Dieser Durchgang durch die Typen von Akteuren, auf die wir in der weltpolitischen Praxis stoßen, hat mehr Chancen als Gefahren offengelegt. Um die Chancen zu ergreifen, müssen Aktivitäten auf breiter Front unternommen, müssen Institutionen gestützt oder neu geschaffen werden, die dem Zweck dienen, die riskanten Folgen von Verschiedenheit einzuhegen und die Möglichkeiten, die sie bietet, zu nutzen. Natürlich gibt es mehrere Arten von »Verschiedenheit«. Viel ist von dem Unterschied zwischen Demokratien und Nichtdemokratien die Rede gewesen; das ist natürlich zunächst ein Unterschied in den politischen Systemen, nicht in der Kultur. Freilich ist die Wahrscheinlichkeit groß, dass hinter dem Systemgegensatz auch kulturelle Differenzen liegen oder zumindest liegen könnten; selbst wenn das nicht der Fall wäre, würde ich an dem Imperativ festhalten, der Gesellschaft des nichtdemokratischen Staates die Chance der autonomen Entwicklung zuzugestehen.

Das Bewusstsein, dass die kulturelle Wertevielfalt so legitim ist wie unser Wunsch, unsere eigenen Werte zu universalisieren, ist für unseren Umgang mit anderen Ländern ein entscheidender Gesichtspunkt. Unter der Perspektive des Weltregierens bedarf die Verschiedenheit aber auch der institutionellen Gestaltung. In den Vereinten Nationen, in denen alle Weltregionen mit ihren einzelnen Staaten repräsentiert sind, hat sie bereits einen solchen institutionellen Ausdruck gefunden. Die Vollversammlung der UN spiegelt die Verschiedenheit der Welt, sofern sie sich in politischen Einheiten niedergeschlagen hat, ziemlich getreulich wieder; es gibt bestimmte Ausnahmen, die notiert werden sollten: Weder die Kurden noch die Tibeter sind beispielsweise in den UN vertreten, und das ist sicherlich ein Mangel. Dennoch ist die Vollversammlung um Größenordnungen repräsentativer als der Sicherheitsrat. Der Sicherheitsrat ist ein exklusiver Club mit hoher Entscheidungsbefugnis und höchst mittelmäßiger Repräsentativität. Die Vollversammlung ist ein wirklich repräsentatives Gremium – im Sinne der Vertretung aller Kulturkreise und Staaten, nicht im Sinne demokratischer Wahl –, ihre Entscheidungsbefugnis ist aber höchst begrenzt. Sie verdient eine Aufwertung. Überfällig ist ebenso der Schritt, auch den Sicherheitsrat selbst repräsentativer zu machen (siehe Kapitel 7).

Westliche Vorbereitung: Fit machen für Verschiedenheit

Auch im Folgenden bleibe ich bei der Agenda, über die Möglichkeiten nachzudenken, wie wir im »Westen« uns für den Umgang mit Verschiedenheit fit machen können. Das mag einseitig erscheinen: Sollen denn die Angehörigen aller übrigen Kulturen und Regionen ungerührt ihre Eigenheiten weiter pflegen können, während wir die unseren auf dem Altar des Weltregierens opfern müssen? Das ist keineswegs die Idee. Mein Ausgangsgedanke ist ein ganz anderer: So wie der Fisch vom Kopfe anfängt zu stinken, so muss der Wandel in Richtung nachhaltiges Weltregieren vom stärksten Teil der Welt ausgehen. Und das sind nun einmal die westlichen Staaten. Sie können die meisten Ressourcen in die Umgestaltung der internationalen Politik stecken, aufgrund ihrer dortigen Schlüsselpositionen sind sie am besten in der Lage, die Parameter des Verhaltens für alle gründlich und dauerhaft zu verändern, und ihre Aktivitäten werden am ehesten anderen als Modell dienen. Umgekehrt kann ihr stures Festhalten an den überlieferten Verhaltensweisen (z. B. der Energieverbrauch der USA oder die Agrarpolitik der EU) auch den meisten Schaden anrichten. Das unterstreicht, dass gelingendes Weltregieren, sofern das Verhalten in den zu regelnden gemeinsamen Problembereichen betroffen ist, keine unermessliche kulturelle Toleranz üben kann. Denn sicher ist die Energieverschwendung heute Teil der US-amerikanischen Alltagskultur. Hier sind Änderungen verlangt, oder es wird kein nachhaltiges Weltregieren, ja, überhaupt keine Nachhaltigkeit geben können. Dass andere – China, Indien – in diesen Belangen rasch aufholen, wissen wir. Aber sie sind noch nicht auf Augenhöhe, schon gar nicht, wenn wir den Ressourcenverbrauch des Westens nicht national abrechnen, sondern zusammenzählen. Zudem bedeutet die »kulturelle Unschärferelation«, dass sich der Autor mit Kompetenz und Aussicht auf Gehör am sinnvollsten an die Mitglieder seiner eigenen, westlich-liberalen Kultur wenden kann.

Also: Fit machen – aber wie? Es beginnt mit dem Wissen.

Wir müssen besser verstehen, wie die anderen ticken. Und zwar von früh an. Das bedeutet etwas ganz Kurioses: Die »kleinen Fächer« der Kulturwissenschaften, die im Tornado der gegenwärtigen, sowohl betriebswirtschaftlichen als auch betriebsblinden Reform der Universitäten zur gefährdeten Art geworden sind, müssen wir gewaltig stärken. Sie müssen Zentralfächer des universitären Kanons werden und in die Lehrerbildung sowie in die Ausbildung des Kindergartenpersonals (dessen Ausbildung zwangsläufig wird akademisiert werden müssen) integriert werden. Kein Absolvent darf die Schule verlassen, der nicht wenigstens ein rudimentäres Verständnis für arabische, afrikanische, indische oder chinesische Belange hat. Das »Fremde« bei uns bedarf einer besseren öffentlichen Repräsentation. Es wird einem heute fast schlecht bei dem Gedanken, dass mit dem Wort »Gastarbeiter« die Erwartung verbunden war, die für viele unangenehme Konfrontation mit der Außenwelt im eigenen Lande möge eine bloß zeitweilige »Heimsuchung« sein. Die Erkenntnis »Deutschland ist Einwanderungsland« ist jahrzehntelang in pathologischer Weise verdrängt worden. Das klingt im »altdeutschen« Bewusstsein noch heute nach. Das Fremde verlangt institutionelle Präsenz im inneren Diskurs. Das islamische Wort zum Freitag, Ausländerbeiräte auf kommunaler Ebene sind Anfänge. Warum nicht parteiübergreifende »Fraktionen« von Abgeordneten mit Migrationshintergrund in Bundestag und Landtagen? In den USA ist das üblich, und es schafft willkommene Verbindungen zwischen Einwanderungsland und Ursprungsländern. Die aktive Mitwirkung des »Fremden« in den Medien ist besonders wichtig. Dabei geht es nicht um türkische, indische oder chinesische Sender im Fernsehen. Das wäre nur die »Ghettoisierung« medialer Kommunikation. Wir brauchen integrierte Programme, in denen die Belange der Einwanderer eine angemessene Präsenz neben und mit den »urdeutschen« finden; jedenfalls solange die Integration nicht »Ureinwohner« und Migranten bis zur Ununterscheidbarkeit miteinander verschmolzen hat. Schließlich sind grenzüberschreitende Partnerschaften wichtig. Ein Geflecht solcher Partnerschaften – Städte, Sportvereine, Nichtregierungsorganisationen, Gewerkschaften usw., Schüleraustausch, wechselseitige Besuche, Korrespondenzen, Internetchatrooms und dergleichen mehr – helfen die Kommunikation verdichten. Im innereuropäischen und -westlichen Raum ist diese Vernetzung schon weit fortgeschritten. Vielleicht sollte man genau diese Vernetzung für eine »Triangulierung« einsetzen: Eine deutsch-französische Städtepartnerschaft z. B. macht eine arabische Stadt zum dritten Partner, dieselbe Schule pflegt gleichzeitig den Austausch mit einer indischen und einer amerikanischen Schwesterschule. Dafür braucht man Geld. Aber den Frieden gibt es nun einmal nicht umsonst.

Schlussfolgerung

Den Umgang mit Verschiedenheit habe ich in diesem Kapitel von vier Seiten beschaut. Zunächst habe ich zu begründen versucht, warum wir keine Chance haben, Verschiedenheit durch die »Setzung« von vermeintlich universal Gültigem zu überwinden. Zweitens habe ich verschiedene Wege untersucht, wie wir trotz aller Widrigkeiten zu universal gültigen Prinzipien gelangen können – die wesentliche Einsicht war, dass dies Demut und Geduld erfordert. Drittens habe ich skizziert, wie mit verschiedenen Typen von »anderen« Akteuren, denen wir in der Welt begegnen, am besten umzugehen ist.

Und am Schluss wollte ich deutlich machen, dass die richtige Einstellung zur Verschiedenheit auf gesellschaftlichen »Mikrovoraussetzungen« beruht. Denn wenn es einer im Dialog erfolgreichen »hohen Diplomatie« an Basis-Unterstützung mangelt, geht die Sache trotzdem schief. Im sechsten und siebten Kapitel soll dann noch mehr von institutionellen Vorkehrungen die Rede sein.

4 Der Streit um Gerechtigkeit

Einleitung

Im folgenden Kapitel geht es keineswegs darum, einfache Patentlösungen für äußerst komplexe Probleme anzubieten. Globale Entscheidungsprozesse sind nicht leicht handhabbar, schon gar nicht, wenn man sie mit einem kontroversen Konzept wie dem der »Gerechtigkeit« zusammenbringen will. Was ist das »Gerechtigkeitsproblem« in der Politik? Der Begriff bedarf zunächst einmal der Rechtfertigung, spielt sich doch in der Politik nach weitverbreiteter – auch akademischer – Meinung lediglich ein kompliziertes Spiel nach den Regeln rationaler Wahl ab, das für moralische Erwägungen, zu denen die Gerechtigkeit gehört, keinen Raum zu lassen scheint.

Freilich ist Gerechtigkeit eine erhebliche Motivationskraft in den menschlichen Beziehungen. Die Grundbedürfnisforschung hat »Fairness« als einen universalen Wert identifiziert; sogar in internationalen Verhandlungen – den wohl gängigsten Beispielen angeblich reiner Macht- und Interessenbeziehungen – ist sie zweifelsfrei als ein die Ergebnisse prägender Faktor aufgefunden worden. Wie nach dem letzten Kapitel niemand überraschen wird, gibt es keinen einheitlichen Gerechtigkeitsbegriff, der sich als Standard für »richtige« Ergebnisse von Verhandlungen nutzen ließe. Offenkundig gibt es jedoch in allen Gesellschaften Grenzen der Toleranz für Ungleichheit und Ungerechtigkeit; sie variieren historisch, zwischen verschiedenen politischen Lagern (links / rechts) und zwischen den Kulturen. Die gerade diskutierte »Verschiedenheit« und das Problem der Gerechtigkeit verbindet daher eine intime Beziehung. Das Auffinden von »Gerechtigkeit« noch am Hofe der Macht gibt indes keinen Anlass zur Freude oder Befriedigung. Dies liegt am ambivalenten Charakter der Gerechtigkeit. Sie ist einerseits ein hohes Gut, ohne das sich menschliche Gesellschaft nicht denken ließe. Sie ist andererseits ein mörderischer Treiber von Konflikten: Dieser Umstand schlägt die Brücke zum nächsten Kapitel, in dem es um Kriegsvermeidung geht. In dieser fatalen Rolle tritt Gerechtigkeitsstreben auf, wenn Konfliktparteien sich daranmachen, vermeintliche oder tatsächliche Ungerechtigkeiten gewaltsam zu beseitigen. Die Saat solcher Gewaltträchtigkeit wird jedoch bereits gelegt, wenn Konfliktparteien unvereinbare Gerechtigkeitskonzepte vertreten und gegen das jeweils gegenläufige Konzept durchzusetzen trachten. Ohne konsensuale Vorstellungen von Gerechtigkeit und etablierten Prozessen zu ihrer schrittweisen Verwirklichung wird über den internationalen Beziehungen daher stets der Schatten der Gewaltdrohung lasten. In unseren Überlegungen, wie man zu einem solchen Konsens und seiner Umsetzung gelangen kann, werden die Erkenntnisse über die Behandlung von »Verschiedenheit« aus dem letzten Kapitel von Nutzen sein.

Substanzielle Gerechtigkeitskonzepte

Das universalste Konzept der Gerechtigkeit, das sich in allen Weltkulturen aufspüren lässt, ist das Prinzip des »Suum cuique« – »jedem das Seine«. Gerechtigkeit besteht danach darin, dass jedem Menschen das ihm Zustehende zugemessen wird.

Leider hilft diese allgemeine Formel nicht sehr viel weiter, sie verschiebt das Problem eher, als es zu lösen. Denn was es ist, das jedem zusteht, und wonach es sich bemisst, bleibt unaufgeklärt. Tatsächlich lassen sich darüber in Philosophie und Geschichte des Gerechtigkeitsbegriffs immense Unterschiede feststellen. Das ständische Gerechtigkeitskonzept beispielsweise, das im europäischen Mittelalter dominierte, verteilte berechtigte Ansprüche nach gesellschaftlicher Stellung. Dem Bauern stand anderes zu als dem Adligen (der noch das Jus primae noctis, den ersten Beischlaf mit der jungfräulichen Braut seiner Subjekte, als angemessen in Anspruch nehmen konnte), dem Kleriker anderes als dem Handwerker. Die sich daraus ergebenden Unterschiede wurden keineswegs als ungerecht bewertet, sondern als der Gerechtigkeit angemessen. Traditionale Gemeinschaftsgerechtigkeit wiederum bemisst die Ansprüche der eigenen Gruppe als höher denn die Belange von Konkurrenzgruppen; Gerechtigkeit verlangt höhere Loyalität gegenüber der eigenen Familie, dem Clan oder Stamm, dem Volk, der eigenen Nation. Verteilungsasymmetrien zugunsten des eigenen Clans, der Ethnie, der Nation gelten in diesem traditionellen Denken als gerecht. Diese Vorstellung widerspricht dem in unserem westlich-liberalen Denken zunehmend verankerten Universalismusprinzip. Die im Konfuzianismus vorherrschende situative Gerechtigkeitsvorstellung verzichtet auf allgemeine Prinzipien zugunsten kontextbezogener Urteile: Was in einer Situation gerecht ist, kann in einer anderen, nur durch verhältnismäßig geringe Verschiebung der Parameter gekennzeichneten, als ungerecht gelten. Die allgemeinsten Vorstellungen von Gerechtigkeit sind identisch mit einem guten Leben in Harmonie aller mit allen. Störungen eines solch harmonischen Lebens führen daher zu Ungerechtigkeit. Welches solche Störungen sein könnten, hängt aber eben von den jeweiligen situativen Gegebenheiten ab. Was im Einzelfall als gerecht gilt, lässt sich jeweils nur ad hoc ermitteln.

In völligem Gegensatz hierzu steht das utopische Postulat völliger Gleichheit, das in der Geschichte immer wieder Revolten gegen drastische Ungerechtigkeitsstrukturen angetrieben hat: Nur wenn alle Güter und alle Partizipationschancen gleich verteilt sind, ist Gerechtigkeit hergestellt. Institutionalisierte Maßnahmen müssen bereitstehen, um spontan auftretende Ungleichheiten zu beseitigen. Diese Idee hat sich mit den gegebenen – schon körperlichen – Ungleichheiten der Menschen abzumühen. Hier vollkommenen Ausgleich zu schaffen hat sich als so aufwendig erwiesen, dass diese Versuche meist in dramatischen Eingriffen in die Freiheit resultieren. Die natürlichen Ungleichheiten werden von dem Konzept der Leistungsgerechtigkeit besser abgebildet: Jeder nach seinen Fähigkeiten, jedem nach seinen Leistungen, lautet hier die Devise. Der zugemessene Nutzen steht in einem direkten Verhältnis zum gezeigten Einsatz. Moderate Ausgleichsmaßnahmen, um allzu drastische Unterschiede zu vermeiden, sind in dieses Gerechtigkeitskonzept integrierbar. Allerdings steht dieses scheinbar einfache Prinzip vor dem Problem, »Nutzen« und »Leistung« angemessen zu definieren. Der Markt wird es richten, heißt die liberale Version dieses Gerechtigkeitsbegriffs. Aber warum der Markt eine launische Filmdiva oder einen gedopten Radsportler mit unbegrenztem Ego so unendlich höher belohnt als eine Polizistin oder einen Feuerwehrmann, die ihre Haut für das Gemeinwohl riskieren, erschließt sich dem unbefangenen Beobachter kaum. Stärker ausgeprägt ist der Ausgleichsgedanke im sozialdemokratischen Modell progressiver Umverteilung. Gefolgt wird dem Grundgedanken, soziale Disparitäten zu verringern. Aber es wird kein künftiger Zeitpunkt festgelegt, an dem vollständige Gerechtigkeit erreicht werden muss, sondern der geschichtliche Weg wird als unendliche Annäherung an ein utopisches Ziel verstanden. Gerechtigkeit ist kein Zustand und auch kein Standard, an dem sich ein gegebener Zustand messen ließe, sondern ein infiniter Prozess. Eduard Bernsteins klassischer Satz »Der Weg ist alles, das Endziel nichts«, verkörpert diese Idee von Gerechtigkeit als historischem Prozess.

Ein formal liberales Gerechtigkeitsmodell gibt sich mit der reinen Gleichheit vor dem Gesetz zufrieden (was im Vergleich zum ständischen Gerechtigkeitsbegriffs einen Riesenunterschied macht, im Vergleich zu Gerechtigkeitsvorstellungen, die sozialen Ausgleich verlangen, wiederum viel zu wenig ist) und hinterfragt die realen Umstände (etwa der Abhängigkeit der Gerechtigkeitsbeschaffung von der Fähigkeit, Anwaltskosten zu zahlen) nicht weiter. Die Idee der Chancengleichheit hingegen sieht Gerechtigkeit nur dann gewährleistet, wenn den Menschen in ihrer ersten Lebensphase einigermaßen gleiche Möglichkeiten zum Qualifikationserwerb geboten und sie im Erwachsenenleben nicht aufgrund von Zuschreibungen (Frau / Herkommen / Ausländer / Moslem usw.) Nachteile erfahren. Schließlich gibt es das in den Wirtschaftswissenschaften gängige Gerechtigkeitskonzept des Pareto-Optimums, wonach ein optimaler Zustand dann erreicht ist, wenn die Verbesserung der Position eines Akteurs nicht durch die Verschlechterung der Position irgendeines anderen erkauft wird. Allerdings kann es beliebig viele in diesem Sinne pareto-optimale Zustände geben, zwischen denen es zu entscheiden gilt. Soweit die unterschiedlichen Zustände aber Güter zwischen den jeweils begünstigten (also nicht nur nicht benachteiligten) Akteuren unterschiedlich verteilen, entsteht ein neues Gerechtigkeitsproblem zweiter Ordnung, das mit dem Pareto-Optimum nicht zu lösen ist.

All diesen Ansätzen ist gemeinsam, dass sie sich darum bemühen, den Begriff der Gerechtigkeit mit Inhalt zu füllen. Bemerkenswerterweise sind die meisten davon Bestandteil der westlichen Geschichte, und noch in der Gegenwart gibt es in unserer Gesellschaft höchst widersprüchliche Meinungen, was eigentlich gerecht sei. Insofern darf man sich nicht darüber wundern, wenn mit außereuropäischen Gerechtigkeitsvorstellungen gleichfalls Konflikte auftreten. Dass der Koran mit seiner Unterscheidung angemessenen Verhaltens gegenüber Gläubigen und Ungläubigen, Männern und Frauen in westlichen Kulturen auf Widerspruch trifft, ist insoweit nicht verwunderlich. Die unterschiedlichen Inhalte kollidieren und lassen von ihrer Substanz her auf den ersten Blick wenig Gemeinsamkeit zu – daher die bereits registrierte Konfliktträchtigkeit, die dem Gerechtigkeitsstreben anhaftet. Die Unausweichlichkeit dieser Kollision hat Kommunitaristen zu der Maxime geführt, Gerechtigkeit jeweils nur für abgegrenzte Ethikgemeinschaften gelten zu lassen und auf den Versuch der Etablierung eines universalen Modells zu verzichten. Erkennen die Gemeinschaften wechselseitig die Regel an, dass die jeweiligen Gerechtigkeitsmodelle im »Reich« des anderen gelten, so ließen sich die anderweitig unvermeidbaren Konflikte präventiv ausschließen. Freilich ist dieser Weg in einer sich globalisierenden Welt nicht gangbar. Die unterschiedlichen Kulturen (und kleinere ethische Gemeinschaften) werden miteinander so unauflöslich verwoben, dass sie für geteilte Verteilungsaufgaben Regeln finden müssen, mit denen alle Seiten leben können. Das ist ohne eine geteilte Vorstellung von Gerechtigkeit nicht machbar.

Der prozedurale Ausweg

Folgerichtig ist der Versuch, von der inhaltlichen Füllung des Gerechtigkeitsbegriffs abzusehen und den Weg in Verfahren zu suchen. Gerechtigkeit muss dann in den Regeln für die Beteiligung an solchen Verfahren gesucht werden, in denen über die Verteilung von Werten und Gütern entschieden wird, und in den Regeln zur Entscheidungsfindung in diesen Verfahren. Bekannt geworden ist die Konstruktion eines solchen Verfahrens durch John Rawls. Die Grundbedingung für die Herstellung von Gerechtigkeit ist hierbei, dass die Verfahrensbeteiligten in Unkenntnis ihrer wirklichen Position in der Welt entscheiden. Rawls macht sich wenig Illusionen über die menschliche Natur; er geht vielmehr davon aus, das Menschen in derartigen Entscheidungen sich immer interessenbedingt verhalten werden. Kennen sie jedoch ihre eigentlichen Interessen gar nicht, werden sie darauf bedacht sein, Entscheidungsergebnisse so zu strukturieren, dass sie keine Benachteiligung erfahren werden, in welcher Rolle auch immer sie in die Welt treten. Die Ignoranz wird damit zum Vehikel, durch das sich Gerechtigkeit herstellen lässt. Rawls Gedankenexperiment ist fraglos kreativ und interessant, eignet sich aber kaum für unseren Gegenstand – nachhaltiges Regieren in den internationale Beziehungen –, denn da wissen alle Akteure nur allzu gut, wo sie in der realen Welt stehen. Ihnen ist dann wohl kaum die Zumutung abzuverlangen, von ihren Interessen einfach abzusehen. Sie müssten überdies von ihren politisch-kulturell geprägten Gerechtigkeitsvorstellungen absehen, was nicht minder unrealistisch ist. Jürgen Habermas sieht die Chance, moralische Normen im Einvernehmen zu etablieren – und damit auch gemeinsame Maßstäbe für Gerechtigkeit zwischen Akteuren mit unterschiedlichen Interessen und Orientierungen herzustellen. Voraussetzung dafür ist, dass das Entscheidungsverfahren als rationaler Dialog geführt wird, an dem alle Entscheidungsbetroffenen gleiche Beteiligungschancen haben; auch müssen alle Teilnehmer von aktuellen Machtverhältnissen – in Gestalt von Drohungen, Sanktionen und Belohnungen – absehen. Auch das ist eine anspruchsvolle, idealisierte Verfahrensweise, die gleichwohl nicht gänzlich utopisch ist. Denn auch das rechtsstaatliche Gerichtsverfahren hat von der Machtposition der Verfahrensbeteiligten ja abzusehen (wenngleich dies in der Realität der Rechtsfindung nicht durchweg verwirklicht ist). Problematisch ist sicher auch die Forderung der umfassenden Beteiligung aller Entscheidungsbetroffenen wegen der potenziell hohen Zahl, die ein solches Verfahren praktisch undurchführbar und unabschließbar macht. Habermas hat deshalb eine abgeschwächte Version zugelassen, nach der Entscheidungen gerecht sind, wenn die Diskursergebnisse prinzipiell für die Entscheidungsbetroffenen zustimmungsfähig sind; diese Bedingung wird im demokratischen Nationalstaat etwa durch die Modalitäten parlamentarischer Repräsentation einigermaßen gewährleistet. Wer Verteilungsgerechtigkeit im Sinne inhaltlicher Prinzipien im Visier hat, kann von Verfahrensgerechtigkeit, namentlich den Teilnahmebedingungen, nicht absehen. Gerechte Substanz ergibt sich aus einer gerechten Prozedur. Mit dieser mentalen Note können wir uns dem Gegenstand der internationalen Beziehungen weiter annähern.

Unterschiede zwischen »innen« und »außen«

Für die innerstaatliche, gesellschaftliche Gerechtigkeit hat der klassische westliche, soziale, demokratische und marktwirtschaftliche Wohlfahrtsstaat ein leidlich brauchbares Modell von Gerechtigkeit vorgestellt. Dieses Modell baut sich im Augenblick im Sturm der Globalisierung ab, ohne dass irgendein Ersatz in Sicht wäre. Die Risiken dieses zivilisatorischen Rückschritts sollten nicht unterschätzt werden. Fatal ist in diesem Zusammenhang, dass die Entscheider von dieser Entwicklung selbst nicht betroffen sind. Verhaltensweisen wie die der Herren Esser oder Ackermann, obgleich rechtskonform, nähern sich in gefährlicher Weise der naiven Reaktion der französischen Königin Marie Antoinette am Vorabend der Revolution an; auf die Mitteilung, die Armen hätten kein Brot mehr, bemerkte Ihre Majestät arglos und ohne Bosheit, dann möchten sie doch Kuchen essen. Die naive Ahnungslosigkeit, die heutzutage die Wohlhabenden über die Lebensumstände ihrer weniger begünstigten Mitbürgerinnen an den Tag legen, ist lebensgefährlich und unserem Ziel des nachhaltigen Regierens schon zu Hause nicht dienlich. Was sich an daraus erwachsendem Ressentiment bei den Globalisierungsverlierern aufbaut, ist als Gewaltpotenzial nicht zu unterschätzen. Wir verlieren den Wohlfahrtsstaat nicht kostenfrei. In den internationalen Beziehungen indes hat es ein solches, wenigstens vorübergehend gültiges Modell gar nicht gegeben. In noch weit höherem Maße als die westlichen Gesellschaften sind sie Schocks, Schwankungen, Sprüngen und Wandlungen ausgesetzt, die die Befindlichkeit von Staaten und Gesellschaften aus dem Gleichgewicht zu bringen vermögen. Krieg ist der offenkundigste dieser fatalen Eingriffe. Den internationalen Beziehungen fehlten und fehlen im Unterschied zum Nationalstaat Regelungsmechanismen, um die Folgen solcher Erschütterungen abzufedern. Die internationalen Beziehungen sind nicht vergemeinschaftet. Bestenfalls zeigen sich erste Spuren davon in der Geltung einiger Rechtsnormen und in der allmählichen Entstehung einer grenzüberschreitenden Zivilgesellschaft, die Werte von universaler Solidarität vertritt (die weltweite Spendenfreudigkeit nach dem Tsunami im Dezember 2004 und die globalen Demonstrationen gegen den Irak-Krieg im Frühjahr 2003 lieferten Indikatoren für diesen Vergemeinschaftungsprozess). Die internationalen Beziehungen setzen sich vielmehr aus Nationalstaaten zusammen, die auf ihre Souveränität bedacht sind und bei Verhandlungen ihre Interessen angemessen verwirklichen wollen. Hinter dem »angemessen« verbergen sich Vorstellungen darüber, was als »faires« Verhandlungsergebnis akzeptabel ist. Fairness ist aber nichts anderes als ein Aspekt von Gerechtigkeit. Noch im härtesten diplomatischen Feilschen melden sich daher normative Aspekte zu Wort. Und solche Aspekte von Fairness und Gerechtigkeit sind in den nationalen und kulturellen Ethiken der staatlichen Akteure und ihrer Repräsentanten verwurzelt. Die großen Gegensätze, die in internationalen Verhandlungen oft auftreten, sind daher nicht lediglich naturwüchsigen »nationalen Interessen« geschuldet, sondern hängen mit gravierend unterschiedlichen Ethiken zusammen. Daher gibt es kein einheitliches und verbindliches Gerechtigkeitskonzept. Es gibt leider auch kein unumstrittenes *Entscheidungsverfahren* unter einer Beteiligungsregel, mit der alle Akteure einverstanden wären. Schließlich läuft auch kein weltweiter, interkultureller Dialog, der auf die Etablierung eines solchen Verfahrens ausgerichtet wäre; die samt und sonders von engstmöglichen Interessen geprägten Diskussionen über die Reform der Vereinten Nationen, vor allem des Sicherheitsrates, verdienen den Ehrentitel eines solchen Dialogs gewiss nicht. Seit den neunziger Jahren ist diese Debatte im Gange; sie erlebte 2005 einen Höhepunkt, allerdings ohne Ergebnis. Einerseits bestand zwar weitgehende Einigkeit darüber, dass die Weltorganisation eine bessere Repräsentativität des höchsten Entscheidungsorgans herstellen müsse; hier hatte sich – erfreulicherweise – ein minimaler Konsens der Verfahrensgerechtigkeit abgezeichnet. Zugleich strebten die fünf permanenten Mitglieder jedoch insgeheim danach, eine Veränderung möglichst zu verhindern oder zu verzögern. Und viele Mitgliedsländer wollten lieber keine Reform als eine, die einen ungeliebten Partner oder Konkurrenten besserstellen würde als sie selbst. Als Folge scheiterte der Reformversuch in der UN-Vollversammlung im Herbst 2005. So bleiben die internationalen Beziehungen hinsichtlich ihrer Fähigkeiten, Gerechtigkeitsprobleme zu bearbeiten, hochgradig defizitär. Dieser Zustand hat gerade in den letzten Jahren – angetrieben von den gewaltigen Kräften der Globalisierung – zunehmend dazu angeregt, über Konzepte globaler Gerechtigkeit nachzudenken. Dabei ist für die Diskussion in der westlichen politischen Philosophie kennzeichnend, dass sie auch hier wieder überwiegend einen Monolog entlang der eigenen Prämissen führt, während die Zielobjekte des – durchaus sympathischen – Gerechtigkeitsbestrebens nicht zu Wort kommen. Da werden in strenger Deduktion (meist im Rahmen kantianischer Philosophie) durchgreifende Gerechtigkeitspflichten und präzise Vorschriften deduziert, denen es gelegentlich an Realitätssinn gebricht. Völlig richtig ist jedoch die Forderung, energische Schritte einer globalen Umverteilung von Nutzen und Lasten vorzunehmen. Eine globale Sozialpolitik, die darauf abzielt, die Schwachen zu stärken, Entwicklungsmodelle, die die Armut erfolgreich bekämpfen, zu belohnen und Nord-Süd-Beziehungen mit ausbeuterischem Charakter zu beenden – das sind alles plausible Schritte auf dem Wege zu größerer globaler Gerechtigkeit, die auch außerhalb des Westens auf große Zustimmung stoßen. Freilich handelt es sich dabei um die eingängigen Gerechtigkeitskonzepte des gesunden Menschenverstandes, die keiner komplizierter Deduktionen bedürfen.

Globalisierungsgetriebene Gerechtigkeitsprobleme

Dass die Globalisierung Probleme für den Wohlfahrtsstaat mit sich gebracht hat, wurde bereits vermerkt. Dazu hat die Ideologie des Neoliberalismus, der auch nichts weiter ist als eine kulturelle Mode, beigetragen. Die Globalisierungsenthusiasten an den wirtschaftswissenschaftlichen Fakultäten, in den Vorstandsetagen und Ministerbüros tendieren dazu, die positiven Seiten zu loben und die schlechtere Hälfte zu verschweigen. Sie argumentieren mit dem (unbestreitbaren) Nettogewinn der wirtschaftlichen Liberalisierung, sehen aber von den Verteilungsproblemen ab, die sich daraus ergeben. Die Globalisierung erzeugt jedoch zugleich Gewinner und Verlierer. Die Gewinner sitzen keineswegs alle im »Norden«, in den reichen Industrieländern. Diese gängige Schablone ist durchaus falsch. Die Zahl der aus der Armut in den Mittelstand Aufgestiegenen in Südasien, Südostasien und Ostasien, aber auch in den Wirtschaftszentren Lateinamerikas beträgt nahezu eine Milliarde Menschen. Für sie hat sich die Globalisierung gelohnt. Diesen Umstand ignorieren viele »Globalisierungsgegner« mit Beharrlichkeit. Die auffälligen Unterschiede in der nationalen Bewältigung der Globalisierungsprobleme deuten darauf hin, dass die Globalisierung kein Automatismus ist, der überall unterschiedslos dieselben Folgen zeitigt. Vielmehr hat das Ausmaß des »Gewinnens« und »Verlierens« wie auch das Maß der Ungleichheit, die daraus resultiert, etwas mit den Politiken zu tun hat, mit denen die Regierungen in den verschiedenen Staaten auf die globale Herausforderung antworten. Wie anders wäre es zu erklären, dass in Europa, einem relativ einheitlichen Wirtschaftsraum, die skandinavischen Staaten in den letzten 20 Jahren so viel besser abgeschnitten haben als etwa Frankreich, Italien und bis vor kurzem auch Deutschland? Wie, dass China und Vietnam so viel besser daran sind als Kambodscha oder Myanmar, Indien als Pakistan oder Bangladesh? Wie soll es kommen, dass innerhalb von Indien Gujarat sich entwickelt hat, während Uttar Pradesh zurückgeblieben ist, und selbst in einem wirtschaftlich nicht so schnell wachsenden Bundesstaat wie Kerala die Armutsbekämpfung viel größere Fortschritte gemacht hat als im reichen Panjab oder im bettelarmen Bihar, und zugleich die Ungleichheit – im Unterschied zu den beiden anderen Bundesstaaten – in Kerala eher zurückgegangen ist als zugenommen hat. Globalisierung wirkt nicht deterministisch, sondern ihre Folgen werden durch die Reaktionen der Regierungen auf den verschiedenen Ebenen moderiert – ganz abgesehen davon, dass Globalisierung in wichtigen Teilen Resultat staatlichen Handelns ist.

Freilich ist unbestreitbar, dass in den letzten 20 Jahren durch das Zusammenwirken von Globalisierungsimpulsen und Regierungspolitiken eine große Zahl von Menschen unter die Armutsgrenze gesunken ist. Für sie war die Globalisierung eine Katastrophe. Was fast noch mehr beunruhigt: Es trifft statistisch überdurchschnittlich die ohnedies schwächsten Glieder der gesellschaftlichen Kette: Kinder, Frauen, Alte. Dies lässt auf die Unbarmherzigkeit des Entwicklungsprozesses schließen, aus dem Solidarität als universaler Wert ausgeklammert bleibt und Gerechtigkeit natürlich auch. Das Phänomen ist noch einmal konzentriert, es betrifft die Entwicklungsländer und die Spaltprodukte der Sowjetunion stärker als die westlichen Staaten und Afrika mehr als alle anderen Regionen. Offensichtlich sind die Belange dieser schwächsten und hilfsbedürftigsten Glieder der Weltgesellschaft in den einschlägigen Entscheidungsverfahren nicht im notwendigen Umfang vertreten (s. u.). Die von der Globalisierung ausgelösten Wanderungsbewegungen über Staatsgrenzen hinweg werfen neue Verteilungs- und Teilhabekonflikte auf. Sie verlaufen zwischen einheimischer und zuwandernder Bevölkerung sowie zwischen Herkunfts- und Einwanderungsländern. Wanderungen führen durch die Mischung unterschiedlicher Kulturen unvermeidlich zur Konfrontation gegensätzlicher Gerechtigkeitsbegriffe. Sie machen auch Beteiligungskonflikte wahrscheinlich, da die angestammte Bevölkerung die eigenen Bürgerrechte nicht teilen möchte, während die Zuwanderer den Anspruch stellen, in der Gesellschaft mitzuentscheiden, in der sie nun einmal leben. Die Entwicklung von Kommunikation verbindet auf den ersten Blick zuvor getrennte Räume und sollte daher eine eher nivellierende Wirkung auf vorher bestehende Unterschiede haben. In bestimmten Grenzen tritt dieser Effekt auch ein, aber es ist falsch, ihn einzig für die Auswirkung von CNN, al-Djasira oder des Internets zu halten. Damit würde man nämlich das »digitale Gefälle« übersehen, das zwischen und innerhalb von Regionen besteht. Der Umgang mit dem Computer und der Zugang zum Internet sind zwischen reichen und armen Ländern dramatisch ungleich verteilt. Innerhalb der Länder bleiben die Ärmsten und Ungebildetsten davon ausgeschlossen. Dieses Gefälle unterspült alle Ansätze von Chancengleichheit. Die globalen Umweltprobleme, die eine weitere Facette der Globalisierung darstellen, haben ein weiteres Gerechtigkeitsproblem auf die Tagesordnung gestellt: den Ausgleich zwischen den Verursachern und den Betroffenen grenzüberschreitender Umweltschäden. Dass die Industrialisierung des Westens, seine koloniale Landnahme und sein heutiges Konsumniveau einen überproportionalen Anteil am Raubbau an der Natur einnimmt, steht fest. Noch dazu haben wir die billigsten fossilen Brennstoffe verbraucht, unsere Emissionen haben die »Senken«, die aufnahmefähigen Ablagerungsstätten (etwa die Ozeane), bereits reichlich gefüllt und anderen wenig Platz gelassen. Daraus die Maxime abzuleiten, die nachholenden Entwicklungsländer, etwa Indien oder China, sollten das Recht haben, dem gleichen Entwicklungspfad zu folgen (und damit die Erde womöglich über die Schwelle der Überlebensfähigkeit hinauszukatapultieren) ist unlogisch, stellt es doch die Existenz auch der vermeintlich Begünstigten infrage. Dass die Länder mit »nachholender Entwicklung«, die für eine umweltverträgliche Zukunft in größerem Wohlstand höhere Kosten auf sich nehmen müssen, einen Anspruch auf Ausgleich haben, ist jedoch nicht zu bestreiten.

Das Verhältnis von Verteilungs- und Verfahrensgerechtigkeit auf internationaler Ebene

Alle genannten Probleme werfen also – aufgrund ihrer Folgen und deren ungelöster Bewältigung – gravierende Probleme auf, welche die Verteilungsgerechtigkeit betreffen. Sie kreisen alle um die Frage: Wer soll die Zeche begleichen, die wir für den – tatsächlichen oder vermeintlichen – Fortschritt zu bezahlen haben? Diese Frage wird praktisch – wenn auch mit geringst denkbarem Bezug auf Gerechtigkeitsvorstellungen – tagtäglich in einer Vielzahl von Entscheidungen beantwortet: Regierungen entscheiden strategisch im Sinne ihrer nationalen Interessen. Aufgrund der Macht- und Reichtumsgefälle haben diese Entscheidungen immens unterschiedliche Auswirkungen auf Dritte; das gleiche Gefälle fügt noch einmal gleichermaßen große Differenzen in der Fähigkeit hinzu, sich gegen solche Wirkungen zu schützen. Was Washington entscheidet, betrifft jeden Menschen auf der Welt. Was in Tuvalu entschieden wird, betrifft zumeist allenfalls die Bürger dieses Inselstaats selbst. Die zweite Entscheidungsebene bezieht sich auf die kumulierte Wirkung individueller Entscheidungen, wobei sich erneut Ungleichgewichte durch die Ressourcen ergeben, die diesen Individuen zur Verfügung stehen. Die Konsumentscheidungen in der Ersten Welt, Autos zu kaufen und zu fahren, bestimmen das Niveau des Ölpreises (und damit beispielsweise die Kosten landwirtschaftlicher Betriebe in der Dritten Welt); zunehmend wirkt heute auch der Energiehunger Indiens und Chinas fühlbar auf die Entwicklung des Preisniveaus. Die Entscheidungen großer Unternehmen einschließlich der großen Akteure an der Börse – wie amerikanische Pensionsfonds oder spekulative Hedge-Fonds – beeinflussen das Schicksal einer Vielzahl von Menschen; diese Unternehmen agieren unter der Bedingung minimaler öffentlicher Kontrolle. Internationale Organisationen nehmen mittlerweile einen starken Einfluss auf den Gang der Dinge. Die Europäische Union, die sich durch einen außergewöhnlichen Grad an Integration vor allen anderen Staaten-Zusammenschlüssen auszeichnet, ist zuständig für die Außenwirtschaftspolitik der Mitgliedsstaaten (mit der Ausnahme von Rüstungsexporten). Die NATO formt den Rahmen nationaler Verteidigungspolitiken und kann – wie im Fall Kosovo – entscheidenden Druck auf ihre Mitglieder ausüben, sich an Kampfhandlungen zu beteiligen; das magische Argument der »Bündnisfähigkeit« wirkt als Peitsche, mit der Abgeordnete, die Bedenken gegen einen militärischen Einsatz haben, zur Zustimmung gebracht werden; denn das Bündnis als solches möchte natürlich niemand anzweifeln, es ist Teil beispielsweise der deutschen Staatsräson. Die G-8, der Internationale Währungsfonds, die Weltbank lenken die sozialen Chancen von Hunderten Millionen Menschen. Der Sicherheitsrat der Vereinten Nationen entscheidet über Krieg und Frieden, über die Rettung oder Vernichtung von Menschenleben, über Eingriff oder Gleichgültigkeit und hat sich in jüngeren Jahren sogar zwei Mal das Recht genommen, als globaler Gesetzgeber alle Mitgliedsstaaten auf bestimmte rechtsförmige Maßnahmen zu verpflichten: nämlich in der Entschließung 1373, die Maßnahmen gegen die Finanzierung des Terrorismus enthielt und das Einfrieren von Verdächtigten-Konten vorschrieb, wobei der Sicherheitsrat über einen Ausschuss vorgab, wer verdächtig war; sowie in der Entschließung 1540, die eine Serie von rechtlichen und administrativen Maßnahmen verlangte, um den Zugriff von Terroristen auf Material und Technologie zur Herstellung von Massenvernichtungswaffen zu verweigern. In keiner dieser Entscheidungsgremien ist gewährleistet, dass Entscheider und Betroffene identisch sind oder dass diejenigen, die die Maßnahmen »erleiden«, angemessen repräsentiert wären. Auch die schicksalhaften Entscheidungen der internationalen Organisationen, an denen ausschließlich oder ganz überwiegend westliche Demokratien beteiligt sind (NATO, OECD, G-8), unterliegen keinerlei parlamentarischer Kontrolle; allenfalls haben sie – wie die NATO – eine Garnitur von Parlamentariern, deren jährliche Treffen das wechselseitige Kennenlernen und Verstehen fördern mögen, auf die Entscheidungen der Bündnisgremien aber nicht den geringsten Einfluss haben. Für die übrigen Institutionen bis hin zum Sicherheitsrat der Vereinten Nationen gilt das umso mehr.

Ungelöste Gerechtigkeitsprobleme in den internationalen Beziehungen

Im Folgenden werden für einzelne Felder internationaler Politik Gerechtigkeitsfragen angesprochen. Die Liste erhebt nicht den Anspruch, erschöpfend zu sein. Auch kann es nicht darum gehen, für diese Problemlagen hier »gerechte« Lösungen anbieten zu wollen. Beabsichtigt ist vielmehr ein Problemaufriss, der den Umfang der anstehenden Aufgaben erkennen lässt.

Wirtschaftspolitik

Globalisierung verteilt wirtschaftliche Werte im Weltmaßstab um. Wie lässt sich angesichts der sich ständig verändernden Gewinner-/Verliererbilanzen ein halbwegs vernünftiger Ausgleich zwischen den Beteiligten herstellen? Ein vielfach diskutierter Ausweg könnten soziale Mindeststandards sein, die von allen am Welthandelsgeschehen profitierenden Ländern zu respektieren wären. Entsprechende Forderungen sind von westlichen Gewerkschaften vielfach gestellt, aber auch seitens der Industrieländer in der Welthandelsorganisation schon vorgetragen worden. Das Gegenargument lautet, dass diese Forderung auf einen verkappten Protektionismus hinauslaufe: Der Westen – einschließlich seiner organisierten Arbeiterschaft – wolle den Entwicklungsländern die Möglichkeit verwehren, ihren größten Wettbewerbsvorteil, das niedrige

Lohnkostenniveau, zugunsten des eigenen Fortschritts einzusetzen. Verwiesen wird auch darauf, dass in den Jahrzehnten größten Wachstums der Industrieländer – in der ersten Industrialisierungsphase, dem entscheidenden »Sprung« in die Moderne – das Lohnniveau auch im »Norden« ausgesprochen niedrig lag und erst mit der Steigerung der verteilungsfähigen Masse der Anteil der Lohnempfänger am Bruttosozialprodukt zu steigen begann. Allerdings wäre zu berücksichtigen, dass Mindeststandards auch die Entwicklungsländer selbst davor schützen könnten, untereinander in einem »Race to the bottom«, einem Wettlauf steil nach unten mit immer geringeren Löhnen, um die Märkte der Industriestaaten zu konkurrieren.

Eine zweite Kontroverse dreht sich um das Verhältnis zwischen Gerechtigkeit und wirtschaftlicher Effizienz. Im Mittelpunkt stehen Regulierungsmöglichkeiten für die internationalen Märkte und die dort operierenden Akteure. Diskutierte Maßnahmen reichen von einem Verhaltenskodex für multinationale Unternehmen in der Menschenrechtsfrage bis zur »Tobin-Steuer«, die auf Währungs-Spekulationsgewinne erhoben werden soll. Die Gegner solcher Schritte argumentieren jeweils damit, dass das Regulationskorsett die wohlfahrtsstiftenden Effekte des Unternehmertums knebele; Gerechtigkeit sei so nur auf niedrigem Armutsniveau erreichbar, was den objektiven Entfaltungsmöglichkeiten widerspreche und insoweit auch wieder ungerecht sei. Dieses Argument ist alles andere als überzeugend. Verteilungskorrigierende Regelungen haben das deutsche Wirtschaftswunder nicht aufgehalten. Probleme entstehen nur, wenn solche Regeln national eingeführt werden und dann Wettbewerbsnachteile im Vergleich zu Ländern nach sich ziehen, die einem »Raubkapitalismus« freie Bahn geben. Gerade um das zu verhindern, sind jedoch globale Regelungen da. Es gibt also keinen vernünftigen Einwand dagegen, die Weltwirtschaft durch internationale Vereinbarungen ein bisschen gerechter zu machen.

Der dritte Streit behandelt den moralischen Status des Mottos »Wer zahlt, schafft an«. Während die Brutalität der Aussage zunächst abstößt und mit unseren spontanen Ideen über Gerechtigkeit unvereinbar scheint, ist die Sache bei näherem Nachdenken nicht mehr ganz so eindeutig, wie sich am Beispiel der Konditionalität der Entwicklungshilfe zeigen lässt. Die dafür zur Verfügung stehenden Mittel werden aus Steuern der Industrieländer bestritten; gegenüber den Steuerzahlerinnen und Steuerzahlern trägt die Regierung eine Verantwortung und Sorgfaltspflicht, die durchaus mit Gerechtigkeit in Beziehung steht. Denn ungerecht wäre fraglos der Eingriff in die Wohlfahrt der Menschen des eigenen Landes – reich wie arm –, den der Steuereinzug darstellt, wenn die daraus bestrittenen Ausgaben nicht im weiteren Sinne tatsächlich dem Gemeinwohl zu Nutzen kämen. Das gilt für die Entwicklungshilfe auch. Es ist kaum als gerecht zu bezeichnen, wenn aufgrund fehlender Konditionalität Steuermittel in die Kassen eines Diktators wie Robert Mugabe und seiner Kamarilla in Zimbabwe fließen. In diesem Sinne ist die ungleiche Stimmverteilung in einer Organisation wie dem Internationalen Währungsfonds, wo die Länder mit den größten Einlagen die meisten Stimmgewichte besitzen, nicht von vornherein ungerecht. Diese Überlegung scheint nicht nur im Verhältnis zwischen Geber und Empfänger einleuchtend, sondern gleichfalls hinsichtlich der Auswirkungen im Empfängerland. Für die Bevölkerungen ist es kaum begrüßenswert, wenn der Zugriff der Diktatoren auf Ressourcen durch Entwicklungshilfe noch gesteigert wird. Konditionalität mit Bezug auf Menschenrechte und »Good Governance« oder die Förderung von Einzelprojekten, die der Armutsbekämpfung oder auch allgemeinnützlichen Infrastrukturmaßnahmen dienen, statt der von den dortigen Regierungen bevorzugten Pauschalzuweisungen, helfen den Menschen in den Empfängerländern im Allgemeinen weiter und sind daher letztlich wohl gerechter. Gerade in der internationalen Wirtschaftspolitik ist übrigens die Anmerkung zu machen, dass internationale Kooperation, die prima facie als moralisch wertvoll, weil friedensfördernd gilt, ihre dunklen Seiten haben kann. Wenn Kooperationen – namentlich zwischen den Stärkeren – negative Folgewirkungen zuungunsten Dritter produzieren oder – namentlich zwischen Starken und Schwachen – intern dramatisch ungleiche Verteilungsmuster aufweisen, kann ihr Nettoeffekt negativ sein; ihre Wirkung ist nur dann uneingeschränkt positiv, wenn sie wenigstens minimalen, einvernehmlichen Gerechtigkeitskriterien genügen; das würde einerseits erfordern, dass die betroffenen »Dritten« in die Verhandlungen über die beabsichtigten Regelungen einbezogen werden; es würde zum anderen danach verlangen, Benachteiligten einen Ausgleich zugute kommen zu lassen.

Umweltpolitik

Die Grundfrage wurde oben schon gestellt: Wie ist ein Ausgleich zwischen Verursacher und Betroffenem herbeizuführen? Klassisches Beispiel ist das Verhältnis von Flussanrainern. Zwangsläufig müssen die »Unterlieger« in Kauf nehmen, was die »Oberlieger« mit dem Wasser anstellen: Umfängliche Abzweigungen für Bewässerungszwecke, Dammbauten für Wasserkraftwerke und Schadstoffeintrag aus Industrie und Landwirtschaft sind geeignet, die gesundheitlichen, wirtschaftlichen und sozialen Belange der am Unterlauf der Flüsse liegenden Länder aufs Empfindlichste zu beeinträchtigen. Ohne einvernehmliche Regelung sind diese Verteilungskonflikte sehr gefährlich und können gewaltsame Formen annehmen. Handelt es sich dabei um ein Problem mit regionalen Dimensionen, so hat mittlerweile die Verursacher-/Betroffenenproblematik globale Ausmaße angenommen. Die Zerstörung der Ozonschicht war vorwiegend das Ergebnis von Aktivitäten der Industrieländer, der Schaden schlug sich aber überproportional im Süden nieder (wo wiederum zwei Industriestaaten, Neuseeland und Australien, am stärksten betroffen waren). Auch die Klimaveränderungen durch Treibhausgase gehen weitgehend von den Industrieländern aus, während die Hauptleidtragenden, die kleinen Inselstaaten, aber auch Länder wie Ägypten und Bangladesh, der Dritten Welt angehören. Gerade der Klimawandel wirft aber gleich noch eine zweite schwierige Frage auf: wie nämlich die vergangenen Sünden gegen gegenwärtige und künftige aufzurechnen sind. Momentan entwickeln sich Indien und China zu zwei Hauptbeiträgern zum Treibgasausstoß. Sie nehmen jedoch für sich in Anspruch, den gleichen (umweltschädlichen) Pfad einzuschlagen, den vor ihnen die heutigen industrialisierten Länder genommen haben, obgleich unser heutiges Wissen die erwartbaren Schäden zu erkennen vermag und – bei entsprechenden Investitionen und Praktiken – Wachstum auch auf schonenderem Wege zu erreichen wäre.

Wenn ein Ausgleich zwischen Industrie- und Entwicklungsländern in Umweltfragen angestrebt wird, kann er sicher nicht in einer Form angelegt sein, der die Wirtschaft der heute reichen Staaten ruiniert. Die Gans zu schlachten, die goldene Eier legt, hat noch nie als eine besonders kluge Strategie zur Mehrung von Wohlfahrt gegolten. Eine Reihe von Instrumenten für diesen Ausgleich ist in der Diskussion. Unterschiedliche Berechtigungsquoten verteilen den erlaubten Schadstoffeintrag zwischen den Akteuren. In der liberalen Form führt das zum Emissionshandel, wie er unter dem Kyoto-Protokoll eingerichtet wird; allerdings gehen die dort vereinbarten Quoten weitestgehend vom heutigen Nutzungsmuster aus und bevorteilen so die Großverbraucher einmal mehr. Ausgleichszahlungen für entstandenen Schaden entsprächen Gepflogenheiten im Zivilrecht. Subventionierter Technologietransfer kann unter Umständen Umweltschäden im Süden vermeiden helfen, wirft aber immer Fragen nach den Eigentums- und Patentrechten auf. Insgesamt haben sich im internationalen Umweltrecht eine Reihe gerechtigkeitsgeladener Konzepte niedergeschlagen: Das Verursacherprinzip, der begrenzte Nord-/Süd-Ausgleich, der Grundsatz der gemeinsamen, aber unterschiedlichen Verantwortung, die Idee des »gemeinsamen Erbes der Menschheit« und das Kooperationsprinzip, das allen Betroffenen Teilhaberechte zugesteht. Die Prinzipien sind edel, aber vage, mit der Umsetzung hapert es – vorwiegend wegen der Widerständigkeit der Industrieländer – nach wie vor.

Zwei weitere ungelöste Fragen verdienen Erwähnung: Wie sind die Interessen künftiger Generationen an Lebenschancen in einer zuträglichen Umwelt gegen die der heute Lebenden an Wohlfahrt aufzurechnen, wie sollen die Interessen der Ungeborenen praktisch vertreten werden, damit sie in die Entscheidungen eingestellt werden können? Und welchen Stellenwert soll nichtmenschliches Leben in Gerechtigkeitserwägungen haben? Betrachten wir die mitmenschliche Umwelt als Ressource für menschliche Belange, die so weit zu erhalten und zu pflegen sei, dass ein Optimum für Nutzen für die

Menschheit entsteht? Genügt Artenschutz als Pflegeprinzip? Oder sind Tiere (und womöglich Pflanzen) Träger eigener Lebensrechte, die es zu respektieren gilt?

Sicherheit

Sicherheit ist das wohl am meisten ungleich verteilte Gut. Man vergleiche den Irak mit der Schweiz oder die Elfenbeinküste mit Norwegen. Selbst der 11. September 2001, an dem die vermeintlich unangreifbare Supermacht auf dem eigenen Territorium attackiert wurde, hat daran nichts Grundsätzliches geändert. Wie für die Sicherheit selbst ist auch für die traditionellen sicherheitspolitischen Instrumente die Verteilung höchst asymmetrisch. Die Vereinigten Staaten bestreiten heute nahezu 50 % der Weltmilitärausgaben, die westlichen Alliierten zusammen noch einmal mehr als 25 %. Eine Zusammenballung militärischer Macht wie in der NATO ist geschichtlich vorbildlos. Ob sich freilich durch diese Arsenale Sicherheit wirklich beschaffen lässt, ist eine ganz andere Frage. Das Entscheidungsgefälle ist gleichermaßen groß. Die USA können auf nationaler Ebene Beschlüsse fassen, welche die Sicherheit aller Akteure in jedem Winkel der Welt betreffen. Koalitionen der Willigen unter amerikanischer Führung sind in der Lage, auch gegen völkerrechtliche Regeln und im Angesicht massiven, weltweiten politischen und gesellschaftlichen Widerstands zur Gewaltanwendung zu schreiten. Und diese Regeln selbst geben im Sicherheitsrat der Vereinten Nationen den fünf ständigen Mitgliedern das Privileg, Entscheidungen mit ihrem Veto zu verhindern. Diese Regel stellt sicher, dass vitale Interessen dieser fünf Mächte nie auf völkerrechtlich gültigem Wege beeinträchtigt werden können, während alle anderen Staaten dies hypothetisch in Kauf nehmen müssen. Die neuere Praxis des Sicherheitsrates, als universaler Gesetzgeber zu wirken (s. o.), deutet auf eine weitere Asymmetrie hin. Setzt sich diese Praxis fort, so steht der Rest der Weltgemeinschaft vor der Situation, dass jederzeit »Weltgesetze« möglich sind, die ihre eigenen Belange beeinträchtigen, diejenigen der fünf permanenten Mitglieder jedoch auf jeden Fall geschont werden; gerecht ist das nicht. Bislang war nur von Staaten als Trägern von sicherheitspolitischen Gerechtigkeitsansprüchen die Rede. Die neuere Entwicklung des Völkerrechts sowie der Idee »menschlicher Sicherheit« deutet auf eine Entwicklung hin, die einzelnen Menschen als Träger solcher Ansprüche anzuerkennen. Auch Gruppen – man denke an die Albaner in Kosovo – sind als solche Anspruchsträger bereits akzeptiert worden. Wie diese unterschiedlichen Anspruchsebenen verbunden und wie Kollisionen zwischen ihnen vermieden oder auch gelöst werden können, ist ungeklärt. Diese Kollision spielt zusehends eine Rolle in der Behandlung nationaler Souveränität, die lange Zeit die tragende Säule der internationalen Ordnung war, jedoch die Möglichkeit einschloss, dass Regierungen sich gegenüber ihren Völkern – oder Teilen davon – mit ausgesuchter Unmenschlichkeit aufführten. Andererseits bildet Souveränität als Abwehrschirm gegen Fremdeinmischung einen Schutz gegen die Auswirkung asymmetrischer Machtverteilung und ist insoweit ein Element internationaler Gerechtigkeit. Im letzten Jahrzehnt ist der Souveränitätsbegriff teilweise konditioniert, das heißt an den Standard der Verantwortlichkeit geknüpft worden: Nur diejenigen Staaten, die in der Behandlung ihrer Einwohner gewisse Grenzen – etwa Genozid begehen –, nicht überschreiten und die keine transnationalen terroristischen Aktivitäten von ihrem Boden aus dulden (oder zumindest glaubwürdige Anstrengungen unternehmen, sie zu unterbinden), genießen den Schutz des Interventionsverbots. Der Verzicht auf Massenvernichtungswaffen könnte in den nächsten Jahren als dritter Pfeiler von »Verantwortlichkeit« hinzutreten. Damit stellt sich aber sofort ein weiteres Gerechtigkeitsproblem: Fünf Staaten sind durch den Nichtverbreitungsvertrag ermächtigt, vorläufig – bis zur vollständigen nuklearen Abrüstung – Kernwaffen zu besitzen. Die Abrüstungsverpflichtung ist vage und ohne Zeitziel formuliert. Ist diese »nukleare Apartheid« friedensfördernd und damit letztlich gerecht? Oder verschärft sie ohnedies bestehende Machtasymmetrien bis zur Unerträglichkeit, wie vor allem viele blockfreie Staaten und Nichtregierungsorganisationen argumentieren? Erschwert wird die Lage noch durch die Existenz von vier De-facto-Atommächten, Indien, Pakistan, Israel und Nordkorea, die dem Nichtverbreitungsvertrag nicht angehören, deren Kernwaffenbestände (zumindest die der ersten drei) aber stillschweigend geduldet werden, während etwa Teheran gegenüber deutlich gemacht wird, dass eine Kernwaffenmacht Iran intolerabel sei.

Kultur

Die Ausgangsfrage im Feld »kultureller Gerechtigkeit« lautet, ob es einen Anspruch auf kulturelle Unversehrtheit geben kann. Kulturen haben im Verlauf der Menschheitsgeschichte immer in einem Austausch miteinander gestanden und sich wechselseitig verändert, oft durch Eroberung, aber auch durch ständige Kommunikation und gegenseitige Durchdringung. Es ist kaum vertretbar, jede Veränderung in den eigenen kulturellen Mustern, die von außen angeregt wurde, als Ungerechtigkeit zu bezeichnen. Heutzutage entsteht kulturelle Penetration durch eine Kombination von Machtgefälle – die reicheren und mächtigeren Staaten haben eine bessere Chance, die anderen zu beeinflussen, als umgekehrt – und den individuellen Entscheidungen von Milliarden Menschen, etwa iranischer Jugendlicher für amerikanische Popmusik. Es ist kaum absehbar, wie diese Prozesse »gerecht« zu steuern wären. Sicher ist die von Samuel Huntington zur Vermeidung des »Kampfes der Kulturen« empfohlene wechselseitige Abschottung obsolet; sie trägt den gewaltigen Kräften der Globalisierung nicht Rechnung. Wo allerdings der strategische Versuch gemacht wird, umstrittene eigene kulturelle Werte durch den Einsatz von Machtressourcen durchzusetzen, entsteht zwangsläufig Ungerechtigkeit. Der globale Kulturkampf der Bush-Regierung zur Ausbreitung der Werte des protestantischen Fundamentalismus – etwa in Bezug auf vorehelichen Sex – zieht ebenso gravierende Ungerechtigkeiten – verhinderbares AIDS bei Jugendlichen in Entwicklungsländern – nach sich wie das rückwärtsgewandte Missionarstum Saudi-Arabiens, das zu einer Verschlechterung der Stellung der Frau in moslemischen Ländern beiträgt. Letztlich stellt sich die Frage nach dem Leitkriterium kultureller Gerechtigkeit: Geht es um die Erhaltung von kulturellen Grenzen, um das Überleben und die Entfaltung aller heute bestehenden kulturellen Identitäten zu ermöglichen? Oder ist es erstrebenswerter, auf eine Universalkultur hinzuarbeiten, die aus einer Mischung besteht, in der jeder Kulturkreis Elemente der ursprünglichen eigenen Identität wiederfinden kann? Und gibt es für kulturelle Entwicklung überhaupt angemessene Entscheidungsverfahren? Denn wer sind die autoritativen »kulturellen Repräsentanten«, die an diesen Verfahren zu beteiligen wären?

Schlussfolgerungen

Gerechtigkeit ist ein fundamental wichtiges und zugleich hochgradig umstrittenes Konzept. Dies gilt in den internationalen Beziehungen noch mehr als im Inneren von Staat und Gesellschaft. Gerechtigkeitsprobleme substanzieller und prozeduraler Art durchdringen alle Politikfelder. Für diese Probleme existieren keine eindeutigen, universal akzeptablen Lösungen. Ein »großer Schlag« zur Herstellung von Gerechtigkeit kann daher nur als imperialer Akt empfunden werden und wird neue Gewalt und damit weitere Ungerechtigkeit produzieren.

Stattdessen empfehlen sich bescheidenere Reparaturarbeiten an allen Fronten. Dazu zählt die Erhöhung intelligent konditionierter Entwicklungshilfe, die Implementation des Kyoto-Protokolls und ein interkultureller Dialog, der die verschiedenen Seiten tatsächlich zu Wort kommen lässt. Eine beharrliche globale Sozialpolitik, die Mittel kontinuierlich von Nord nach Süd verteilt, unter Beachtung aller Kautelen, die Erfahrungen mit schlechtem Regieren, Korruption oder sinnlosen Prestigeprojekten gebieten. Vor allem müssen die Teilhaberechte der Benachteiligten gestärkt werden. Gravierende sicherheitspolitische Entscheidungen müssen aus westlichen »Koalitionen der Willigen« zurück in den UN-Sicherheitsrat wandern (Kapitel 5). Dessen bescheidene Reform (Kapitel 7) dient durch die angemessenere Repräsentation von Verschiedenheit auch einer höheren Verfahrensgerechtigkeit. Die UN-Vollversammlung braucht wirksamere Beteiligungsrechte an folgenreichen Entscheidungen, Nichtregierungsorganisationen sollten konsultiert werden, bevor weiter reichende Beschlüsse gefasst werden; um das Machtgefälle zwischen »nördlichen« und »südlichen« Nichtregierungsorganisationen zu vermindern, benötigt die Zivilgesellschaft in den Entwicklungsländern systematische Hilfe, welche sie befähigt, auch gutorganisierte und schlagkräftige Nichtregierungsorganisationen auf das internationale Parkett zu schicken.

5 Die Verbannung des Krieges

Den Krieg als Institution kollektiver Konfliktlösung so auf die Müllhalde der Geschichte zu befördern, wie dies mit der Sklaverei und der staatlich gebilligten Piraterie weitgehend geschehen ist, ist die dritte große Aufgabe, um die Rahmenbedingungen nachhaltigen Weltregierens zu schaffen. Das Risiko eines bewaffneten Konfliktes zwischen streitenden Parteien, die Eskalation von Disputen in Kriege wird natürlich auf lange Zeit weiterbestehen. Auch wenn der Krieg wirksam geächtet und die friedliche Konfliktlösung allgemein anerkannte Norm geworden sein wird, bleibt sie vom Schicksal aller Normen nicht verschont: Normbrecher kann es immer geben, auch wenn die übergroße Mehrzahl der Akteure die Norm voll respektiert. Angesichts der Alternative – Krieg bleibt weltpolitische Normalität – erscheint die Anstrengung, erst die großen Kriege auszuschließen, dann die weltpolitisch bedeutenden kleineren zu beenden, schließlich die aufflammenden Buschfeuer lokaler Konflikte, soweit das zu machen ist, zu löschen, als eine sinnvolle, ja, notwendige Anstrengung. Denn wenn diese Schritte nicht gelingen, steht der notwendigen Kooperation zwischen Staaten und Regionen ein unüberwindliches Hindernis entgegen: ein existenzielles Misstrauen, das jegliche Kooperation hemmt. Kriege und Rüstung binden außerdem Ressourcen, die für die Problemlösung erforderlich sind. Kriege zerreißen die Fäden, die die Welt zusammenhalten und Weltregieren erst ermöglichen.

Die Risiken von Kriegen sind im Vergleich zur Vergangenheit wegen des Eskalations- und Zerstörungspotenzials moderner Waffen unvorstellbar größer geworden. Es besteht also die Notwendigkeit nicht nur im Sinne des »Allgemeinwohls« der Menschheit, sondern auch im Interesse der einzelnen staatlichen Akteure, den Krieg einzuhegen. Die nachhaltigste Einhegung wäre aber, ihn abzuschaffen. Utopie? Immerhin gibt es Weltgegenden, die den Krieg regelrecht abgeschafft haben, obgleich die beteiligten Staaten sich jahrhundertelang gegenseitig an der Gurgel gesessen haben. In Westeuropa, im ganzen transatlantischen Raum, ist Krieg zwischen den Nationen nicht mehr denkbar, und diese Friedenszone hat sich Richtung Osten ausgedehnt. In Südamerika ist der Krieg ein extrem seltenes Ereignis geworden, der einzig nennenswerte Waffengang der neunziger Jahre – zwischen Ecuador und Peru – dauerte nur wenige Tage, kostete geringe Opfer und fand in einem obskuren Dschungelgebiet statt. Die Gründungsmitglieder der ASEAN (Indonesien, Malaysia, Singapur, Thailand, Philippinen) gehen seit der Gründung der Organisation (1967) friedlich miteinander um, seit mehr als einer Generation. Die Erweiterung der ASEAN hat diese Friedenszone über ganz Südostasien ausgedehnt. Selbst im Ost-West-Konflikt haben miteinander verfeindete Staaten einen Weg gefunden, den großen Krieg zu vermeiden und Kooperation zu entwickeln. Wer angesichts dieser Tatsachen die Abschaffung des Krieges im obigen Sinne für idealistisch hält, ist selbst kein Realist, sondern ein Mensch von gestern. Das heißt indes nicht, dass sich der Krieg von selbst abschafft. Starke, dauerhafte Anstrengungen sind notwendig, um dieses Ziel zu verwirklichen.

Krieg als Instrument des Weltregierens?

Mit dem Kriegstrauma der beiden Weltkriege ist »Krieg« in Deutschland ein extrem negativ besetzter Begriff. Das ist gut so, aber es war auch schon anders. In den Ersten Weltkrieg zogen die Soldaten singend durch ein Spalier fröhlicher, Tücher und Hüte schwenkender Menschen, und dasselbe spielte sich in anderen europäischen Ländern ab. Im Zeitalter des Sozialdarwinismus galt der Krieg als die höchste Probe völkischer Tüchtigkeit; das Nazi-Regime pflegte später die Heroismus-Ideologie mit besonderer Inbrunst. Der »heilige Krieger« in den militanten Versionen des Islamismus ist gleichfalls eine bewunderte Figur. Immerhin ist man sich in Europa überwiegend darüber einig, dass der Krieg mit allen denkbaren Möglichkeiten verhindert werden muss; als »Technik globalen Regierens« sehen ihn bei uns wohl nur wenige an. Mit den »Ordnungskriegen« und den »humanitären Interventionen« der Demokratien in den neunziger Jahren schien dennoch der Krieg wieder als Mittel von Ordnungspolitik aufzusteigen. Indes hat die Bilanz dieser Aktionen zu einer Ernüchterung geführt. Ehrgeizige Ziele und Wirklichkeit klafften zu weit auseinander, und die Unberechenbarkeiten kriegerischer Auseinandersetzungen machten sich bemerkbar. Der Trend geht heute dahin, nur im äußersten Extremfall, zur Selbstverteidigung oder zur Verhinderung eines Genozids, zu den Waffen zu greifen. Dabei gab es eine ganze Epoche – und gibt es auch heute noch wichtige Denkschulen –, in denen man das ganz anders sah oder sieht. Das »europäische Gleichgewicht« zielte darauf ab, eine nachhaltige Struktur der Machtverteilung unter den Nationalstaaten des Kontinents zu erhalten. Die Existenz der Staaten und deren ungefähre Gleichwertigkeit waren zu sichern. Das verlangte danach, jeden daran zu hindern, eine hegemoniale Stellung zu erlangen. Gegen den Stärksten und / oder Ehrgeizigsten schlossen sich Bündnisse zusammen, um dessen Macht auszubalancieren. Der ultimative Gradmesser der Balance war der Krieg. In Kriegen wurde die spanische, die französische, die deutsche Vorherrschaft in Europa verhindert. Ob das neue Gleichgewicht das Ergebnis strategischen Kalküls oder einer über den Willen der Akteure hinausgehenden historischen Dynamik geschuldet war, ist gleichgültig: Der Krieg war de facto ein eingeplantes und regelmäßig praktiziertes Instrument der europäischen Sicherheitspolitik. Heute gibt es in manchen Quartieren in den USA die Idee des ordnungsstiftenden Präventionskrieges. Wann immer ein Risiko für die amerikanische oder die Weltsicherheit (wobei beides konzeptionell weitgehend gleichgesetzt wird) aufzukeimen droht, soll es im Keim erstickt werden, bevor es sich zu einer wirklichen, aktuellen Bedrohung auswächst. Der Präventionskrieg ist ein Weltordnungsinstrument. Der Angriff auf den Irak war für diese Strategie die Probe aufs Exempel. Der heutige Zustand des Zweistromlandes weist auf ihre Risiken und Nebenwirkungen hin. In der Natur des Krieges unter modernen Vorzeichen liegt es, dass ein Feind militärisch besiegt und Ordnung dennoch nicht gestiftet werden kann. Denn die Eigenschaften heutiger Kampfmittel – zugänglich, leichtgewichtig, hohe Schadenswirkung – begünstigen die Chaosmacht gegenüber der Ordnungsmacht. Ebendeshalb erweist sich der Krieg, als Ordnungswerkzeug vorgesehen, als Chaosstifter. Anstelle nachhaltiger Ordnung tritt ein zerstörerischer Flächenbrand. Gilt das schon für einen vermeintlich »leichten« Krieg gegen einen Gegner, der kaum wehrfähig erscheint – und als mehr kann man den von den USA und Großbritannien angezettelten Irak-Krieg wohl kaum bezeichnen –, so ist es noch mehr für den »großen

Krieg« wahr, den die Theoretiker des »Machtgleichgewichts« im Sinn haben: Der Krieg unter Großmächten würde heute unter Bedingungen geführt, die Zweifel aufkommen lassen, ob sich die Welt je davon erholen könnte. Das liegt an der fürchterlichen Wirkung moderner Waffen mit den Kernwaffen an der Spitze. Aber auch konventionelle Bewaffnung kann extremen Schaden anrichten: Die amerikanischen »Daisy-Cutters«, Aerosolsprengstoffe, zerstören eine Fläche von mehreren hundert Quadratmetern. Ein Krieg zwischen den Großmächten würde – abgesehen von dem Schaden an Mensch und Natur – das filigrane Geflecht weltwirtschaftlicher Beziehungen brutal zerreißen. Die Versorgung der Menschheit mit dringend benötigten Gütern könnte vermutlich nicht mehr gewährleistet werden. Kurz und gut: Der Gleichgewichtskrieg der Großmächte als Ordnungspolitik ist keine gute Idee, und die durchwachsenen bis katastrophalen Ergebnisse der kleineren »Ordnungskriege« der letzten beiden Jahrzehnte – Irak-Krieg 1991, Bosnien, Kosovo, Afghanistan eingeschlossen – bestätigen diese Vermutung eher, als sie zu wiederlegen.

Kriegsverhütung durch Abschreckung

Die Entwicklung der Kernwaffen hat eine andere Idee aufkommen lassen: Kriegsverhütung durch Abschreckung. Deren Vertreter teilen die Auffassung, dass Krieg heutzutage keinen Sinn mehr macht. Sie sehen in den mächtigsten Waffen unserer Zeit die beste Möglichkeit, den Traum der Menschheit von der Abschaffung des Krieges zu verwirklichen. Der vorgestellte Horror eines Atomkrieges, so die Spekulation, hält auch wagemutige, aggressive und ehrgeizige

Staatsführer davon ab, Angriffskriege zu führen. Weil »wer zuerst schießt, als Zweiter stirbt«, kann kein Krieg mehr dazu dienen, nationale Ziele zu verwirklichen. In der völligen Zerstörung verliert alles seinen Sinn. Da die Kosten des Krieges immens viel höher sein werden als jeder vorstellbare Gewinn, den man durch einen Sieg einfahren kann, herrscht der ewige Frieden. Konsequent durchdacht, verlangt dieses Konzept nach der allgemeinen Weitergabe von Kernwaffen: Je mehr Staaten über sie verfügen, desto weiter müsste sich der Frieden ausbreiten. Tatsächlich ist diese Vorstellung von amerikanischen Akademikern wie Kenneth Waltz und John Mearsheimer vertreten worden, und auch Mao Tse-Tung hat damit geliebäugelt. Interessanterweise haben sich aber auch überzeugte Befürworter der nuklearen Abschreckung im Ost-West-Konflikt skeptisch gezeigt, ob sich der Frieden tatsächlich mit der Weiterverbreitung von Kernwaffen universalisieren ließe. Was sind die Gründe für diesen Skeptizismus?

Erstens: Wir haben im Ost-West-Konflikt eine Menge Glück gehabt. In der Kuba-Krise 1962, in der sich die USA und die Sowjetunion in höchster Alarmstufe gegenüberstanden, sind wir haarknapp an der Katastrophe vorbeigeschliddert. 1983 war die greise, paranoide Führung der Sowjetunion durch die militante Rhetorik der Reagan-Administration und deren Aufrüstungspolitik so alarmiert, dass sie glaubte, die Stationierung der Mittelstreckenwaffen in Europa, verbunden mit einem NATO-Manöver, gelte der Vorbereitung eines Überraschungsangriffs auf die Sowjetunion; die strategischen Streitkräfte wurden in Alarmzustand versetzt, ohne dass der Westen dies bemerkte. Auch diese Krise ging vorüber. Nach dem Zusammenbruch der Sowjetunion gab es einen weiteren Alarm, als eine norwegische Forschungsrakete – scheinbar mit Richtung auf Russland – als mögliches Angriffsobjekt identifiziert wurde. Der ominöse »Koffer«, der die Freigabecodes für die russischen Kernwaffen enthält, wurde aktiviert. Dabei hatte die norwegische Regierung die russische Seite von dem Experiment informiert; die Mitteilung war aber in der mittleren Bürokratie, die sich damals in ziemlicher Unordnung befand, einfach hängengeblieben. Die russische Führung war jedoch vernünftig genug, die Sache nicht weiterzutreiben.

Geben diese Episoden schon Anlass zur Sorge, so gilt das noch viel mehr für den richtigen Krieg, den Pakistan und Indien 1999 in der Kargil-Bergregion am Rande des Karakorum geführt haben, einem Teil von Kashmir, auf das beide Staaten Anspruch erheben. Anders als im Ost-West-Abschreckungsverständnis sah der pakistanische Generalstab im Besitz von Kernwaffen auf beiden Seiten der Waffenstillstandslinie von 1948 kein Instrument, jeden Krieg verlässlich zu verhüten. Generalstabschef Musharraf – heute Präsident Pakistans – und seine Kameraden erblickten vielmehr die willkommene Möglichkeit, begrenzte Kriege zu führen, ohne dass der viel mächtigere Gegner diesen zum totalen Angriff auf Pakistan steigern würde; und erst ein solcher Totalangriff hätte die pakistanische Existenz in Gefahr gebracht. In einer solchen Situation hätte sich Indien jedoch dem Risiko eines nuklearen Verzweiflungsschlages Pakistans gegenübergesehen. Diese Aussicht hätte die indischen Streitkräfte vom Totalangriff abgehalten – so die pakistanische Spekulation. Statt an die vollständige Abschreckung *gegen* den Krieg zu glauben, setzten die Generäle in Islamabad auf die Abschreckung *im* Krieg. Fazit: Wir können uns nicht darauf verlassen, dass »unser« Abschreckungssystem anderswo auch so funktioniert wie im Ost-West-Konflikt.

Wenn schon unsere Abschreckung nicht hundertprozentig zuverlässig war und wenn Kernwaffen in anderen Weltgegenden andere Gedankengänge auslösen als bei uns, dann ist der

Schluss unausweichlich: Mit der Ausbreitung von Kernwaffen steigt das statistische Risiko, dass sie auch eingesetzt werden. Jeder Einsatz an einer Stelle der Welt kann aber »katalytisch« wirken, das heißt, zu nuklearen Reaktionen anderer führen, die die Lage anders interpretieren, als der Urheber des ersten Schlages vorausgesehen hatte. Außerdem multiplizieren sich durch die Ausbreitung von Kernwaffen und Kernwaffenfabriken die Zugriffsmöglichkeiten für Terroristen: Auch die Gefahr des Nuklearterrorismus, eines wirklichen Albtraums der Menschheit, würde also wachsen. Aus diesen Gründen ist »Frieden durch Proliferation« keine gute Idee: Die Risiken, dass dieses Konzept scheitert, sind hoch. Die Kosten eines Scheiterns liegen unvertretbar hoch: ein Atomkrieg. Die Weiterverbreitung von Kernwaffen bringt uns dieser Katastrophe näher. Es ist aber auch kein nachhaltiger Zustand, wenn einige wenige Staaten mit ihren nuklearen Arsenalen den Rest der Welt bedrohen können, während dieser Rest nichts dagegenhalten kann. Aus diesem Grund sieht der Nichtverbreitungsvertrag, in dem sich die große Staatenmehrheit zum Atomwaffenverzicht verpflichtet hat, die Abrüstung aller bestehenden Kernwaffen vor nach dem Motto: Entweder alle oder keiner! Das Prinzip ist richtig, nur halten sich die Atommächte nicht daran. Sie denken gar nicht daran, ihr Privileg aufzugeben. Wenn die Abrüstung weiter ausbleibt, wird der Vertrag ruiniert. Sein Nutzen als »Barriere« gegen die Entscheidung von Regierungen, sich Kernwaffen zu beschaffen, wird verschwinden. Dann wird Staat um Staat dem Beispiel der Atommächte folgen, die der ganzen Welt signalisieren, dass Kernwaffen militärisch nützlich sind und politischen Status garantieren, und »seine« Bombe erwerben, die Folgen: siehe oben. Nachhaltiges Regieren geht nur, wenn die Welt auf die vollständige nukleare Abrüstung zusteuert.

Kriegsverhütung durch imperiale Hegemonie

Nun könnte wieder ein Einwand kommen, mit dem ich mich in Kapitel 3 auseinandergesetzt habe: Nichts eigne sich besser zur Verhütung großer und kleiner Kriege als ein funktionierendes Imperium. Die imperiale Macht ist überall ein bisschen präsent, hat ihre Truppen hier und dort, verteilt Begünstigungen für Wohlverhalten und schlägt zu, wenn ein unbotmäßiger Akteur den imperialen Frieden stört. Dann kommen in Blitzesschnelle Verstärkungen aus der Metropole und ersticken den Widerstand im Keim, bevor er sich zu einem verzehrenden Buschfeuer auswachsen oder sich in einer Region als dauerhaftes Gewaltsystem festsetzen kann. In diesem Zusammenhang gilt dann gerade das Gegenteil des eben Gesagten: Es ist dann nämlich wünschenswert, dass der Hegemon über absolute Überlegenheit verfügt, einschließlich der furchtbaren Fähigkeit, den Erdball (und damit auch jeden möglichen Ruhestörer) nuklear zu pulverisieren. Nicht nukleare Abrüstung, sondern ein nukleares Monopol ist in einem solchen System am Wünschenswertesten.

Im dritten Kapitel ist das Dilemma dieses Modells benannt worden: Monopole sind ein Ärgernis. Sie provozieren breiten Widerstand; das gilt insbesondere für die Ära der Globalisierung, in der die politische Mobilisierung vergleichsweise hoch ist. Dieser Widerstand ist nicht ein Einzelereignis, das sich aus der pathologischen Disposition des Widerständlers ergibt. Vielmehr ist er das natürliche, unvermeidliche und gesetzmäßige Produkt des Monopols. In einer Welt der Verschiedenheit ist die imperiale Herrschaft noch des gnädigsten Herrschers für allzu viele Akteure nicht annehmbar. Ihre Ehre, Würde, Identität, ihre Werteorientierung, Ideologie und Religion verbieten die Unterwerfung und gebieten die Rebellion. Weit davon entfernt, jeglichem Krieg ein Ende zu setzen, brütet das Monopol den Krieg aus an allen Ecken und Enden. Der imperiale Herrscher, willens, der Welt den Frieden zu bringen, beschert ihr in Wirklichkeit die allumfassende Gewalt. Was in früheren Jahrhunderten noch denkbar war, als der größere Teil der Menschheit damit beschäftigt war, sich in Subsistenzwirtschaft ohne größere Kontakte zur Außenwelt mühselig das tägliche Auskommen zu erarbeiten, ist heute im Zeitalter weitreichender Mobilisierung, der Lesefähigkeit von Bevölkerungsmehrheiten, der Kommunikation über Mobiltelefon und Internet, der durch alle technischen Möglichkeiten gesteigerten Organisationsfähigkeit auch noch der marginalisierten Unterschichten, schlicht nicht mehr machbar. Dass Wissenschaftler auf antike oder frühneuzeitliche Modelle zurückgreifen, um unsere Herrschaftsprobleme lösen zu wollen, ohne den geringsten Sinn für die nicht mehr rückgängig zu machenden Veränderungen, die mittlerweile eingetreten sind und die Herrschaftsform der imperialen Hegemonie für unsere Probleme auf den Müllhaufen der Geschichte geworfen haben, ist schwer verständlich. Für uns ist wichtig festzuhalten: Imperiale Hegemonie als friedensstiftendes Modell des Weltregierens funktioniert nicht nur dann nicht, wenn die Supermacht sich so töricht anstellt wie unter der Regierung von George W. Bush, dem schlechtesten Präsidenten, seit ich mit Bewusstsein amerikanische Außenpolitik verfolge; sie kann in unserer pluralistischen Welt mit ihrer modernen Technologie, die jeglichem Akteur, so schwach er auch sein mag, immer ein gerüttelt Maß an Chaosmacht in die Hand gibt, prinzipiell nicht funktionieren. Vergesst Imperien, Leute – nichts ist heute politisch weniger nachhaltig als sie.

Die internationale Organisation

Was dann? Die Antwort wird nach den beiden vorigen Kapiteln niemand überraschen: Wir kommen an der internationalen Organisation nicht vorbei. Sie ist nach wie vor der einzige Rettungsanker, der im Meer der Verschiedenheit und zwischen den Klippen des Gerechtigkeitsproblems die Hoffnung bietet, die Geißel des Krieges einzuhegen. Immerhin steht der Menschheit heute ein eindrucksvolles institutionelles Gerüst zur Verfügung. Richtig genutzt wird es allerdings nur selten. Der Instinkt, man könne alle Probleme in den Griff bekommen, wenn man nur selbst stärker sei als alle Übrigen, feiert immer wieder fröhliche Urstände. Er war nicht nur in der Expansionspolitik Ludwigs XIV. oder Napoleons, nicht nur bei Wilhelm II., Adolf Hitler und in Stalins Weltherrschaftsträumen greifbar, sondern zeigt sich heute mit erschreckender Deutlichkeit in der politischen Praxis des mächtigsten Staates aller Zeiten, der Demokratie an der Spitze der Welt, im Gebaren der Vereinigten Staaten von Amerika. Die USA lernen indes gegenwärtig eine bittere Lektion. Die Bush-Administration, lange verblendet in einer Ideologie, die auf die von ihr Besessenen nicht weniger prägend gewirkt hat als seinerzeit der Marxismus-Leninismus auf die Bolschewiken oder heute der Islamismus auf die Anhänger Osamas, muss widerwillig erkennen, dass es ohne Kooperation, ohne Zuhören, ohne Freunde und Verbündete, ohne multilaterale Koordinierung, nicht geht. Der zentrale Ort aller multilateralen Kooperation sind die Vereinten Nationen. Nur dort ist Verschiedenheit vollständig präsent, nur dort lässt sich der Diskurs über Gerechtigkeit weltweit führen, nur dort liegt der Schlüssel, den Krieg einzuhegen. Er ist in der Charta dieser Organisation eingeschreint, im Kriegsverbot und den strengen Verfahrensvorschriften für jegliche Ausnahme davon. Man muss ihn nur wiederentdecken.

Es waren ja gerade die Vereinigten Staaten, die diese Idee erstmals mit großem Elan in die politische Wirklichkeit umsetzen wollten: Der Völkerbund, die erste wahrhaft weltweite Organisation, war die Erfindung eines amerikanischen Präsidenten, Woodrow Wilson. Aber schon damals zeigte sich das Doppelgesicht Amerikas: Was Wilson gegründet hatte, wurde vom amerikanischen Senat zerstört. Denn das Oberhaus des amerikanischen Kongresses verweigerte den Beitritt des schon damals mächtigsten Staates der Erde und ruinierte damit die Aussichten des Völkerbundes auf Erfolg vom ersten Tage an. Er fristete ein mittelmäßiges Dasein, bis die Austritte des nazistischen Deutschlands und des diktatorisch-imperialistischen Japan ihn endgültig zur Bedeutungslosigkeit verdammten. Die Vereinten Nationen, in vieler Hinsicht das Kind des Zweiten Weltkrieges, sollten es ganz anders und besser machen. Die USA hatten eine Lektion gelernt. Diesmal war die internationale Organisation, die den Krieg verhüten sollte, ihre ureigenste Sache, von Roosevelt und Truman vorangetrieben. Für die Mitgliedschaft aller bedeutenden Mächte gab es einen besonderen Anreiz: das Vetorecht und den ständigen Sitz im Sicherheitsrat. Der war gedacht, um den Charakter der Organisation aus dem eines reinen Debattierclubs auf das Niveau einer tatsächlich handlungsfähigen Aktionsgemeinschaft emporzuheben. Ein kleines Gremium, in dem neben den Repräsentanten der verschiedenen Regionen die Großmächte immer repräsentiert waren und dafür sorgen konnten, dass ihre vitalen Interessen nicht missachtet würden, sollte unendlich viel wirksamer sein als der eher egalitär konstruierte Völkerbund. Die Prinzipien der Souveränität und der Nichteinmischung blieben erhalten, aber der Sicherheitsrat erlangte grundsätzlich die Vollmacht, sie im äußersten Falle auch auszuhebeln – denn ihm blieb es vorbehalten zu definieren, was im konkreten Falle als Bedrohung von internationalem Frieden und Sicherheit gelten und mit welchen Maßnahmen man einer solchen Bedrohung begegnen sollte. Dabei stand (und steht) es auch in seinem Ermessen, als letztes Mittel die Anwendung von Gewalt anzuordnen. Dass die Vereinten Nationen diesem Anspruch im Zeitalter des Kalten Krieges durchweg nicht gerecht werden konnten, nimmt nicht wunder. Zwei mächtige Blöcke, geführt von ideologisch antagonistisch gegeneinanderstehenden Supermächten, neutralisierten sich nicht nur gegenseitig, sondern blockierten zugleich das friedensstiftende Potenzial der Vereinten Nationen. Was des einen Friedensstörer war, war des anderen Freiheitskämpfer. Wäre der eine bereit gewesen, für ein Einschreiten zu plädieren, musste der andere sein Veto einlegen. Der Weltkonflikt machte es den Vereinten Nationen unmöglich, ihre Ordnungsfunktion wahrzunehmen. Die Schuld der Organisation war das nicht, schon gar nicht ein Mangel des Konzepts, sondern Ausdruck der Unfähigkeit der Mächte, die übernommene Rolle mit Verantwortung auszufüllen. Das Ende des Ost-West-Konflikts schien die Tür für eine neue Ära zu öffnen. Eine »neue Weltordnung« kündigte Präsident Bush der Ältere an. Und tatsächlich gab es nie eine günstigere Gelegenheit als in den Jahren nach 1990, die großen Mächte zusammenzuführen, die Herrschaft des Völkerrechts zu stärken und die Probleme der Welt einvernehmlich anzugehen. Russland, geschwächt durch innere Turbulenzen und auf »Verwestlichungskurs«, neigte dazu, sich an die einzig verbliebene Supermacht anzulehnen. China wollte den wirtschaftlichen Erfolg und einen angemessenen Einfluss auf die Ereignisse in seiner Umgebung. Vor allem brauchte es Stabilität, und da waren gute Beziehungen zur Weltführungsmacht gerade recht. Nicht anders ging es Indien, das gerade die ersten Schritte einer immens erfolgreichen Wirtschaftsreform unternahm. Japan und Europa waren sowieso auf der amerikanischen Seite.

In der Rückschau wird klar, wie schmählich Washington an dieser Aufgabe versagte – anders als nach 1945, als man mit Vision und Elan eine neue Ordnung schuf, und ganz ähnlich wie nach 1918, als ein kurzsichtiger Provinzialismus die Pläne von Präsident Wilson sabotierte. Der teils nationalistische, teils neokonservative Rechtsruck nahm die USA schon in den neunziger Jahren in den Griff, als die neokonservativ geführten Republikaner den Kongress eroberten und gegen den weitaus weltläufiger und multilateraler eingestellten Präsidenten Clinton in Anschlag brachten. Die Präsidentschaft von George W. Bush produzierte dann ab 2001 eine unvorstellbare Kombination von Arroganz und Ignoranz. Auf dem Weg dazu war er bereits vor dem 11. September; der brutale Anschlag und die Notwendigkeit, sich zu wehren, gaben dann den militantesten Elementen in seiner Regierung endgültig Oberwasser. Heraus kam ein Desaster für die USA und für die Welt. Hierzulande ist es fast schon schwierig, diese simple Wahrheit offen auszusprechen – die Totschlagskeule des Anti-Amerikanismus wird dann schnell geschwungen. Und doch ist es so: Die USA haben eine historisch einmalige Chance verpasst, kooperatives Weltregieren mit guten Chancen auf nachhaltige Wirkung zu etablieren. Dies müssen wir heute von neuem in Angriff nehmen, wobei das von der Regierung des Präsidenten Bush dem Jüngeren zerschlagene Porzellan noch weggeräumt werden muss, was zusätzliche Arbeit macht. Denn diese Regierung trat mit einer ausgesprochenen Abneigung gegen die Vereinten Nationen, das Völkerrecht und den Multilateralismus an – also gegen eben jene drei Instrumente, die für nachhaltiges Weltregieren unverzichtbar sind. Seit dem Golfkrieg 1991 hatte sich die Welt langsam auf die richtige Spur begeben: Den Sicherheitsrat der Vereinten Nationen zum Schiedsrichter in denjenigen Sicherheitskrisen zu machen, in denen ein Gewalteinsatz womöglich die einzige Chance darstellte, den Frieden zu wahren oder wiederherzustellen, in denen jedoch für diejenigen, die die Streitkräfte stellen würden, keine Selbstverteidigung vorlag. Bereits im Kosovo-Krieg 1999 war die NATO von diesem Prinzip abgegangen und hatte ohne Mandat der Vereinten Nationen aus eigener Machtvollkommenheit einen Luftkrieg geführt. Im Fall Afghanistan hatte sich die Bush-Regierung klugerweise vom Sicherheitsrat bestätigen lassen, dass es sich tatsächlich um Selbstverteidigung handelte, da die Taliban die Urheber des Terroranschlags beschirmten und nicht bereit waren, den Vereinigten Staaten die berechtigte Sicherheit vor Nachfolgeanschlägen zu garantieren. Der Weg über den Sicherheitsrat war geboten, weil es zu allgemeinem Chaos führen könnte, wenn jeder Staat Terroranschläge selbständig und ohne internationale Prüfung anderen Staaten zurechnen dürfte. Im Irak-Krieg von 2003 hatten Bush und Blair dann allerdings alle völkerrechtlichen Dämme eingerissen; die windigen Konstruktionen zu seiner Rechtfertigung lesen sich nicht überzeugender als diejenigen des Deutschen Reiches für den Überfall auf Polen im Jahre 1939.

Das erste Prinzip, das in einer nachhaltigen politischen Weltordnung für die Verbannung des Krieges sorgen muss, ist die konsequente Rückkehr zur Charta der Vereinten Nationen: Jedes Land darf sich verteidigen, wenn es angegriffen wird. In allen übrigen Fällen sind militärische Aktionen nur mit einem Mandat des Sicherheitsrats statthaft, und auch der

Selbstverteidigungsfall endet mit der Befassung durch den Sicherheitsrat. Wer sich daran nicht hält, unterfällt Sanktionen. Aber was geschieht, wenn eine der Veto-Mächte das Recht bricht und anschließend alle Maßnahmen gegen sich im Sicherheitsrat blockiert oder einen Rechtsbrecher mit ihrem Veto schützt? In diesem Falle wäre eine alte Praxis wiederaufzugreifen, die in den sechziger Jahren eingeschlafen ist: Die Selbstermächtigung der Vollversammlung der Vereinten Nationen durch die »Uniting for Peace«-Resolution. Mit diesem Schritt – einem auf einer Sondersitzung der Vollversammlung zu fassenden Beschluss mit Zwei-Drittel-Mehrheit – zieht die Versammlung die Konsequenz aus einer Veto-Blockade des Sicherheitsrats. Sie befasst sich dann mit der streitigen Angelegenheit und trifft eine Entscheidung über Abhilfe. Diese Entschließung kann – anders als Beschlüsse des Sicherheitsrates – die Mitglieder nicht binden, aber ihr Handeln legitimieren. Somit lassen sich Sanktionen einleiten.

Einen mächtigen Hebel haben Nichtregierungsorganisationen in der Hand. Ihr Mobilisierungs- und Kommunikationspotenzial ist heute beeindruckend. Sie wenden es nur gelegentlich an. Ein solcher Einsatzfall war die französische Nukleartestserie im Jahre 1995. Der von Nichtregierungsorganisationen betriebene Boykott französischer Handelswaren traf Frankreich empfindlich und trug maßgeblich dazu bei, dass Präsident Chirac die Testserie abkürzte und Frankreich zum »Musterknaben« bei den parallellaufenden Verhandlungen über einen nuklearen Teststopp machte. Es wäre wünschenswert, wenn sich die großen Nichtregierungsorganisationen darauf verständigen könnten, bei einem völkerrechtswidrigen Rechtsbruch, in dem die große Mehrheit der UN-Mitglieder (mindestens zwei Drittel) Sanktionen will, aber nicht durchsetzen kann, den Delinquenten – gleich, wer es ist – zu boykottieren. Ein solches nichtstaatlich inszeniertes Embargo wäre auch für den Mächtigsten nicht bedeutungslos.

Die Vereinten Nationen müssen wieder zum zentralen Ort der Entscheidung über Krieg und Frieden werden. Unterwerfen sich die großen Mächte dieser Welt – mehr oder weniger willig – dieser eigentlich längst schon geltenden Regel, so ist für die Verbannung des Krieges ein entscheidender Schritt getan. Leider genügt das noch nicht, da das Gewaltgeschehen auch Situationen kennt, in denen Angriff und Verteidigung, Schuld und Unschuld nicht schwarz und weiß zu unterscheiden sind, sondern sich das Geschehen in einer Grauzone abspielt – wenn etwa langwierige Konflikte Schritt für Schritt eskalieren, ohne dass wirklich klar ist, wem die Schuld für den Ausbruch von Gewalt zuzurechnen ist. Auch ist für andere Arten von Gewalt – Terrorismus, Bürgerkrieg, »Kriegsökonomien« – damit noch nichts gewonnen.

Sicherheitsgemeinschaften

Im nächsten Schritt kehre ich die Perspektive um: Bisher habe ich in diesem Kapitel über manifeste Gewaltkonflikte gesprochen. Jetzt wende ich mich der Erscheinung des manifesten und nachhaltigen Friedens zu. Dieses Phänomen – und das ist für unsere Überlegungen eines nachhaltigen Weltregierens die wahrhaft gute Nachricht – gibt es tatsächlich. Man bezeichnet es als »Sicherheitsgemeinschaft«; darunter versteht man die Assoziation zweier oder mehrerer Staaten, zwischen denen der Krieg als Mittel der Konfliktlösung undenkbar geworden ist. Es geht also nicht darum, dass zwischen ihnen keine Konflikte mehr bestehen. Aber diese Konflikte werden grundsätzlich mit friedlichen Mitteln ausgetragen. Zwischen solchen Ländern existieren eine gemeinsame Werteorientierung, breite Kooperation, gemeinsame Institutionen; in einem fortgeschrittenen Stadium treten Überlegungen zu einer gemeinschaftlichen Außenpolitik und teilweise oder vollständige militärische Integration hinzu; Grenzen sind nicht militärisch befestigt. Zwischen den Eliten, vielleicht auch zwischen den Bevölkerungen, herrscht lebhafte Kommunikation. Der Prototyp einer solchen Sicherheitsgemeinschaft ist die Europäische Union. Auch der transatlantische Raum mit seiner nordamerikanischen Komponente rechnet dazu, sowie der Nordische Rat der skandinavischen Länder. Im südlichen Südamerika denkt unter den Mitgliedern der Organisation Mercosur niemand über Kampfhandlungen gegen die Nachbarn nach. Im Südostasien der ASEAN herrscht gleichfalls stabiler zwischenstaatlicher Frieden: Dort hat es seit 1967 keine Kriegsgefahr zwischen den Organisationsmitgliedern mehr gegeben. Gewalt gibt es in dieser Region, aber sie ist innerstaatlich. Der zwischenstaatliche Frieden ist umso erstaunlicher, als dort fast jeder mit jedem irgendeinen territorialen Streit führt und die Region kulturell fragmentiert ist: zwischen Islam (Malaysia, Indonesien, Brunei), Buddhismus (Myanmar, Thailand, Kambodscha, Vietnam, Singapur, Laos) und Christentum (Philippinen).

Wie helfen uns Sicherheitsgemeinschaften bei der Aufgabe, Institutionen des globalen Weltregierens zu konstruieren? Sehr viel: In je mehr Regionen Verhältnisse herrschen, die sich den geschilderten annähern, eine umso größere Fläche auf dem Globus kann den massiven zwischenstaatlichen Krieg »abhaken«. Damit können die Staaten selbst ebenso wie die internationale Gemeinschaft ihre friedensstiftenden Ressourcen und Energien auf die zwei verbleibenden Probleme konzentrieren: Die Regionen mit hartnäckigen internationalen Konflikten und die schwelenden, flackernden oder lichterloh brennenden inneren Auseinandersetzungen, die sich in bestimmten Teilen der Welt konzentrieren. Unter diesem Gesichtspunkt macht es für die handlungsfähigen und ressourcenstarken Mitglieder der internationalen Gemeinschaft sehr viel Sinn, möglichen Kandidaten für die Bildung von Sicherheitsgemeinschaften unter die Arme zu greifen. Eine solche Region ist das südliche Afrika – dort herrscht eine solche Aversion gegen zwischenstaatlichen Krach, dass nicht einmal der halsstarrige Tyrann von Zimbabwe, Mugabe, unter Druck seiner Nachbarn gerät. Das gefällt uns nicht, weil Mugabe ein wirklich abscheulicher Diktator ist, der sein Land ruiniert. Für den Gesamtfrieden im südlichen Afrika ist es aber dennoch kein bloß negatives Zeichen. Es wäre daher wünschenswert, die Organisation dieser Region, SADC (South African Development Cooperation), mit hinreichenden Ressourcen auszustatten, um die innerregionale Kooperation weiter voranzutreiben. Ein weiterer Kandidat dieser Art findet sich in Westafrika, so unwahrscheinlich das angesichts der massiven Gewalt in dieser Region in den letzten 15 Jahren auch klingt. Die ECOWAS (Economic Cooperation Organisation of West African States) hat sich durch mehrere gemeinsame friedenserhaltende und -herstellende Einsätze hervorgetan und trotz aller Interessenunterschiede und der enormen Ungleichheit (Nigeria ist im Vergleich zu seinen Nachbarn ein Riese) den Frieden zwischen ihren Mitgliedern erhalten. Einige der Mitgliedsstaaten waren oder sind in der Bekämpfung ihrer inneren Konflikte relativ erfolgreich, etwa Ghana, Mali, Senegal oder – in jüngster Zeit nach den furchtbaren Bürgerkriegen – auch Sierra Leone und Liberia. Eine besonders innovative Einrichtung, die an afrikanischen Traditionen anknüpft, ist der »Ältestenrat«, ein Gremium »weiser Staatspersonen«, die bereits in mehreren Fällen putschende oder putschwillige Politiker und Generale von ihren Plänen durch energisches Zureden abgehalten haben. ECOWAS betreibt mit europäischer Unterstützung eines der aktivsten Programme im Kampf gegen die Kleinwaffenplage. Die Organisation hat es nicht leicht, weil Frankreich aktiv die Absonderung der frankophonen Mitglieder betreibt und so die Gruppe zu spalten sucht – ein weiterer schädlicher Ausfluss des französischen Spätkolonialismus. ECOWAS verdient kräftige materielle Unterstützung.

Konzerte und kooperative Sicherheit: Die großen Mächte

Sicherheitsgemeinschaften sind demnach solide regionale Pfeiler eines wirksamen, nachhaltigen Weltregierens. Damit dieses überhaupt zustande kommen kann, bedarf es einer anderen wichtigen Voraussetzung: Die großen Mächte dürfen nicht miteinander im Clinch liegen. Fürchten sie sich voreinander, dann rüsten sie auf, weil sie einander nicht trauen, dann spielen sie geostrategische Einflussspiele in prekären Regionen wie dem Persischen Golf, rivalisieren um die Weltführung oder gar um die Weltherrschaft. In einer solch heftigen Machtkonkurrenz können die wirklichen Probleme der Welt nicht angegangen werden, weil sich die Energien der Großen – im besten Fall – wechselseitig neutralisieren. Schlimmer noch, das Damoklesschwert eines unvorstellbar katastrophalen Dritten Weltkrieges hinge ständig über der Menschheit, denn auf die nukleare Abschreckung – siehe oben – ist kein absoluter Verlass.

Großmachtbeziehungen: Der kommende Machtübergang

Was die Sache noch brisanter macht: Wir leben in der Phase des Machtübergangs. Damit bezeichnet man geschichtliche Perioden, in denen aufstrebende Mächte schneller wachsen als die Führungsmacht und sich deshalb der Machtunterschied zwischen der »Nummer eins« und den Aufholenden immer weiter verringert. Solche Perioden waren in der Geschichte immer sehr gewaltträchtig. Die Entscheidung zwischen »Platzhirsch« und Herausforderer wurde meistens auf dem Schlachtfeld gesucht, der Kampf um die Führung ging nur zweimal glimpflich ab, nämlich zwischen Großbritannien und den Vereinigten Staaten und zwischen den Vereinigten Staaten und der Sowjetunion.

Wie sieht es heute aus? Großbritannien, Frankreich und auch Russland sind absteigende Mächte, die es noch nicht vollständig geschafft haben, sich mit Anstand aus ihrer Spitzenstellung zu verabschieden, am allerwenigsten Russland. Die russische Föderation erlebt gegenwärtig einen scheinbaren Wiederaufschwung ihrer Macht und benimmt sich entsprechend rüpelhaft. Dieser Scheingewinn beruht aber auf einer Luftblase, nämlich auf hohen Energiepreisen. Diese führen der Tendenz nach zum Rückgang der Nachfrage und zum Erschließen neuer Ressourcen; binnen eines Jahrzehnts wird sich ein Überangebot ergeben, woraufhin die Preise wieder sinken werden und die Luftblase platzt. Im 21. Jahrhundert lässt sich auf dem Primärsektor keine Weltmacht bauen; dazu bedarf es einer gleichmäßigen Wirtschaft mit dem Schwerpunkt in Hochtechnologie und dem Dienstleistungssektor. Das hat Russland nicht zu bieten, und es ist kaum damit zu rechnen, dass der erkennbare Trend zur Verstärkung der

Staatswirtschaft der russischen Wirtschaft die erforderliche Innovation erbringen kann. Das ist keine gute Nachricht: Denn es deutet darauf hin, dass Russland sich in politischen Zyklen zwischen Unzufriedenheit und Großmannssucht bewegen könnte. Damit würde es ein Störfaktor des Weltregierens bleiben. Japan und Europa bleiben trotz ihrer weltwirtschaftlichen Bedeutung Randmächte. Japan wird durch China zusehends in den Schatten gestellt. Ohne eine regionale Machtbasis kann aber kein Land Weltmachtanspruch erheben. Für Japan bleiben die Rolle der zweiten Geige in Ostasien und eine wichtige Stimme in der Weltwirtschaft. Europa ist der Weltmeister in »weicher Macht«, der Akteur mit dem ausgefeiltesten außen- und sicherheitspolitischen Instrumentarium und – was immer man über die »Zahnlosigkeit« des alten Kontinents hört – auch eine beachtliche Militärmacht, wenn man die Potenziale seiner Mitgliedsstaaten zusammenzählt. Dass das Ganze hier weniger als die Summe seiner Teile ist, muss gleichwohl zugestanden werden. Die Europäer geben zwar viel für ihre Verteidigung aus – über 20 % der Weltmilitärausgaben –, aber das mit atemberaubender Ineffizienz. Auch lassen sich die europäischen Staaten immer wieder verführen, in den großen Fragen der Weltpolitik ihre nationalen Eitelkeiten in den Vordergrund zu schieben. Man zählt aber nur am Tisch der Großen, wenn man mit einer Stimme spricht. Das fällt den Europäern notorisch schwer, und die Erweiterung der Union hat nicht geholfen, diese Machtlücke zu schließen, im Gegenteil. Europa bleibt eine beachtliche Macht, aber doch nur eine Randfigur im ganz großen Spiel. Schaut man sich auf der Welt um, hat vermutlich nur Brasilien noch das Potenzial, in absehbarer Zeit in die Liga Japans, Europas oder Russlands aufzusteigen, vorausgesetzt, es schafft ein kontinuierliches wirtschaftliches Wachstum über längere Zeit und überwindet seine horrenden sozialen Gegensätze. Brasilien hat keine Sicherheitsprobleme in der eigenen Region, sondern ist der Primus inter Pares unter seinen (nicht immer einfachen) Partnern, muss also nicht viel Ressourcen für die unmittelbare nationale Sicherheit verschwenden. Es ist der Größe nach die Führungsmacht auf dem Subkontinent, bringt also eine regionale Machtbasis mit. Seine Ressourcen sind dennoch zu begrenzt, um ganz oben mitspielen zu können. Damit bleiben noch zwei Kandidaten als künftige Rivalen der USA, nämlich China und Indien. Ihr Potenzial ist immens, und die Wachstumsraten der letzten Jahre zwischen 8 und 10 % signalisieren, dass China innerhalb einer Generation, Indien eine halbe Generation später, nicht nur wirtschaftlich, sondern auch machtpolitisch auf Augenhöhe mit den USA sein können. Denn wirtschaftliche Ressourcen lassen sich in politische und militärische Machtpotenziale umsetzen. Die Amerikaner haben in der »Nationalen Sicherheitsstrategie« von 2002 ihre Absicht erklärt, keinen militärischen Rivalen annähernd an das eigene Niveau herankommen zu lassen. Wie sie das bewerkstelligen wollen, wenn die anderen kontinuierlich schneller wachsen, haben sie nicht verraten. So gesehen, steckt in dieser Aussage eine versteckte Drohung gegen die beiden großen Asiaten.

Gibt es Modelle, die Verhältnisse zwischen den Großmächten so zu regeln, dass sich aus ihrem Verhältnis kein tödliches Hindernis für das Weltregieren entwickelt? Die gibt es in der Tat, und zwar gleich zwei davon: Das »Europäische Konzert« des 19. Jahrhunderts und die amerikanisch-sowjetische Rüstungskontrolle im Kalten Krieg.

Das Mächtekonzert

Das »Konzert« war die Reaktion der europäischen Großmächte auf die napoleonischen Kriege, die für den ganzen Kontinent ein Trauma waren. Um eine Wiederholung dieses jahrzehntelangen Schlachtens zu verhindern, bildeten die Großmächte Preußen, Österreich, Russland, England und das schließlich in Gnaden wieder aufgenommene Frankreich ein dichtes Netzwerk ständiger Konferenzdiplomatie, um jeglicher gefährlichen Krise untereinander vorzubeugen oder sie jedenfalls rechtzeitig diplomatisch beizulegen. Der Krieg gegeneinander sollte ausgeschlossen sein; wenn irgendeiner von ihnen – auf welchem Wege auch immer, durch Erbfall oder durch die Annexion eines kleineren Nachbarn – seine territoriale Macht vergrößerte, sollten die betroffenen Anderen Kompensation erhalten. Krisen in Drittländern (etwa durch Umsturz) führten sofort zur Krisendiplomatie unter den großen »Fünf«. Die Politik jedes Einzelnen war darauf ausgerichtet, die vitalen Interessen der übrigen vier bei jedem Schachzug im Auge zu behalten, also eine Politik der klugen Rücksicht zu betreiben.

Die Prinzipien des Konzerts sind auch heute nutzbringend anwendbar. Als erster Grundsatz muss gelten, dass jede Aktivität einer der Großmächte im direkten Umfeld einer anderen in Konsultationen abgestimmt werden muss. Damit soll keineswegs den regionalen Vormächten ein Alleinbestimmungsrecht in ihrer Umgebung eingeräumt werden (dazu gleich mehr). Sie haben indes ein legitimes Interesse, an der Gestaltung ihres eigenen sicherheitspolitischen Umfeldes aktiv mitzuwirken. Dieses Interesse erstreckt sich darauf, dass keine außerregionale Macht die eigenen Nachbarn zu feindseligen Bündnissen anstiftet oder zu gewinnen sucht (oder sich selbst als Vormacht eines solchen Bündnisses hergibt, das den revisionistischen Zielen einer kleineren Regionalmacht gewidmet ist). Denn solche Verhältnisse treiben die Großmächte in antagonistische Konflikte gegeneinander, und damit ist gedeihliches Weltregieren von vornherein blockiert. Was würden die USA sagen, wenn Russland versuchen würde, im karibisch-mittelamerikanischen Raum ein antiamerikanisches Bündnis zustande zu bringen? Die harsche »Nachbarschaftspolitik« der USA gegen Kuba und Nicaragua in den Zeiten des Kalten Krieges spricht Bände. Und doch hat Washington gegenwärtig wenig Skrupel, in Osteuropa, im Kaukasus und in Zentralasien russischen Interessen massiv entgegenzuwirken und alles zu tun, um den Einfluss Russlands in seinem unmittelbaren Umfeld zu beschneiden. Reagiert Moskau daraufhin ruppig, waschen sich die Amerikaner die Hände in Unschuld. Bis in die neunziger Jahre hinein unterstützten die USA und China de facto die pakistanische Kashmir-Politik, die auf die Herauslösung der mehrheitlich moslemisch bewohnten Region aus der Indischen Union abzielte. Natürlich belastete das die Beziehungen zu den pikierten Indern (erst mit den indischen Kernwaffenversuchen änderte sich das Bild). Respekt für die regionalen Sicherheits- und Einflussinteressen der großen Mächte ist das erste Prinzip des Konzerts. Das heißt nicht, dass man kritiklos alles hinnimmt, was eine Großmacht ihren kleineren Nachbarn zumutet; einschlägige Kritik muss jedoch lösungsorientiert und in Konsultationen vorgebracht werden, und es muss klar bleiben, dass die Anwendung militärischer Gewalt ausgeschlossen ist. Das Konzert bezieht alle großen Mächte in die Behandlung regionaler Krisen ein, die weltweite Auswirkungen haben könnten. Das betrifft vor allem den Nahen Osten mit dem Persischen Golf – mit dem Weltinteresse an einer verlässlichen Ölzufuhr –, den Osten

Afrikas (mit seiner Bedeutung für die Welthandelswege), und vielleicht auch Afrikas Mitte mit ihren immensen Bodenschätzen. Bei der Behandlung der Iran-Problematik ist man mit der Formel EU-3 plus drei schon ein gutes Stück voran gekommen: Die Europäische Union und ihre Mitglieder Deutschland, Frankreich und Großbritannien, dazu Russland, die USA und China wirken an dem Versuch mit, eine friedliche Lösung für die Risiken des höchst fragwürdigen iranischen Nuklearprogramms zu finden. Aber wo sind die beiden großen Staaten, die das beste bilaterale Verhältnis zu Iran unterhalten: Indien und Brasilien? Ihnen stehen in der Islamischen Republik Kanäle zur Verfügung, die den anderen Teilnehmern, auch China und Russland mit ihren intensiven Wirtschaftsbeziehungen zu Teheran, fehlen. Das »Nahostquartett« – Vereinte Nationen, EU, USA und Russland – wiederum könnte ergänzt werden durch China mit seinen massiven Interessen in der Region und durch Indien, der einzigen Macht, die zu allen näher und ferner Beteiligten an diesem Konflikt (zu Israel, zum arabischen Lager und zu Iran) gute Beziehungen unterhält. Für die Konflikte in Sudan, in Somalia und zwischen Eritrea und Äthiopien, die eine Kette von Destabilisierungsprozessen im Osten Afrikas bilden, gibt es überhaupt keine multilaterale Konsultationsgruppe außerhalb der bislang weitgehend unfruchtbaren Erörterungen im UN-Sicherheitsrat. Dabei sind es wiederum China und Indien, die in der ostafrikanischen Region eine hohe Präsenz aufweisen; Indien verfügt noch dazu über eine einflussreiche Diaspora (wenngleich die eher im Süden Ostafrikas heimisch ist). Ein ganzheitlicher Konsultationsansatz für alle drei Konflikte unter Einbeziehung aller Großmächte, der die Interessen aller angemessen berücksichtigt, verspricht sicherlich besseren Ertrag als das amerikanische Herummurksen am Horn von

Afrika, wo der militärische Eingriff der USA und die Unterstützung der äthiopischen Invasion Somalias neben dem Irak gleich den nächsten Flächenbrand in einem arabisch-islamischen Land zu entfachen droht. (Die USA haben diesen Konflikt nicht verursacht. Aber ihre Art, damit umzugehen, ist denkbar ungeschickt.)

Eine weitere Ebene, auf der das »Konzertieren« Sinn macht, sind die Weltprobleme, die die Großen indirekt gegeneinander treiben könnten. Das sind in erster Linie der Handel und die Energiefrage. Der Kampf um Märkte und unfaire Handelspraktiken sind immer wieder Konfliktgründe gewesen, die die Beziehungen der großen Handelspartner belastet haben; zugleich schafft der Handel gemeinsame und ergänzende Interessen. Die Erweiterung der G-8 um Indien, China und Brasilien und die Einbeziehung dieser Länder ebenso wie Russlands in Steuerungsfunktionen der Welthandelsorganisation öffnet institutionelle Kanäle, um mit solchen Problemen umgehen zu können. Diese Länder sollten außerdem in die Internationale Energie-Agentur einbezogen werden, eine Organisation der westlichen Industrieländer, die Notfallmaßnahmen für Energiekrisen vorbereitet hat. Dort sollten auch Maßnahmen koordiniert werden, die die Nachfrage nach Mineralöl begrenzen.

An diesen Beispielen dürfte deutlich geworden sein, wie ein solches Konzert funktionieren kann. Hauptaspekt war hierbei, das Konfliktpotenzial zwischen den Großmächten zu vermindern; die Bearbeitung der jeweiligen Konflikte stand nicht im Mittelpunkt, wird aber durch solche Konsultationen gefördert. Zudem hat sich glücklicherweise ergeben, dass ein solches Konsultationssystem nicht auf die Auflösung der Blockade warten muss, die der UN-Reform im Wege steht. So wie das Nahost-Quartett, die Iran-Verhandlungen oder die später zu diskutierenden Sechs-Mächte-Gespräche über Ostasien mit Billigung, aber zugleich außerhalb des Sicherheitsrats vonstatten gehen, könnten dies die zusätzlich vorgeschlagenen Foren auch. Natürlich wäre es erfreulich, wenn der Sicherheitsrat, der ja eigentlich dafür zuständig ist, all diese Konfliktlösungsprozesse in die Hand nehmen könnte. Aber er ist nicht repräsentativ genug zusammengesetzt, wichtige Mächte fehlen, und seine Entscheidungsregeln – hauptsächlich das Veto – stehen einer ruhigen und sachlichen Erkundung von Lösungsmöglichkeiten eher im Wege, als hilfreich zu sein. Solange keine Reform diese beiden Hindernisse beseitigt, verspricht ein »Konsultationskonzert« außerhalb der formalen Strukturen bessere Ergebnisse. In zwei Punkten müssen wir heute über das klassische »Konzert-Modell« hinausgehen: Erstens ist es heute unabdingbar, dass das »Konzert« den Belangen kleinerer Mächte gebührenden Respekt zollt, anstatt, wie im 19. Jahrhundert, die Interessen der »Großen« gegen sie im Zweifelsfall gnadenlos zu exekutieren; dem dienen starke Regionalorganisationen und die Aufwertung der UN-Vollversammlung. Zweitens braucht ein heutiges Mächtekonzert die Ergänzung durch Rüstungskontrolle.

Rüstungskontrolle und Abrüstung

Das klassische Mächtekonzert hatte davon abgesehen, was die beteiligten Staaten in Friedenszeiten mit ihren Streitkräften unternahmen. Dieser Verzicht beinhaltet jedoch die große Gefahr, dass ein rüstungsgetriebenes Sicherheitsdilemma ein immer stärkeres Misstrauen zwischen ihnen schafft. Denn natürlich fragt sich jeder, gegen wen der militärische Aufwand der Partner wohl gerichtet sein könne. Gerade in unseren Tagen erleben wir mit amerikanischer Raketenabwehr, chinesischen Antisatellitenwaffen-Tests, dem russischen Rückzug aus dem Vertrag über konventionelle Streitkräfte in Europa und den Aufrüstungsaktivitäten aller Atommächte den Beginn eines neuen Rüstungswettlaufs – das erwähnte Misstrauen trägt bereits seine giftigen Früchte.

Am Beginn einer neuen Epoche der Abrüstung muss das Ende des amerikanischen Überlegenheitswahns stehen. Die USA haben sich – geblendet durch den unvorstellbaren Erfolg im Ost-West-Konflikt – in die Idee verbissen, allen möglichen Rivalen (und deren Kombinationen) militärisch überlegen sein zu wollen. Dabei möchten sie nicht nur deren potenzielle Angriffe abwehren können, sondern auch selbst über überlegene und erfolgversprechende offensive Optionen verfügen. Diese Optionen sollen kurzfristig, schnell und weltweit wirksam bereitstehen. Zu diesem Zweck möchten die USA in jedem Kampfspektrum – zu Wasser, zu Lande, in der Luft, im Weltraum und im virtuellen Raum der Elektronik – deutlich überlegen sein. Diese Ideen waren bereits in den neunziger Jahren entwickelt worden, in der »Nationalen Sicherheitsstrategie« von 2002 wurden sie politisch schlüssig gebündelt. Jedes Dokument, welches das amerikanische Verteidigungsministerium produziert, atmet diesen Geist. Zugleich empören sich dieselben Amerikaner, wenn die anderen mit ihren schwächeren Mitteln versuchen nachzuziehen. So hat der frühere Verteidigungsminister Rumsfeld bei einem Besuch in Beijing 2005 allen Ernstes eine harsche Ermahnung ausgesprochen, weil Chinas Verteidigungshaushalt schneller wächst als das Sozialprodukt – freilich erreicht er auch nach US-Berechnungen kaum mehr als 15 % des amerikanischen! Nehmen wir für einen Augenblick einmal an, Amerika wäre bereit, auf den Anspruch totaler Überlegenheit zu verzichten.

Was wäre dann geboten und vielleicht auch möglich? Vielleicht der dringendste Bedarf besteht in dem allgemeinen Verzicht auf die Bewaffnung des Weltraums. Aufklärungssatelliten der Streitkräfte aller Staaten, die es sich leisten können, haben dort ihren Platz, aber keine Angriffswaffen, keine Killersatelliten, keine Raketenwerfer oder Laser, die womöglich in Zukunft auch die untere Atmosphäre oder gar den Erdboden erreichen können. Mit einem solchen Verbot wäre bereits ein Riesenschritt in Richtung auf Stabilität getan, denn die Vorstellung, dass sich oben im All offensive Systeme von fünf, sechs oder acht Mächten wechselseitig belauern, bereit, in der Krise auf die Satelliten der anderen loszugehen, ist ein Albtraum.

Der zweite, ebenso wichtige Schritt ist die Wende zur völligen nuklearen Abrüstung. Dass die Weiterverbreitung der atomaren Abschreckung als Sicherheitsgarant nicht funktioniert, wissen wir schon. Da der eisernen Logik »Entweder alle oder keiner« nicht auszuweichen ist, bleibt nur die nukleare Abrüstung als Ausweg. Sie kann nicht über Nacht geschehen. Komplizierte technische Schritte sind erforderlich, Vertrauen muss entstehen, bislang intransparente Länder wie China müssen erst einmal klarlegen, was eigentlich ihre Bestände und Produktionseinrichtungen für Kernwaffen sind; die Atommächte müssen einzelne Schritte festlegen, ausführen und minutiös überwachen. Der ganze Prozess wird eine Generation, also cirka 30 Jahre in Anspruch nehmen. Die Staatengemeinschaft muss für den Endpunkt dieses Prozesses Vorkehrungen treffen, um jeden, der sich gegen die neuen Regeln Kernwaffen beschaffen möchte, rigoros daran zu hindern. Allerdings ist die Chance, dass sich die Großmächte auf solche Präventionsmaßnahmen einigen, wenn sie selbst nicht mehr über Kernwaffen verfügen, weitaus größer als heute: Denn jetzt können sie sich immer noch zurücklehnen und sich auf die vermeintliche Wirkung ihrer nuklearen Abschreckung verlassen. Wenn es heute einen neuen Kernwaffenstaat gibt – zumindest einen, der ihnen nicht grundlegend feindselig gesonnen ist –, ist weder ihre nationale Sicherheit noch ihr Status unmittelbar in Gefahr. Wenn sich aber jemand in einer nuklear abgerüsteten Welt erfrecht, die einzige Kernwaffenmacht zu werden, dann ist er eine Gefahr für alle, und ein Statusproblem ist er obendrein.

Wenn die Kernwaffenstaaten ihre Kernwaffen aufzugeben bereit sind, dann ist auch die Raketenabwehr nicht mehr das brennende Problem für diejenigen, die nicht über sie verfügen. Denn seine Brisanz bezieht dieses Projekt daraus, dass offensive Nuklearwaffen weiter existieren. Es ist der Albtraum Moskaus und Beijings, dass die USA in einer Krise versucht sein könnten, mit einem gewaltigen Erstschlag ihrer 2500 verbleibenden strategischen Sprengköpfe (unterstützt von ihrem ebenfalls beträchtlichen konventionellen Offensivpotenzial) die Abschreckungskräfte Russlands und / oder Chinas so weit wie möglich zu zerstören, um den kläglichen Rest, der für einen Gegenschlag dann noch übrig bliebe, mit dem Raketenabwehrsystem abzufangen. Wenn die USA aber selbst nicht mehr über eine offensive Option verfügen, dann verliert ihre Abwehr den Schrecken für andere. Sinnvoll wäre es dann, ein Raketenabwehrsystem (sollte es je technisch funktionieren, was alles andere als gesichert ist!) als multilaterales Projekt für all jene zu betreiben, die endgültig und überprüfbar auf Kernwaffen verzichten. Auch China, Russland oder der Iran – wenn diese Staaten denn zur Abrüstung bereit wären – kämen unter den »Schirm« und hätten an seiner Technik teil.

Mit der Abschaffung der Kernwaffen wird ein strikteres

Verbotssystem vor allem für biologische Waffen nötig. Das Biowaffenübereinkommen ermangelt gegenwärtig jeglicher Verifikationsmaßnahmen. Nur bescheidene vertrauensbildende Schritte, an denen sich aber nicht alle Vertragsmitglieder beteiligen, finden statt. Das ist zu wenig, wenn man das gewaltige Vernichtungspotenzial moderner Biowaffen in Rechnung stellt. Also braucht es eine Organisation, die alle einschlägigen Informationen sammelt und die nationalen Laboratorien und Industrieanlagen inspiziert. Ein vollständiges Abkommen für ein solches System war 2001 schon fertig verhandelt, scheiterte aber am Einspruch der Bush-Administration, hinter der sich andere widerspenstige Verhandlungspartner wie Russland, Indien oder China verstecken konnten. In einer kernwaffenfreien Welt ist wohl damit zu rechnen, dass es weniger Einwände gegen durchgreifende Verifikationsmaßnahmen geben wird, um sicherzustellen, dass auch wirklich kein Staat die tückischen biologischen Waffen produziert. Also sollte die Biowaffenkonvention in dem Maße schrittweise gestärkt werden, in dem die Kernwaffenstaaten ihre Arsenale abbauen.

Über der Welt hängt das Damokles-Schwert der ballistischen Raketen: gewaltige Geschosse, die in Minutenschnelle an jedem Punkt der Erde Tod und Zerstörung bringen können. Sie sind – neben Weltraumwaffen – das Symbol von Instabilität, Misstrauen und Drohung. Präsident Reagan hatte schon einmal die Idee, diese Waffenkategorie ganz abzuschaffen. Der Mann hatte recht. In einer Welt, die nachhaltig regiert wird, sollte für den Instant-Mord über weite Distanzen kein Platz mehr sein. Da Raketen große Objekte sind, die produziert und stationiert werden, ist ein Verbot auch verhältnismäßig leicht zu kontrollieren. Ideal wäre ein Endzustand, in dem keine einzelne Nation mehr weiträumige und offensive

Operationen ohne die Hilfe anderer durchführen kann, in der also die nationalen Streitkräfte nur über einen Teil der erforderlichen Fähigkeiten verfügten und sich mit denen anderer Länder wie in einem Puzzle verzahnen müssten, um militärisch erfolgreiche Feldzüge zu führen. Damit gäbe es zwar immer die Möglichkeit, dass die internationale Gemeinschaft gegen einen Friedensstörer im äußersten Falle auch gewaltsam vorginge, aber kein Staat könnte ein solches Unternehmen aus eigener Kraft ins Werk setzen.

Aufbau multilateraler Strukturen: Ostasien, Zentralasien, Maghreb

Wenn sich die Beziehungen zwischen den Großmächten durch »Konzertierung« und Rüstungskontrolle in einem Prozess wechselseitiger Befriedung befinden, ist es zeitgleich angezeigt, in weiteren Regionen starke Geflechte multilateraler Kooperation und entsprechende Organisationen zu schaffen. Die nächstliegenden Kandidaten hierfür sind Ostasien, Zentralasien und der Maghreb. Am dringlichsten ist dieser Imperativ im Fernen Osten. Die Rivalität um die Vorherrschaft in der Region ist hoch (zwischen China, Japan und den USA), und mit Nordkorea und seinem Kernwaffenprogramm ist ein Ruhestörer erster Ordnung in dieser Region beheimatet, eine der scheußlichsten und bizarrsten Diktaturen der Gegenwart. Und doch ist es gerade dieser seltsame, militarisierte Einparteienstaat mit seinem Personenkult, der den Anstoß für den ersten ernsthaften Versuch gegeben hat, die Sicherheitsprobleme der Region multilateral zu bearbeiten. Denn in dem Wunsch, das nordkoreanische Kernwaffenprogramm einzudämmen, ohne dass es einen plötzlichen Zusammenbruch des Staates oder – noch schlimmer – einen regionalen Krieg gibt, sind sich alle übrigen Beteiligten einig. Also sucht man nach Wegen, die Krise diplomatisch beizulegen; diesem Zweck dienen seit 2003 die »Sechs-Mächte-Gespräche«, an denen China, Japan, Russland, die USA und die beiden Koreas beteiligt sind. Damit besteht ein Gesprächsforum, das auch für weiter gehende Zwecke genutzt werden könnte: etwa als regelmäßiges Konsultationsforum für regionale Sicherheitsfragen; als Rahmen, innerhalb dessen die diversen territorialen Streitigkeiten um unbewohnte Inseln (zwischen China, Südkorea und Japan) beigelegt werden könnten; als Basis für intensive wirtschaftliche, energiepolitische und ökologische Zusammenarbeit.

Zentralasien (Turkmenistan, Kasachstan, Tadschikistan, Usbekistan und Kirgisien) hat in der Geschichte eine wichtige strategische Rolle gespielt, aber erst seit dem Zusammenbruch der Sowjetunion hat es wieder eine eigenständige Bedeutung gewonnen. Hier treffen russische, chinesische und indische Interessen aufeinander, spielen der Iran und die Türkei mit, müssen die jungen, zumeist autoritär geführten Länder erst einmal Profil gewinnen – zum Teil auf Kosten der Nachbarn. Es gibt territoriale Dispute, ethnische Vielfalt und auch eine starke islamistische Strömung. Vordergründig zur Bekämpfung des Terrorismus, tatsächlich aber mit dem Ziel, insgesamt für Stabilität in der Region zu sorgen und einem russisch-chinesischen Konkurrenzkampf um Einfluss vorzubeugen, haben Moskau und Beijing die Shanghai-Organisation für regionale Sicherheitskooperation ins Leben gerufen, die sich neben der Terrorbekämpfung auch anderen Sicherheitsfragen widmet (Turkmenistan ist vorerst nicht beteiligt). Iran, Indien und Pakistan nehmen als Beobachter teil, den USA wurde dieser Status verweigert. Amerika ist in der Region militärisch präsent und hat ein erhebliches Interesse an den dortigen großen Erdgas- und Erdölvorkommen. Um das Problem der Großmachtkonfrontation zu vermeiden, das durch die einseitige Geopolitik eines externen Akteurs in einer Region nahe der Grenzen einer anderen Großmacht entsteht, wäre ein Beobachterplatz am »Shanghai-Tisch« für Washington sinnvoll. Wenn es gelingt, die Zusammenarbeit der Staaten der Region, die auch miteinander einen Vertrag über eine kernwaffenfreie Zone geschlossen haben, untereinander und mit den Nachbarn zu fördern, so könnte sich hier allmählich eine Sicherheitsgemeinschaft entwickeln. Auch für den Maghreb besteht im Prinzip diese Chance: Die Südanrainer des Mittelmeers sind kulturell verhältnismäßig homogen und in etwa auf dem gleichen Entwicklungsstand. Kleinere Konflikte, größere Eitelkeiten der politischen Eliten und die daraus erwachsende Statuskonkurrenz haben bislang eine dichte regionale Kooperation verhindert. Hier besteht eine wichtige Aufgabe für die Europäische Union, die mit diesen Staaten bilateral und mit allen Mittelmeeranliegern im Barcelona-Prozess kooperiert, aber eben nicht mit dem kleineren Kreis der Maghreb-Staaten. Eine solche Zusammenarbeit mit dem Ziel, den regionalen Zusammenschluss dieser Länder zu fördern, könnte sich um die Themen Migration und Energie gruppieren. Das südliche Mittelmeer ist die Hauptquelle illegaler Einwanderung nach Europa. Dieses Problem gemeinsam zu bearbeiten ist ein Interesse, das gezielt genutzt werden sollte, um die Zusammenarbeit zu fördern. Zwei der Maghreb-Länder, Algerien und Libyen, verfügen über große Vorkommen an Erdöl und Erdgas. Die ganze Region ist jedoch mit einem hohen Maß an nutzbarer Sonneneinstrahlung gesegnet. Hier besteht die Chance, großflächige Solarkraftwerke aufzubauen und den erzeugten Strom zu exportieren (oder ihn zur Zerlegung von Wasser einzusetzen, um den Wasserstoff als Energieressource zu exportieren).

Hierbei handelt es sich um Großprojekte, die einen soliden finanziellen, organisatorischen und politischen Rahmen verlangen. Eine regionale Kooperation mit enger Anbindung an die EU wäre hierfür ideal; sie hätte zugleich positive energie-, entwicklungs- und sicherheitspolitische Auswirkungen.

In den drei genannten Regionen dienen die vorgeschlagenen Schritte der Konfliktprävention; das Gewaltgeschehen ist verhältnismäßig gering. Anders ist es in den beiden Gegenden, die im nächsten Abschnitt zur Sprache kommen: Hier geht es darum, den in den letzten Jahren und auch gegenwärtig blutigen Konfliktaustrag einzuhegen, das heißt, Eskalationen und ein Übergreifen auf weitere Länder und Regionen zu vermeiden und allmählich einen Abbau der Gewalt zu erreichen.

Schadenseinhegung: Afrika, Afghanistan

Der Gürtel südlich der Sahara war in den letzten Jahren eine der am meisten von Gewalt geplagten Regionen der Welt. Von den zerfallenden Staaten Westafrikas, Sierra Leone und Liberia, zog sich über die Demokratische Republik Kongo und die Großen Seen die blutige Spur weiter nach Norden in den Sudan und ganz nach Osten an das Horn von Afrika mit dem opferreichen zwischenstaatlichen Krieg zwischen Äthiopien und Eritrea, dem Bürgerkriegschaos in Somalia und der jüngsten Interventionen Äthiopiens und der Vereinigten Staaten in Somalia, um die »Union der islamischen Sharia-Gerichtshöfe« von der Macht zu vertreiben. Dabei handelt es sich um eine Gruppierung von Islamisten, die seit Jahren erstmals wieder eine gewisse Ordnung ins Land gebracht hatten, aber des Kontakts mit al-Qaida verdächtig waren.

Als Erstes geht es darum, das Ausgreifen einzelner Konflikte auf andere Länder und Regionen zu verhindern. Das ist gegenüber der Konfliktbeendigung auch zunächst einmal die leichtere Aufgabe. Die Stationierung von friedenserhaltenden Kräften in den benachbarten Staaten hilft schon eine ganze Menge, wenn sie wirksam eingesetzt werden. Eine Kombination von regionalen Streitkräften (der ECOWAS oder der Afrikanischen Union) und externen Helfern dürfte die effizienteste Kombination sein. Zu den Aufgaben einer solchen präventiven Mission gehört zweitens, den Zufluss von Waffen in das konfliktgeplagte Land oder den gewaltgeschüttelten Landesteil so weit wie möglich zu unterbinden. Drittens braucht es materielle Anreize für die Bevölkerung in den Grenzregionen, sich aus dem Konflikt herauszuhalten, die Konfliktparteien nicht zu unterstützen und bei der Verhinderung von Waffenschmuggel zu helfen, statt ihn zum eigenen Vorteil zu unterstützen. Das kostet Geld, das heißt, dass die Industrieländer, namentlich die G-8, die sich 2007 so vehement für Afrika ausgesprochen haben, den Hilfeversprechungen wirkliche materielle Hilfe folgen lassen müssen. In vielen Fällen wird man es bei der Einhegung belassen müssen, weil der Ehrgeiz, den Konflikt selbst beizulegen, durch die Interessen und den Hass der Kämpfenden und die Sturheit und den persönlichen Ehrgeiz ihrer politischen und militärischen Führer wenig Chancen hat. Oft ergibt sich erst, wenn die Parteien müde sind, die Chance zur Vermittlung oder zu einem erfolgreichen friedenserzwingenden Einsatz. Diesen Zeitpunkt abzupassen ist eine große Kunst der Friedensstiftung, für die wir noch keine ausreichenden institutionellen Vorkehrungen getroffen haben. Die Aufgabe fällt sinnvollerweise dem Sekretariat der Vereinten Nationen zu.

Afghanistans nahezu anarchischer Zustand kommt demjenigen im Herzen Afrikas mittlerweile wieder nahe. Hier hat die Vermischung zweier ganz unterschiedlicher Konzepte, der militärgestützten Aufbauhilfe einerseits, der unter Führung der USA ohne große Rücksicht auf die Zivilbevölkerung betriebenen Jagd auf Terroristen und Taliban andererseits, zu einer wachsenden Entfremdung zwischen Bevölkerung und intervenierenden Mächten geführt. Erfolgen im Aufbau steht die Zunahme der Gewalt gegenüber. Die Staatsgewalt ist außerhalb der Hauptstadt Kabul, in die die Gewalt bereits wieder hineinreicht, unwirksam geblieben. Die Warlords regieren in der Provinz, das Land ist Drogenexporteur Nr. 1, und im Süden und Südosten sind die Taliban, unterstützt aus den pakistanischen Westprovinzen wieder erstarkt. Vielleicht ist dieser Krieg bereits verloren. Soll er noch gewendet werden, so muss die erste Priorität den Belangen der Zivilbevölkerung gelten, wenn es sein muss, auf Kosten der Terroristenhatz. Nur eine Zivilbevölkerung, die erfährt, dass etwas für sie getan wird und dass die Zentralregierung in Kabul auch in der Provinz wirksame Hilfe organisiert, wird den Radikalen eine Absage erteilen und ihren Verlockungen widerstehen. Gelingt dieser Umschwung nicht, bleibt nur der Rückzug und die Beschränkung auf die Einhegung. Die kriegerische Suche nach einem inneren Gleichgewicht war für Afghanistan in den neunziger Jahren eine furchtbare Heimsuchung, die in der Koalition von Taliban und al-Qaida endete; eine erneute Machtergreifung der Taliban wäre ebenso möglich wie der Zerfall des Landes in sechs oder sieben ethnisch bestimmte Kleinstaaten. Den Taliban – sollten sie wieder Regierungsmacht erlangen – wird der UN-Sicherheitsrat klarmachen, dass bedrohte Staaten ein Interventionsrecht gegen die Stellungen der al-Qaida genießen, sollte die in Afghanistan wieder Gastrecht genießen. Angesichts vieler hochfliegender

Pläne zur humanitären Intervention in laufende Konflikte mag dieser Vorschlag, der den Schwerpunkt auf die Einhegung legt, vielen zu bescheiden, ja, geradezu zynisch erscheinen – wie der Titel eines Aufsatzes des amerikanischen Strategieforschers Edward Lutwak, der etwa zu denselben Folgerungen unter dem Motto »Give War A Chance!« gelangte. Ich bin deshalb so bescheiden (geworden), weil die Bilanz der friedensstiftenden Interventionen nicht berauschend ist. Oft ist die Sache nur schlimmer geworden.

Konfliktmanagement und -lösung: Südasien, Naher und Mittlerer Osten

Zum Schluss müssen wir jedoch noch einen Blick auf die beiden brisantesten Weltregionen werfen: auf Südasien und auf den Nahen und Mittleren Osten mit dem Persischen Golf. In Südasien liegt die Brisanz in der Tatsache, dass sich zwei nuklear bewaffnete Staaten gegenüberstehen, die seit Jahrzehnten einen territorialen Streit miteinander austragen, nämlich den um die Gebirgsregion Kashmir. Vier heiße Kriege haben die beiden bereits gegeneinander geführt: 1948 unmittelbar nach den Staatsgründungen, 1965, als Pakistan Indien nach der Niederlage im Krieg gegen China geschwächt glaubte, 1971, als eine indische Militäroperation Bangladesh – früher Ostpakistan – von Pakistan abspaltete, und 1999, als Pakistan Indien in der Karakorum-Region Kargil in Nordkashmir angriff. Wenn irgendwo auf der Welt ein Nuklearkrieg möglich erscheint, dann in Südasien. Den Konflikt zwischen beiden Ländern beizulegen ist daher ein vorrangiges Projekt nachhaltigen Weltregierens. Glücklicherweise stehen die Zeichen so schlecht nicht, wenn auch die Risiken hoch bleiben. Noch vor zehn Jahren schien eine Konfrontation fast unausweichlich. In Indien war der militant antiislamische Hindu-Nationalismus im Kommen, in Pakistan griff eine radikale Islamisierung immer weiter auf Geheimdienste und Streitkräfte über. Die Unterstützung des antiindischen Terrorismus in Kashmir, ja, das Anzetteln eines begrenzten Krieges wie in Kargil, galten der pakistanischen Führungselite als legitime Formen der auswärtigen Politik. Heute hat sich das Bild gewandelt. Indien geht mit dem Konflikt gelassener um. Die indische Position – die heutige Waffenstillstandslinie zur Staatsgrenze zu machen – stellt die einzig realisierbare Option dar und erfährt mittlerweile Unterstützung nicht nur von Russland, sondern auch von den USA und China. Selbst der pakistanische Präsident Musharraf hat vorsichtige Andeutungen gemacht, dass er eine solche Lösung ins Auge fassen könne, wenn im Gegenzug die Indische Union den Kashmiris größere Autonomierechte zugesteht. Ein solcher Kurswechsel Pakistans müsste mit massiver Hilfe, einer Entschuldung des Landes und flächendeckenden Investitionen einhergehen. Ohne greifbare Vorteile für die Bevölkerung hätte kein pakistanischer Führer, der auf Kashmir endgültig verzichtet, eine Überlebenschance. Die verbleibenden Risiken liegen im Innern Pakistans: Dies ist ein ungefestigter, fragmentierter Staat mit einem hohen Anteil von radikalen Islamisten, die nach wie vor Einfluss in den Sicherheitskräften haben und den Westen des Landes dominieren. Die Machtübernahme durch diese Kräfte wäre wohl das Ende des Annäherungsprozesses zwischen Neu-Delhi und Islamabad. Überdies würden damit die pakistanischen Kernwaffen in die Hände der Radikalen fallen. Umso wichtiger ist eine zügige Lösung des Konflikts.

Damit bleibt uns noch der härteste Brocken: der Nahe und der Mittlere Osten mit dem Persischen Golf. Diese Region ist durch die doppelte Torheit der Bush-Regierung, die Lösung des Nahost-Konflikts zu vernachlässigen und stattdessen das Heil für die Region in der gewaltsamen Demokratisierung des Irak zu suchen, aber auch durch die Landgier der israelischen Rechten, die kurzsichtige Furcht der arabischen Führungen vor den eigenen Völkern und den Fanatismus selbsternannter islamistischer Religionsretter in ein unbeschreibliches Chaos gestürzt. Das Zusammenlaufen von so viel politischer Kurzsichtigkeit und strategischer Fehlkalkulationen an so vielen Stellen gleichzeitig raubt einem den Atem und macht depressiv. Aber herauskommen müssen wir aus dem Schlamassel – um passender Weise eine wunderschöne jiddische Vokabel zu nutzen – so oder so. Anfangen sollten wir mit dem Irak: Von allen schlechten Alternativen ist der Rückzug der Besatzungstruppen vermutlich die am wenigsten schlechte. Die Iraker erhalten damit die schwerwiegende Verantwortung, den Weg aus dem Irrgarten selbst zu finden. Die unselige Koalition zwischen radikalen Saddamisten und al-Qaida hat damit vermutlich bald ein Ende, ob der Irak nun ein einheitlicher Nationalstaat bleibt (womit dann kaum zu rechnen ist) oder in drei Teile zerfällt. Der Anreiz für die »richtigen« Irakis, auch die sunnitischen Glaubens, die eingesickerten fremden, selbsternannten Gotteskämpfer hinauszuschmeißen, steigt in dem Maße, in dem die Besatzungsmacht als gemeinsames »rotes Tuch« verschwindet. Ein schiitischer Staat im Süden wäre – statt Aufmarschgebiet iranfreundlicher Milizen zu sein – mit Sicherheit darauf bedacht, sich von dem persischen Möchtegern-Hegemon abzusetzen – schließlich handelt es sich um Araber! Im sunnitischen Mittelgürtel mag die Baath-Partei wieder ans Ruder kommen oder auch nicht – jedenfalls ist es unwahrscheinlich, dass sich ein neuer Saddam etablieren kann, und wenn, dann auf einer bis zur Harmlosigkeit geschrumpften Machtbasis. Der Kurdenstaat im Norden wird nur dann ein Problem, wenn die türkischen Militärs die Nerven verlieren. Der kurdischen Staatsführung wäre die Auflage zu machen, jegliche Basis der PKK, der türkisch-kurdischen Separatistenpartei, aufzulösen. Türkische Kurden, die lieber in einem Kurdenstaat leben wollen als in einer kurdischen Provinz in der Türkei, sollten dorthin übersiedeln dürfen. Natürlich gäbe es in der Übergangszeit einen massiven Bürgerkrieg, bis sich die Konturen der staatlichen Zerfallsprodukte deutlich abzeichnen – aber Bürgerkrieg kennzeichnet den Irak schon heute. Sein Zerfall wäre keine politische Katastrophe. Die iranischen Querelen erfordern Geduld. Die heutige politische Führung in Teheran ist nicht repräsentativ für die iranische Gesellschaft. Die iranische Jugend denkt anders, und sie ist in der Mehrheit. Ihre eher moderne, ja, liberale Orientierung wird sich auf Zeit Bahn brechen, in Formen, die der iranischen Kultur angemessen sind. In der Zwischenzeit gilt es, etwaige aggressive Züge der gegenwärtigen Führung einzuhegen. Da der Iran nicht stark ist und es selbst bei einem erfolgreichen Kernwaffenprogramm (und dieser Erfolg steht in den Sternen) genauso wenig werden wird wie Pakistan oder Nordkorea, ist eine kluge Kombination von Gelassenheit und Wachsamkeit angezeigt. Panik schadet, wie immer, besonders der Idee der Nachhaltigkeit.

Für den israelisch-palästinensischen Konflikt liegt die Lösung schon so lange und so offensichtlich auf dem Tisch, dass man fast nicht darüber reden möchte: Die Formel »Land für Frieden«, der israelische Rückzug in etwa auf die Grenzen von 1967; wo dennoch israelische Siedlungen im Westjordanland als israelisches Territorium verbleiben sollen, muss ein Gebietstausch zu fairen Bedingungen (gutes Land für gutes Land, nicht Wüste für Ackerbaugebiete) erfolgen; die Jerusalemer Altstadt wird wieder arabisch, Jerusalem wird die Hauptstadt beider Staaten, die palästinensischen Flüchtlinge von 1948 erhalten großzügige Abfindungen und verzichten (bis auf eine symbolische Zahl) auf die Rückkehr in ihre ursprünglichen (in Israel liegenden) Siedlungsgebiete; der palästinensische Staat erhält wirksame Sicherheitskräfte, aber keine hochgerüstete Armee; die internationale Gemeinschaft leistet großzügige Wirtschaftshilfe für den Aufbau Palästinas und die Bildung einer nahöstlichen Wirtschaftsgemeinschaft; der Palästinenserstaat tut alles, um den Terror zu bekämpfen, aber der israelische rastet nicht beim ersten Anschlag aus (zumal der palästinensische mit Sicherheit auch Zielscheibe der Fanatiker sein wird); beide warten geduldig darauf, dass besser werdende Lebensumstände den Sumpf austrocknen helfen, in dem der Terrornachwuchs gedeiht.

All das ist nicht neu, die (von Nichtregierungsvertretern) erarbeitete »Genfer Übereinkunft« enthält all diese Elemente, die die Fanatiker beider Seiten, die nationalreligiösen israelischen Bewegungen und Parteien und die islamistischen Utopisten, ablehnen und bekämpfen. Erst wenn die internationale Gemeinschaft unter Führung der USA sich mit voller Entschlossenheit hinter diesen Plan stellt, wird die Sache zu bereinigen sein.

Friedenserzwingung und humanitäre Intervention: Wer entscheidet unter welchen Umständen?

Wie deutlich geworden ist, plädiere ich für die Rehabilitierung der staatlichen Institution als eines Schutzwalls gegen den Krieg und ein diesem Prinzip entsprechendes grundsätzliches Interventionsverbot, wie es in Art. 2.7 der Charta der

Vereinten Nationen niedergelegt ist. »Grundsätzlich« meint natürlich, dass seltene, engumrissene Ausnahmetatbestände eingeräumt werden, nämlich drastische Verbrechen gegen die Menschlichkeit und Völkermord sowie die Tolerierung grenzüberschreitender terroristischer Handlungen vom Territorium eines Staates aus, der sich weigert oder unfähig ist, diese Handlungen zu unterbinden. Genau dies ist aber kein »westliches« Programm mehr, sondern durch das Völkerrecht und die Praxis der Staatengemeinschaft bereits gedeckt: Die Mandatierung humanitärer Interventionen durch den Sicherheitsrat der Vereinten Nationen seit »Operation Provide Comfort« zugunsten der irakischen Kurden und Schiiten hat deutlich gemacht, dass auch jenseits des westlichen Lagers Grenzen der Willkür anerkannt werden, die nationale Regierungen gegenüber ihren Bürgerinnen und Bürgern nicht überschreiten dürfen. Seit 1996 gab es mehrere Sicherheitsratsresolutionen gegen al-Qaida, die Staatenverantwortlichkeit für grenzüberschreitende Terrorhandlungen vom eigenen Territorium aus festgestellt haben. Resolution 1368 hat nach dem 11. September 2001 die Verletzung dieser Verantwortung als Rechtfertigungsgrund für Verteidigungsmaßnahmen nach Art. 51 anerkannt. Wenig später hat der Sicherheitsrat in Entschließung 1373 die Terrorismusgefahr zum Anlass für universale Notstandsgesetzgebung durch den Sicherheitsrat unter Kapitel VII der UN-Charta genommen. Diese Entwicklung macht deutlich, dass in der konkreten Bekämpfung des Terrorismus eine universale Gemeinsamkeit der Normen erreicht ist.

In die gleiche Richtung deutet die Interventions-Kasuistik, die das »Hochrangige Panel« des UN-Generalsekretärs in seinem Bericht (2004) vorgeschlagen hat. Dieses Panel war in vorbildlicher Weise interregional und interkulturell repräsentativ, denn seine 16 Mitglieder kamen aus allen Weltregionen.

Die fünf Kriterien, unter denen das Panel eine militärische Intervention für vertretbar hält, lauten:

- Schwere der Bedrohung (bei internen Konflikten: Genozid oder vergleichbare Massentötungen, ethnische Säuberung oder ernste Verletzungen des humanitären Völkerrechts);
- richtige Absichten (also keine verschleierte Motive der Intervenierenden);
- letztes Mittel (alle anderen Instrumente ausgeschöpft);
- Verhältnismäßigkeit des Gewaltgebrauchs;
- Folgen des Eingreifens nicht schlimmer als Folgen des Nichthandelns.

Wir haben einen minimalen, konsensualen Normbestand, mit dem sich die »Verantwortung zu schützen« in den wirklich extremen Fällen auch in die Praxis umsetzen lässt, ohne dazu Verfahren einzuschlagen, die den Rest der Welt von der Entscheidungsfindung ausschließen und damit in die Richtung riskanter Selbsthilfeprojekte treiben. Denn wann und wo diese Extremlagen vorliegen und welche Abhilfe angemessen ist, unterliegt schwierigen und komplexen praktischen Urteilen. Dafür bedarf es inklusiver Verfahren, die ein Durchschlagen der »kulturellen Unschärferelation« und den Einfluss der genannten verschleierten Motive ausschließen. Ausgehen sollte man vom existierenden Entscheidungsverfahrensrecht, also der Charta der Vereinten Nationen. Dort stehen Verfahren bereit, die de facto kulturübergreifend und inklusiv sind und die noch sinnvoll ergänzt werden könnten. So könnte der Sicherheitsrat als Verfahrensregel einführen, dass einer Interventionsentscheidung stets eine neutrale Lageanalyse vorausgehen muss, die eine vom Generalsekretär eingesetzte, interkulturell/interregional repräsentative Expertenkommission unter seinem Vorsitz erarbeitet. Die Manipulation des Sicherheitsrats durch einseitig gefilterte Geheimdienstinformationen kann in einem solchen Verfahren nicht mehr stattfinden. Nur wenn die Lageanalyse – für deren Erstellung zeitliche Grenzen gelten müssen – zu dem Schluss gelangt, dass ein Staat Genozid begeht oder transnationale Terroranschläge von seinem Territorium aus unterstützt werden, sollte der Sicherheitsrat ermächtigt sein, militärische Sanktionen zu verhängen. Selbst der Sicherheitsrat in seiner jetzigen Zusammensetzung nötigt den westlichen Demokratien ab, Angehörige aus wenigstens drei anderen Kulturkreisen zu überzeugen – China und Russland als Veto-Mächte sowie mindestens ein, häufig auch zwei der nichtständigen Mitglieder, unter denen der »Westen« nie mit mehr als drei Sitzen vertreten ist. Das schwächt das Problem der »kulturellen Unschärferelation« institutionell ab. Eine Erweiterung des Sicherheitsrats würde diesen Zwang, jenseits der eigenen Kulturgrenzen argumentativ erfolgreich zu sein, noch erhöhen. Dass diese Entscheidungen in der Regel nicht gegen die Stimme der permanenten Sicherheitsratsmitglieder getroffen werden, würde bei einer angemessenen Reform des Sicherheitsrats dazu führen, dass die zustimmenden Staaten die Mehrheit der Weltbevölkerung repräsentieren. Nun kann man das Veto im Sicherheitsrat selbst als ein beträchtliches Problem ansehen. Der Ausweg kann aber nicht sein, durch den Rückzug auf ein exklusives Entscheidungsprivileg der Demokratien die Probleme der »kulturellen Unschärferelation« und seiner destabilisierenden Folgen für die globale Sicherheit zu potenzieren. Vielmehr gilt es, durch eine Entscheidungspraxis auf breiterer Ebene – qualifizierte Mehrheit in Sicherheitsrat *und* Vollversammlung – die »Multikulturalität« der Entscheidungsbeteiligten noch zu verbreitern. Man würde damit auf ein erweitertes »Uniting for Peace«-Verfahren zurückkommen: Sicherheitsrat und Vollversammlung legitimieren durch deutliche Mehrheiten (zwei Drittel wären sinnvoll) das Handeln der internationalen Gemeinschaft in Fällen, in denen einzelne Veto-Mächte die Mandatierung durch den Sicherheitsrat nicht zulassen. Das ist zwar keine »Demokratisierung der Weltpolitik«, stellt aber sicher, dass sich nichtwestliche Akteure in den getroffenen Entscheidungen auch irgendwie wiederfinden. Die Exklusion, die eine Intervention gegen den Ausgeschlossenen begründen kann, soll also nicht in der hegemonialen Entscheidungskompetenz einer liberalen Staatengruppe darüber liegen, wen sie gerade noch als wohlgeordnet und wen sie schon als »Schurken« etikettiert. Sie geschieht vielmehr aufgrund des konkreten Vergehens des beschuldigten Staates, das gegen gemeinsam vereinbarte Regeln der Staatengemeinschaft verstößt, wobei der Regelverstoß neutral festgestellt und Gegenmaßnahmen von einer bedeutenden Staatenmehrheit gebilligt werden müssen. Dass inklusive multilaterale Entscheidungsverfahren auch der Gefahr des Missbrauchs entgegenwirken, den im eigenen Nationalinteresse intervenierende Staaten mit dem Konzept der »humanitären Intervention« treiben können (beispielsweise Kontrolle über Erdölvorkommen zu erlangen), ist ein weiterer Zugewinn.

Schlussfolgerung

Die Konflikte, mit denen wir uns im Augenblick herumschlagen, sind entweder lösbar oder können so lange eingedämmt werden, bis die Kampfhähne müde geworden sind und ihre Streitigkeiten lösbar werden. Die Lösungen liegen oft auf der Hand – Land für Frieden im Nahen Osten, die Waffenstillstandslinie als Grenze in Kashmir – und verlangen keine übertriebene Kreativität. Das heißt leider dennoch nicht, dass sie leicht zu verwirklichen wären. Gerade in lang anhaltenden Konflikten sind die Akteure so tief eingegraben, dass es schwerfällt, sie aus den Schützengräben herauszubringen. Es bedarf daher des freundlichen, gelegentlich auch unfreundlichen Drucks von außen.

Im Zeitalter der Globalisierung und der Gefährdung der Erde durch menschliche Aktivitäten ist der Krieg kein brauchbares Mittel der staatlichen und substaatlichen Politik mehr: Der große Krieg droht mit Massenvernichtung und -zerstörung. Der kleine Krieg hindert Millionen Menschen am Aufbruch in eine bessere Wirklichkeit. Beide Arten von Krieg stehen der Lösung unserer Probleme im Wege. Der Krieg macht mehr Ziele zunichte, als er verwirklichen hilft. Ihn als Institution abzuschaffen, mit der sich staatliche oder substaatliche Interessen »mit anderen Mitteln« verwirklichen ließen, ist daher vernünftige Realpolitik, keine pazifistische Träumerei. Der organisierte Einsatz von Gewalt muss zur »polizeilichen« Ausnahme unter extremen Umständen – nach dem Kriterienkatalog des »Hochrangigen Panels« – werden und in der Hand der internationalen Gemeinschaft, nicht in der Willkür einzelner Akteure liegen.

6 Macht, Markt, Moral und Recht

Das Steuerungsproblem

Es könnte einem schon schwindelig werden vor der Aufgabe: Mehr als sechs Milliarden Menschen gibt es auf dieser Welt, je nach Rechnung 6000 Ethnien, 192 Staaten, sieben bis neun Großkulturen, von Sprachen, politischen Systemen gar nicht zu reden (siehe Kapitel 3). Die Vorstellungen, was gerecht ist, unterscheiden sich innerhalb und noch mehr zwischen diesen Akteuren und Gruppen erheblich. Und es gibt genug Konflikte und Waffen auf der Welt, um diese Unterschiede gefährlich zu machen. All das soll so in eine regierbare Form gebracht werden, dass die dauerhafte Lösung der gemeinsamen Probleme möglich wird, ohne dass die große Gewaltkatastrophe eintritt, die jeder Nachhaltigkeit ein Ende setzen würde. In den letzten drei Kapiteln habe ich Vorstellungen entwickelt, wie die Kardinalprobleme der Verschiedenheit, der Gerechtigkeit und der Kriegsvermeidung Stück für Stück angegangen werden können. In diesem Kapitel möchte ich begründen, warum sich diese Regelungen ebenso wie die Lösungen für die globalen Probleme vor allem auf das Steuerungsmittel *Recht* stützen müssen. Ich begründe diese Behauptung damit, dass das Recht nicht nur aufgrund seiner Eigenschaften den anderen möglichen globalen Steuerungsmitteln – der Macht, der Moral und dem Markt – überlegen ist, sondern es gerade deren Anbindung an das Recht bedarf, um das in ihnen liegende positive Steuerungspotenzial zu nutzen und ihre schädlichen Nebenwirkungen zu beschneiden.

Im Innern des demokratischen Rechtsstaates klingt das trivial für uns: Wie anders sollten wir denn mit Verschiedenheit, Gerechtigkeit und Konflikten *unter uns* umgehen, wie anders sollten wir unser Umweltverhalten, die Einwanderungsfrage, die Wasser- und Energieversorgung, die Sozialpolitik, die Gleichstellung der Frau und so weiter und so fort in den Griff bekommen, wenn nicht durch den Rückgriff auf rechtliche Mittel? Natürlich bedienen wir uns der Verwaltungstechnik, der außergerichtlichen Regelung, der Mediation, der Selbsthilfe und anderer vor- und außerrechtlicher Instrumente. Wir tun das indes in dem beruhigenden Bewusstsein, dass wir immer auf das Rechtssystem zurückfallen können. Selbst wenn wir Gesetze gelegentlich als unsinnig oder falsch, Rechtsprechung mitunter als ungerecht empfinden, ist die Sicherheit, die uns unser rechtlich durchtränktes Umfeld gibt, unbezahlbar. Man stellt das vor allen Dingen fest, wenn man sich unversehens in rechtsfreien Räumen, etwa zerfallenen Staaten, wiederfindet. So trivial der Satz »Lass uns die Sache rechtlich regeln!« für uns Bürger eines demokratischen Rechtsstaates klingt, so wenig selbstverständlich ist seine Übertragung auf die konfliktreichen zwischenstaatlichen und transnationalen Angelegenheiten. Herrscht nicht in der unwirtlichen Sphäre der Internationalität trotz aller vermeintlichen Rechtsfortschritte der Dschungel? Stehen nicht dort mächtige Staaten bereit, ohne Rücksicht auf bestehende Verträge und Rechtsvorschriften ihren Vorteil wahrzunehmen, wenn sich die Gelegenheit dazu bietet? Hat nicht gerade die Bush-Administration in den letzten Jahren demonstriert, dass das Recht für den Stärksten nicht gilt, wenn er es denn nicht will? Hat die Rede vom Völkerrecht irgendeinen Sinn? Bevor ich eine Antwort auf diese schicksalsschwere Frage versuche, möchte ich eine grundlegendere Überlegung anstellen. Sie ist bei jenen, die die Rede vom Weltregieren und von Verrechtlichung für idealistischen Quatsch halten, nicht populär. Sie ist aber nötig, um die Schwierigkeit, vor der wir stehen, in vollem Umfang ins Licht zu stellen. Die Frage heißt: Was, bitte, ist die Alternative? Wenn wir einmal davon ausgehen, dass die Menschheit gemeinsame Probleme hat und dabei verschiedener Meinung ist – welche Mittel stehen überhaupt zur Verfügung, um zu irgendeiner Art von Ergebnis zu kommen, das nicht in die Katastrophe mündet, die wir alle vermeiden wollen?

Die Steuerungsmittel

Die Menschheit war in ihrer Geschichte nicht übertrieben produktiv bei der Beantwortung der Frage: Wie bündelt man die auseinanderstrebenden Willen der Vielen auf das gemeinsame Ziel hin, das sie erreichen müssen, um zu überleben oder ihr Wohlergehen zu steigern und dabei den Kampf aller gegen alle zu vermeiden? Wie bringt man die vielfältigen Interessen auf einen gemeinsamen Nenner, ohne durch ein Blutbad von Mord und Totschlag zu gehen und trotzdem Ziele einigermaßen wirksam zu erreichen? Wenn ich es richtig sehe, hat sie genau vier solcher Steuerungsmittel erfunden: die Macht, den Markt, die Moral – und eben das Recht.

Macht

Es scheint attraktiv, zu diesem Zweck auf die Macht zu setzen, die Fähigkeit, den eigenen Willen auch gegen Widerstand durchsetzen zu können (Max Weber). Macht als Steuerungsmittel zwingt alle Willen unter einen. Sie kann die vielfältigen Interessen durch die ständige Drohung mit der Sanktion oder mit dem Einsatz von Gewalt im Zaum halten. In diesem Sinne ist sie effizient. Die Versuchung, bei der Ordnung der Weltangelegenheiten auf sie zu setzen, ist groß. Jene, die einem neuen Imperium das Wort reden, auch die Vertreter des amerikanischen Neokonservatismus, die den »unipolaren Moment« der Weltgeschichte, die kurze Dauer absoluter amerikanischer Überlegenheit, nutzen wollen, um die Dinge ein für alle Mal zu ordnen, sind dieser Versuchung erlegen.

Im zweiten Kapitel haben wir gesehen, dass das Modell des Imperiums unter heutigen Umständen nicht funktionieren kann. Um noch einmal daran zu erinnern: Es geht uns ja nicht um die Beherrschung und Ausbeutung begrenzter Räume, es geht um die Ordnung der Welt; und zwar nicht nur um die politische Ordnung, sondern um die Regelung unzähliger Einzelprobleme in einer Art und Weise, dass nicht jede einzelne Mini-Ordnung ständig zusammenbricht und von neuem gestützt werden muss. Das Imperium kann das nicht, aus den genannten Gründen. Und aus diesen Gründen lassen sich allgemeinere ableiten, die verständlich machen, warum kein rein machtgestütztes System in der Lage wäre, Nachhaltigkeit zu garantieren. Die beiden wichtigsten Gründe sind praktischer Natur.

Erstens: Die Kontrolle der Abläufe mit dem Mittel der Macht verlangt die allgegenwärtige Präsenz der Machthaber und ihrer Sendlinge, die sichtbare, stets einsetzbare Sanktionsgewalt in unmittelbarer Nähe aller Entscheidungspunkte, an denen der Willen der Zentrale durchgesetzt werden muss. Das überfordert die Ressourcen auch des stärksten Staates, auch wenn er wie das römische Imperium oder das britische Empire die kollaborationswilligen Teile der »Einheimischen« als Verlängerungshebel der eigenen Macht gebraucht. Jedes machtgestützte Lenkungssystem produziert unter der Grundbedingung der Verschiedenheit und durch die Ansprüche auf Gerechtigkeit die Dialektik von Machtausübung und Widerstand. Widerstand erhöht den Zwang, Macht einzusetzen. Der Bedarf an Ressourcen, die erforderlich sind, um den Widerstand zu brechen, steigt in dem Maße, wie ebendieser Einsatz neuen Widerstand provoziert. Ungebrochener Widerstand an einer Stelle ermutigt neuen anderswo. Der konzentrierte Machteinsatz in einer Region vermindert den Ressourcenbestand, mit dem der Widerstand in anderen Regionen bekämpft werden müsste. Das Chaospotenzial der Widerständler ist zu groß geworden, um die Ziele, für deren Verwirklichung die Macht eigentlich vorgehalten wird, durchsetzen zu können. Die Ansprüche der Bevölkerungen wiederum sind zu ausgreifend, um die Ressourcen für ein noch weitergehendes Machtspiel freizusetzen.

Zweitens: Machtgesteuerte Systeme sind zwangsläufig zentralistisch. Denn Dezentralisierung zersplittert die Macht und führt zu gefährlicher Machtrivalität, zur »Kriegsherrenproblematik«. Die Lenkung der für die Problemlösungen entscheidenden Prozesse überfordert jedoch die Zentrale. Das war einer der Gründe, warum das sowjetische System immer schlechter funktionierte. Das chinesische begann seinen Aufbruch erst, als die wirtschaftlichen Entscheidungen maßvoll dezentralisiert wurden. Lenkungsaufgaben bestehen aus dem Sammeln, der Aufnahme, der Verarbeitung und dem Senden von Information. Selbst im Zeitalter des Computers bleibt jedoch die Informationsverarbeitungskapazität zentraler Instanzen begrenzt, da sich die Entscheidungsvollmacht auf zu wenige Individuen konzentriert. Damit bleiben nur zwei Möglichkeiten: Entweder wird alle Information relativ langsam prozessiert, und die Lösung aller Probleme hinkt hinter dem Problemwachstum hinterher. Das Ergebnis ist die Katastrophe der zu kleinen Schritte. Oder die Information für einige vermeintlich vordringliche Problemlösungen wird schnell verarbeitet, die für andere Sachgebiete aber blockiert. Dann schafft man in einigen Sektoren zwar gute Ergebnisse, die Vernachlässigung der anderen riskiert jedoch den Zusammenbruch des gesamten Systems. (Zum Beispiel: Wir bewältigen die Klimafrage, während das Trinkwasser ausgeht und für die Nahrungskette entscheidende Arten aussterben).

Machtgestützte Systeme taugen daher nicht zum Weltregieren. Sie scheitern an der Unmöglichkeit, glaubwürdige Sanktionsdrohungen für jede Krise bereitzuhalten, an der Macht/Widerstands-Dialektik und am Informationsdilemma des Zentralismus. Damit ist indes nicht gesagt, dass wirksame Steuerung ohne Macht auskommen könnte. Aber Macht kann nicht das dominante Steuerungsinstrument sein. Sie muss mit wirksameren Instrumenten zusammenwirken und sich ihnen unterordnen.

Markt

Ein (vorgeblich) machtfreies Steuerungssystem ist der Markt; so stellen ihn die Idealmodelle der Wirtschaftswissenschaft dar. Sein Modell hat gegenwärtig besonders hohe Anziehungskraft. Die herrschende Denkmode läuft (noch) darauf hinaus, ihm alles anzuvertrauen. Sie ist blind für die Grenzen, die auch der funktionsfähigste Markt hat, wenn er für Zwecke in Anspruch genommen wird, für die seine Anreizsysteme nichts taugen. Wesentliche Bereiche der Daseinsvorsorge vertraut man dem Markt um den Preis der Unterversorgung essenzieller Bedürfnisse an. Öffentliche Versorgungssysteme, Wissenschaft, Justiz und Polizei, ja, auch der Sport, verlieren ihren funktionalen Sinn für die Gesellschaft, wenn sie sich den Gesetzen des Marktes unterwerfen. Vier Defizite disqualifizieren den Markt als *leitendes* Steuerungsinstrument:

Erstens: Der Markt bedarf eines Rechtsrahmens. Ohne den kann er nicht existieren. Es besteht ein zu geringes Vertrauen zwischen den wirtschaftlichen Akteuren, um sich auf Geschäfte mit hohen Werten und über lange Fristen einzulassen. Das Recht legt fest, wer legitime Akteure am Markt sind, was deren Rechte und Pflichten sind und welche Korridore der Legitimität für Vereinbarungen bestehen (Vertragsrecht). Noch die beachtliche Selbstregulation innerhalb der Privatwirtschaft stützt sich letzten Endes auf den »Schatten der Autorität«, den das staatlich garantierte Recht bietet, auf das sie zur Not zurückfallen kann.

Zweitens: Die Notwendigkeit, öffentliche Güter herzustellen, sowie die Externalitäten zulasten öffentlicher Güter, die der Markt produziert, machen ein ausschließlich marktgestütztes System für die Bewältigung der Globalisierungsproblematik untauglich. Die Produktion von umweltschädlichen Emissionen beispielsweise ist ein logisches Produkt der freien Marktwirtschaft. Erst der hoheitliche Eingriff – Emissionsnormen, Umweltsteuern oder der Handel mit Emissionszertifikaten – schafft Abhilfe. Denn auch Emissionszertifikate sind kein Produkt des Marktes, sondern ein rechtliches Produkt der Politik. Diese bedient sich des Marktes, um das gesetzte

Umweltziel zu erreichen. Ohne das Eingreifen »von oben« hätten die Marktteilnehmer aber gar nicht daran gedacht, dem wüsten Treiben der Umweltverschmutzung ein Ende zu setzen. Das Gleiche gilt etwa für die Fischerei: Setzt die Politik keine Fangquoten, dann fischen die großindustriell betriebenen Fangflotten die Meere leer, ohne die geringste Neigung zur Nachhaltigkeit. Wie im nationalen Maßstab ist der Markt weltweit ein Moloch der Naturvernichtung, wenn seinen Tendenzen zur preisgünstigen Ausbeutung des Ungeregelten nicht gegengesteuert wird. Ob es das Abfackeln von Erdgas aus den Ölfeldern ist oder das Abholzen der Regenwälder, ohne externe Regulierung stiftet der Markt von sich aus keine öffentlichen Güter, die allen zu Gute kommen, die sich Private aber nicht aneignen können. Dazu müssen die Marktteilnehmer erst durch Instrumente außerhalb des Marktes angereizt oder gezwungen werden. Man darf das dem Markt nicht vorwerfen – er ist dazu einfach nicht gemacht. Vorwerfen muss man lediglich den Hohepriestern des Neoliberalismus, dass sie die natürlichen Grenzen der Steuerungsfähigkeit des Marktes nicht zu erkennen in der Lage sind. Ein weiteres öffentliches Gut, das der Markt nicht aus sich selbst heraus schaffen kann, ist soziale Gerechtigkeit. Er stellt bestenfalls die Mittel dafür bereit. In globalem Maßstab lässt sich das verdeutlichen. Die Öffnung der Märkte hat im statistischen Durchschnitt soziale Wohlfahrtsgewinne erbracht. Die Zahl der Menschen, die ihre Grundbedürfnisse befriedigen können oder sogar einen bescheidenen Wohlstand genießen, ist absolut und auch relativ gestiegen. Zugleich ist aber auch die Zahl der ganz Armen gewachsen, und die sind noch ärmer als zuvor. Bestimmte Teile der Welt, wie die Mitte Afrikas, sind von der Entwicklung abgehängt. Das ist nicht nur die »Schuld« des Marktes, sondern auch die Folge des miserablen Regierens in diesen Ländern.

Aber der Markt hilft alleine nicht, mit den Problemen dieser Region fertigzuwerden. Das Gefühl der »Entmächtigung« durch die anonymen Gewalten des Weltmarktes ist im Übrigen riskant für die politische Stabilität. Menschen, die sich in ihren Lebensverhältnissen verunsichert und in ihren Lebenserwartungen enttäuscht sehen, suchen nach neuen Orientierungen und fallen leichter demagogischen Politikunternehmern zum Opfer als ein solider, zufriedener und gefestigter Mittelstand.

Drittens: Der Markt produziert unbeabsichtigte Nebenfolgen, die seine eigene Stabilität langfristig gefährden. So übertrifft die Kurzatmigkeit des Marktgeschehens mittlerweile sogar jene der Politik, und das will schon etwas heißen. Die Bonität von Unternehmen (und damit die persönlichen Schicksale von Spitzenmanagern und von einfachen Mitarbeiterinnen) bestimmt sich heute nach den Vierteljahresberichten. Die Börse reagiert wie ein Seismograph auf die kleinen Aufs und Abs, weil die größten Anleger, die amerikanischen Pensionsfonds, kurzfristig die Ansprüche ihrer Klienten bedienen müssen. Sie kaufen und verkaufen ihre Wertpapiere unter dem Gesichtspunkt, zeitnah möglichst viel Gewinn zu realisieren. All dies ist die Folge der schicksalsschweren Entscheidung Amerikas, die Altersversorgung dem Markt zu überlassen. Bei einem relativen Anstieg der alten Bevölkerung wird der Bedarf der einschlägigen Unternehmen immer kurzfristiger, denn der Betrag, der von Monat zu Monat zur Verfügung stehen muss, um die Ansprüche der Kunden zu befriedigen, steigt ständig. Angesichts der Bedeutung, die diese institutionellen Investoren an den Börsen haben, bewegt sich die Orientierung der Märkte immer weiter von der Nachhaltigkeit weg. Das Marktgeschehen hat – was schon Karl Marx zu einem Eckpunkt seiner Fundamentalkritik machte – die Tendenz zur Konzentration. Monopolisierte oder oligopolisierte Märkte funktionieren aber nicht im Sinne effizienter Steuerung, sondern bescheren lediglich den Begünstigten Extrarenten, für die der Rest aufzukommen hat. In Abwesenheit jeder global wirksamen wirtschaftspolitischen Regulierung entwickelt sich eine doppelte Ausbeutung von Verbrauchern (die Monopolpreise zahlen müssen) und von Arbeitskräften. Noch schlimmer wird es, wenn die Regierungen zwar neoliberale Parolen im Munde führen, deren Verwirklichung aber an den Belangen wohlorganisierter Interessengruppen haltmacht, wofür das westliche Agrobusiness das Paradebeispiel ist: Die Agrarpolitiken von EU, USA und Japan sind skandalös. Hier zeigt sich, dass nicht nur ein unregulierter, sondern auch ein einseitig regulierter Markt negative Konsequenzen erzeugt. Der Markt muss also, um nachhaltig zu funktionieren, durch »marktfremde« Mittel vor den eigenen Folgen geschützt werden.

Viertens: Der regulierungsfreie Markt erweist sich als amoralische Instanz. Hedge Fonds können als nützliche Investoren wirken, wo die Banken das Risiko scheuen, aber sie nehmen auch gesunde Unternehmen auseinander und setzen deren Beschäftigte auf die Straße, wenn das den größeren Gewinn verspricht. Transportunternehmen verschiffen giftigen Müll in Entwicklungsländer, denen die Kontrollmöglichkeiten fehlen oder wo die Verwaltungen korrupt sind. Waffenhändler heizen blutige Bürgerkriege durch ihre Lieferungen an. Am zugespitztesten erscheint die Morallosigkeit des Marktes in den »Kriegsökonomien« und »Gewaltmärkten« in Teilen Afrikas südlich der Sahara oder in Kolumbien. Dort bindet der Markt Kriegsherrentum, organisierte Kriminalität und ganz legale Weltmarktakteure in Gewaltorgien zusammen: Wer vom Krieg gut lebt – und das ist das Wesen des Kriegsherrentums und seiner marodierenden Gefolgschaft –, will vom

Krieg nicht lassen, nicht einmal, wenn sich die Chance für einen nicht unvorteilhaften Frieden bietet. Der Handel mit »Blutdiamanten«, der die Kriegsökonomien in Sierra Leone, Liberia und Angola am Laufen hielt, weil er die Akteure zum Gewalteinsatz motivierte (um an die Diamanten zu kommen) und sie mit den notwendigen Gewaltmitteln versorgte (durch den Verkauf der erbeuteten Diamanten), wurde durch eine Kombination moralischen Engagements (der Nichtregierungsorgansationen und Kirchen) und der Politik (die dem öffentlichen Druck nachgab) eingedämmt, aber keineswegs durch die Eigendynamik des Marktes und die dort agierenden Unternehmen. Die vollzogen ihre Wende erst, als Öffentlichkeit und Politik in die Offensive gingen. Der Markt schafft also auch nicht von sich aus Frieden, obgleich die meisten Unternehmen unter friedlichen Bedingungen besser florieren als in einer gewaltsamen Umwelt und daher wenigstens ein allgemeines Interesse haben, Friedensbestrebungen zu fördern.

Wie die Macht entfaltet auch der Markt, richtig eingesetzt, nützliche Steuerungswirkungen. Kein anderes Instrument trifft Entscheidungen so dezentral, effizient und schnell, verteilt Güter und Dienstleistungen mit geringerem bürokratischem Aufwand und hilft so, die Wohlfahrt zu mehren. Allerdings bedarf es der richtigen Rahmenbedingungen und gelegentlicher Interventionen (bzw. der Chance, dass solche Eingriffe stattfinden könnten), um seine Steuerungsleistungen so zu lenken, dass die schädlichen Nebenwirkungen vermieden werden und die erwünschten eintreten. Dazu müssen die anderen Steuerungsinstrumente in Stellung gebracht und sinnvoll mit dem Marktgeschehen kombiniert werden. Von einer solchen idealen, sich wechselseitig ergänzenden Justierung sind wir heute leider weit entfernt, am wenigsten in Konfliktregionen und in schwachen Staaten.

Moral

Markt und Moral könnten unterschiedlicher nicht sein. Der eine – ein unerbittlicher Mechanismus zur effizienten Verteilung materieller Güter ohne Ansehen irgendwelcher normativer Ordnungen. Die andere – voller wertgetränkter Bedenklichkeiten. Manchmal macht die Moral sich bei Marktakteuren geltend. Der »rheinische Kapitalismus« stach dadurch hervor, dass er neben dem unternehmerischen Gewinn die Belange der Belegschaft und des Gemeinwohls der Standortgemeinde im Auge behielt. Im US-Kapitalismus ist das Mäzenatentum und Stiftungswesen als »intrinsische Pflicht« erfolgreichen Unternehmertums verbreitet. Heutige Anstrengungen zur Selbstregulierung führen moralische Aspekte in das unternehmerische Handeln ein (»corporate social responsibility«), freilich zumeist nicht ohne äußeren Druck, nämlich in Reaktion auf die »negative Werbung« durch Skandale und durch stimmkräftige Nichtregierungsorganisationen, oder um weiter gehende politisch-rechtliche Eingriffe abzuwehren. An diesen Beispielen im Wechselspiel zwischen Moral und Markt zeigt sich: Auch die Moral kann ein durchaus wirksames Steuerungsinstrument sein. Sie setzt sich aus Prinzipien und abgeleiteten Verhaltensnormen zusammen, die zusammen eine »Logik der Angemessenheit« ergeben: Die Mitglieder einer moralisch integrierten Gemeinschaft wissen idealerweise, wie »man« sich in einem bestimmten Kontext angemessen zu verhalten hat. Da alle das wissen und dem gemeinsamen Kodex folgen, ergibt sich ein koordiniertes Verhalten. Für neue Probleme können solche Gemeinschaften auf der moralischen Grundlage einvernehmliche Lösungen finden, die sich dann in den Katalog der Verhaltensnormen einordnen. Insofern ist die Moral auch entwicklungsfähig.

Moral kann sich aus mehreren Quellen speisen. Eine wesentliche Quelle ist die Religion. Religionslehren bestehen üblicherweise – neben Vorstellungen über die außerweltliche Wirklichkeit und die Natur des Heiligen, neben den Gründungsnarrativen und heilsgeschichtlichen Erzählungen – aus ausführlichen, oft detaillierten normativen Katalogen; auffällig ausgeprägt sind dabei Vorschriften für das Sexualverhalten der Gläubigen. Sie geben dem jeweiligen Klerus durch Gewissensdruck und Sanktionen Macht über die Religionsangehörigen. Denn die Vorschriften sind so geartet, dass ihre Übertretung sicher prognostiziert werden kann: Moral wird zur Dienerin der Macht. Religiöse Moral ist vor allem dadurch charakterisiert, dass sie absoluten Geltungsanspruch erhebt, da sie nicht vom Menschen gemacht, sondern göttlichen Ursprungs, also nicht diskutierbar, sondern nur befolgbar sei. Häufig ursprünglich aus religiösen Traditionen geboren, aber im geschichtlichen Verlauf säkularisiert, sind auf das Herkommen gestützte Moralvorschriften (»das tut man nicht«, »was sollen die Leute sagen«). Sie können keine absolute Geltung mehr erheben; gegen sie lässt sich argumentieren und rebellieren, ohne dass die herausgeforderte Gemeinschaft mit der Keule des Häresie-Vorwurfs, der Exkommunikation und Ähnlichem mehr reagieren könnte. Sie ist letztlich – nach Schock, Indignation und Sanktionsversuchen – gezwungen, zu argumentieren und kann dabei auch unterliegen. Die deutsche Debatte über die »Leitkultur« ist eine Demonstration für die Schwierigkeiten, in die eine traditonsgestützte Moral gerät, wenn sie herausgefordert wird. Denn die Berufung auf die »christlich-abendländische Tradition« muss auch Judenpogrome, Inquisition und Hexenverbrennung mitschleppen. Sie gerät außerdem in einen unangenehmen Konflikt mit den verbindlichen verfassungsrechtlichen Grundsätzen, die die

Bevorzugung einer besonderen Religion, Ideologie oder Werteorientierung – außer den Werten, die in der Verfassung selbst verankert sind – untersagen. Moral kann also als Steuerungsinstrument ins Schlingern geraten, wenn sich die äußeren Verhältnisse schnell ändern, neue Generationen nicht mehr bereit sind, der überkommenen »Logik der Angemessenheit« zu folgen und einvernehmliche neue Grundsätze (noch) nicht zur Verfügung stehen. Solche Grundsätze können, wenn die Tradition erst einmal fundamental hinterfragt ist und die Religion ihre Bindewirkung gleichfalls eingebüßt hat, nur dem rationalen Diskurs der Gemeinschaft, die grundsätzliche Prinzipien und Normen teilt, entstammen. Eine solche Moral ist jedoch stets auf das Risiko der fehlenden Folgebereitschaft gestellt. Ihre Bindekraft reicht nicht mehr aus, um die alltäglichen Interaktionen der Gesellschaftsmitglieder reibungslos zu steuern, und ihre Prinzipien sind nicht verbindlich genug, um als Grundlage für neue Problemlösungen zu fungieren.

Überträgt man diese Überlegungen auf die Probleme des Weltregierens, so springt sofort ins Auge, dass wir hier keine hinreichende Basis für die gemeinsame Steuerung finden können. Behauptungen, wir lebten bereits im Zeitalter der Weltkultur, machen sich an Beobachtungen über Oberflächenphänomene (Musik, Kleidung usw.) fest, blenden aber die Differenzen in den Wertorientierungen der Menschen aus. Denn eine Weltmoral gibt es nicht; was in der liberalen Philosophie als solche bezeichnet wird, ist nichts weiter als der Versuch, die Grundlagen der eigenen Ethik zu universalisieren. Wie zersplittert die Welt in dieser Hinsicht ist, zeigt die Fundamentalisierung der Weltreligionen. Selbst wenn man kein Anhänger der These vom »Krieg der Kulturen« ist, fallen deren Gegensätze doch so weit ins Auge, dass man auf eine

Steuerung der Weltprobleme über moralische Prinzipien nicht setzen möchte. Ein moralischer Gleichklang, der ohne weitere Anstrengung zur Produktion von Problemlösungen aus gleichen Grundsätzen führen könnte, besteht nicht. Dennoch – wie Macht und Markt ist auch die Moral nicht ohne Nutzen für die Aufgaben, die vor uns stehen. Nahezu alle religiös verwurzelten Moralsysteme enthalten irgendwo den Respekt vor der Schöpfung und die Verpflichtung, im Einklang mit der Natur zu leben. Das hilft als Grundlage für die Promotion einer nachhaltig verträglichen Umweltpolitik. In vielen Moralsystemen, namentlich auch religiösen, gibt es das Gebot der Solidarität mit den weniger Begünstigten – das macht Debatten über globale Umverteilungsmaßnahmen leichter; tatsächlich ist Entwicklungspolitik im Westen von Beginn an auch (wenn auch keineswegs ausschließlich) aus einem von Solidaritäts- oder Barmherzigkeitsnormen getriebenen schlechten Gewissen unternommen worden. Versatzstücke von diversen Moralsystemen, die sich überlappen oder gar deckungsgleich sind, obgleich sich die Systeme als ganze eindeutig voneinander unterscheiden, können den Ausgangspunkt für die Diskussionen über gemeinsame Regelungen bilden. Sie helfen auch, diese anschließend in den je besonderen Ethiken der einzelnen Gemeinschaften zu verankern, weil die Befürworter der globalen Regelungen zeigen können, dass das gemeinsam Erreichte mit dem von der jeweiligen Ethik Geforderten vereinbar oder gar von ihr gefordert ist.

Die von den Vereinten Nationen inszenierten »Weltkonferenzen« zu globalen Fragen wie Umwelt, Bevölkerung, Frauenrechte sind globale Laboratorien, in denen an der Entwicklung einer Weltmoral gearbeitet wird. Die heftigen Kontroversen auf diesen Konferenzen zeigen, wie schwer diese Aufgabe ist. Die merkwürdigen Koalitionen – etwa diejenigen zwischen Saudi-Arabien, dem Vatikan, Iran und den Vereinigten Staaten gegen medizinische Maßnahmen der Geburtenkontrolle – zeigen überraschende Übereinstimmungen. Die Schlusserklärungen der Konferenzen wie auch die von den teilnehmenden Nichtregierungsorganisationen produzierten Dokumente geben Hoffnung, dass die Einigung auf eine »Grundcharta universaler Werte« langfristig nicht unmöglich sein wird. Dann könnten moralische Wertorientierungen, die so häufig Konflikte verschärfen, als Fundament für das brauchbarste aller Steuerungsinstrumente dienen, die uns zur Verfügung stehen: für das Recht.

Recht

Das Recht ist außer der Schrift und dem Rad vielleicht die genialste Erfindung in der Geschichte der Menschheit. Kein anderes Mittel vermag die Handlungen so vieler Menschen kontinuierlich über einen so großen Raum mit einem derartigen Minimum an direktem Zwang zu koordinieren und noch dazu so flexibel und wandelbar zu sein. Diese Eigenschaften – Koordination der großen Menge, räumliche und zeitliche Dehnung und Anpassungsfähigkeit – machen das Recht einzigartig geeignet, auch dem Weltregieren dienlich zu sein. Das Recht – gereinigt von den Einsprengseln der Macht, der Moral und des Marktes – ist seiner Idee nach ein allgemeines System an verbindlichen Regeln, das für alle Rechtsgenossen gilt, dessen Zweck es ist, den riskanten und kostenreichen Einsatz von Gewalt zu minimieren und zu dessen Durchsetzung mit Hilfe von Sanktionen nur bestimmte, spezialisierte Instanzen berechtigt sind. Sowohl das *Zustandekommen* von Recht wie auch seine *Anwendung* gehorchen selbst rechtsförmigen Regeln. Recht bindet also alle. Eine rechtlich gesteuerte Gesellschaft ist eine rechtsstaatliche (nicht aber zwangsläufig eine demokratische – Recht muss keine Wahlen vorschreiben und keine Rede- oder Koalitionsfreiheit erlauben). Im Absolutismus, in der Sklavenhaltergesellschaft oder in der Diktatur ist das Recht die Sklavin der Macht, im Gottesstaat diejenige der Moral, im Korruptionsstaat die Dienerin des Marktes. Recht funktioniert zwar in diesen Fällen als nützlicher Appendix eines anderen, dominierenden Steuerungsmittels. In allen drei Fällen ist es jedoch um seinen Zweck verkürzt, Gewalt als Herrschaftsmittel zu minimieren; das ist der Unterschied ums Ganze. Denn aus diesem Grunde büßt es wesentliche Elemente seiner Fähigkeiten zur umfassenden Steuerung ein, nämlich seine Eigenschaft, eine möglichst große Zahl der Rechtsadressaten, also der vom Recht Betroffenen, ohne den beständigen Einsatz von Zwangsgewalt oder die manifeste Drohung damit zur Gefolgschaft zu motivieren.

Unter der Perspektive der Nachhaltigkeit verdient die zeitliche Dimension des Rechts besondere Beachtung. Recht ist *dauerhaft*. Seine Vorschriften gelten grundsätzlich unbegrenzt, es sei denn, sie würden nach vorgeschriebenen Verfahren geändert. Diese Kontinuität gibt ihm Stetigkeit, die den Erfordernissen der Nachhaltigkeit entspricht. Dass andererseits Änderungen möglich sind, wenn wandelnde Umstände dies erfordern, macht das Recht geschmeidig gegenüber Überraschungen. Es bricht daher nicht zusammen, wenn es mit neuen Herausforderungen konfrontiert wird, sondern es wird so umgestaltet, dass es auch für diese Herausforderungen Antworten gibt. Kontinuität und Wandelbarkeit sind sich wechselseitig ergänzende Voraussetzungen, um das Steuerungsinstrument Recht nachhaltigkeitsfähig zu machen. Erst das Recht weist den übrigen Steuerungsinstrumenten – der Macht, der Moral und dem Markt – ihren Platz in einem wohlgeordneten, weltweiten System der Handlungskoordination zu.

Recht und Macht

Die ungebändigte Macht ist der größte Feind des Rechts, denn der Machthaber nutzt sie rücksichtslos zur Verfolgung der eigenen Interessen, frei von rechtlichen Grundsätzen und die Rechte seiner Mitmenschen (oder Mitstaaten) niedertrampelnd. Andererseits bleibt das Recht ohne die Sanktionsgewalt der Macht zahnlos. Das heißt nicht, dass das Recht jederzeit und an jedem Ort der unmittelbaren Sanktionsgewalt bedarf. Gerade das Gegenteil ist der Fall: Das Recht wird von den meisten Rechtsgenossen, Individuen und Kollektiven, die meiste Zeit beachtet, ohne dass die direkte Sanktionsdrohung jeden ihrer Schritte begleiten würde. Aber ganz im Hintergrund bleibt der Schatten der Macht erinnerbar. Die Möglichkeit, im äußersten Falle Gewalt androhen und auch anwenden zu können, ist die Bedingung jeder Rechtsordnung. Sie funktioniert unter normalen Umständen gewaltfrei; darin liegt ihr steuerungspraktischer Sinn. Gegenüber dem gefährlichen oder dem gewohnheitsmäßigen Rechtsbrecher steht ihren dafür zuständigen Instanzen die Verteidigung der Integrität des Rechts indes unter genau definierten Umständen zu.

Die Macht muss die Dienerin des Rechts sein. Nur dann sind die beiden aufeinander abgestimmt. Die Macht ist dazu da, dem Recht zum Sieg über jede Herausforderung zu verhelfen. Sie hat keinen anderen Zweck. Jede weiter gehende Zwecksetzung würde das Recht kompromittieren und das Quantum an Gewaltmitteln steigern, das zur gesellschaftlichen Stabilisierung verlangt wird. Die Macht muss ins Joch des Rechts gespannt sein, muss sich ihm willig und ohne Ränke beugen. Kein Machthaber darf über dem Recht stehen oder sich verweigern, wenn das Recht nach seiner Hilfe ruft, um sich gegen Rechtsbrecher durchsetzen zu können. Dieses Verhältnis – Macht unter Recht – ist das einzig gedeihliche. Dass geltendes Recht in gemilderter Form die Machtverhältnisse reflektiert (s. u.), bleibt von dieser Feststellung unbenommen. Die Unterordnung von Macht unter Recht hat weitreichende Folgen für die rechtgesteuerte Ordnung. Deren vielfältige Subjekte sind durch dieses Prinzip der Willkür der Stärkeren entzogen. Ihre eigene Autonomie findet – wie die der Akteure, die über größere Ressourcen verfügen – ihre Grenze nur an den Vorschriften des Rechts. Herrscht in der materiellen Realität ein Zustand von Ungleichheit, so nivelliert diesen dem Grundsatz nach das Recht: Es macht die Ungleichen gleich. Dass es unterhalb der formalen Rechtsgleichheit nur für Begüterte Zugänge zu rechtsrelevanten Privilegien gibt, etwa hochfähige, für den Normalverbraucher unerschwingliche Rechtsanwälte oder die Fähigkeit, den Instanzenzug bis zum (im Schadensfall bitteren) Ende durchzuhalten, stimmt in der Realität. Es zeigt indes, dass der Markt in unseren real existierenden demokratischen Rechtsstaaten sich das Recht in gewisser Hinsicht willfährig gemacht hat, also ein Abweichen vom Idealmodell.

Die Gleichheit muss auf der »Output«-Seite des Rechts als Prinzip bestehen. Auf seiner »Input«-Seite ist das nicht zwingend so. Unterschiedliche Ressourcenausstattung und Machtbefugnisse geben Akteuren unterschiedliche Chancen, die Substanz des Rechts zu beeinflussen. Folgerichtig wird das Recht die Interessen der Stärkeren stets etwas mehr reflektieren als die der Schwächeren. In einer rechtsfreien Konfrontation zwischen Stark und Schwach würde sich indes der Starke vollständig durchsetzen. Ein rechtlich fixiertes Rechtssetzungsverfahren, das in für alle geltende Regeln mündet, moderiert dieses Machtgefälle. Insofern bedeutet eine Rechtsordnung, in der der Schwächere eine Chance zur Mitwirkung hat, wenn auch nicht exakt die gleiche wie der Starke, gegenüber einem machtgesteuerten »Naturzustand« bereits einen Fortschritt. Sind, wie in der Demokratie, alle Rechtsbetroffenen über die Wahl der Repräsentanten indirekt an der Rechtssetzung beteiligt, steigt dieser Vorteil noch. Diese Asymmetrie in der Gestaltung des Rechts ist außerdem die Grundbedingung dafür, dass sich der Starke der weitgehenden Gleichheit der Behandlung der Rechtssubjekte an der »Outputseite« ohne zu lautes Murren unterwirft. Dass seine Interessen gewahrt sind, macht die bittere Pille, bei der Durchsetzung dieser Interessen zuletzt von seinen überlegenen Machtressourcen keinen Gebrauch machen zu dürfen, hinreichend erträglich, um gegen die Ordnung nicht zu rebellieren. Recht schafft einen Ausgleich zwischen Schwach und Stark, indem der Schwächere bessere Durchsetzungschancen erhält als im »Naturzustand«, ohne die Asymmetrie völlig einzuebnen, was den Stärkeren noch »bei der Stange hält«. Den Rest besorgt die Sanktionsgewalt, die hinter dem Recht steht und die gegen den rebellierenden Schwachen wie gegen den arroganten Mächtigen Druck entfaltet, sich gefälligst an die Regeln der Ordnung zu halten.

Im Verhältnis von Recht und Macht liegt der bedeutendste Vorteil einer rechtsgestützten Ordnung darin: Das Recht bietet die Chance, die Gewaltanwendung bei der Lösung von Konflikten auf ein anderweitig nicht erreichbares Minimum zu beschränken. Diese Chance ergibt sich aus zwei Eigenschaften des Rechts, seiner starken Normativität und der besonderen Art und Weise, wie es die Anreize zur Gefolgschaft bzw. zum gewaltsamen Widerstand strukturiert. Recht als für alle verbindliches und von den meisten befolgtes Regelwerk, das mit geltenden ethischen Normen überwiegend übereinstimmt (siehe nächster Abschnitt) und das starke Erwartungen der sozialen Umwelt an das eigene Verhalten erzeugt, schafft eine erhebliche innere Neigung zur Konformität. Diese Neigung ist probabilistisch, das heißt eine Wahrscheinlichkeitsregel, sie gilt faktisch nicht überall und stets, sondern für die große Mehrheit die meiste Zeit in den meisten Situationen und steht nicht dem kleinen Rechtsbruch, aber doch der großen, gewaltsamen Rebellion als Hemmschwelle im Wege.

Die gewalthemmende Wirkung des Rechts stützt sich zweitens auf die Art, wie es die Anreize, gewaltsamen Widerstand zu erwägen, für die verschiedenen Akteure justiert: Die Starken finden sich relativ besser in der bestehenden Rechtsordnung wieder, weil sie mehr von ihren Interessen spiegelt als von denen anderer. Die Schwächeren finden mehr von ihren Interessen aufgehoben, als sie je hoffen dürfen in der direkten Konfrontation mit den Starken durchsetzen zu können. Für beide ist daher der Anreiz vermindert, die bestehenden Verhältnisse mit Gewalt zu ändern. Die Sanktionsdrohung gegen den Rechtsbrecher tut ihr Übriges, um die Waage des Für und Wider gegen die Option, Gewalt anzuwenden, zu beschweren. Und schließlich bietet das Recht die Chance, Konflikte zu geringeren Kosten beizulegen, als dies mit einem gewaltsamen Aufbegehren möglich wäre. Die Rechtsordnung schließt die Gewaltanwendung nicht absolut aus. Aber sie umschreibt die Situationen eng, in denen Gewalt legitimerweise eingesetzt werden darf, indem sie sie privater Willkür entzieht. Ihre Anwendung ist strikt auf den Zweck beschränkt, Rechtsbrecher von der Störung der Ordnung abzuhalten. Im normalen Gang der Dinge hingegen hat Gewalt in der Interaktion zwischen den privaten Akteuren keinen Platz.

Recht und Moral

Recht besteht aus Bündeln von Geboten und Verboten, Erlaubnissen, Ermächtigungen und Konditionen, also aus den unterschiedlichsten Arten von Normen. Hinter vielen Rechtsnormen sind bei einigem Nachdenken sittliche Grundsätze zu erkennen. Zwischen der Moral einer Gesellschaft und ihrer Rechtsordnung gibt es einen Zusammenhang. Er ist keine spiegelbildliche Entsprechung. Das Recht kann hinter der Moral herhinken; der außereheliche Geschlechtsverkehr war gang und gäbe, als der »Ehebruch« noch die Scheidungsschuld besiegelte und das »schuldige« Teil materiell belastete. Umgekehrt kann das Recht der Moral vorauseilen. Die Abschaffung der Todesstrafe ging in Deutschland dem Zeitpunkt voraus, zu dem es Bevölkerungsmehrheiten gegen sie gab. Diese Zeitlücken hält eine Gesellschaft aus. Gäbe es zwischen Moral und Recht gar keine Überlappung mehr, fielen das gesellschaftliche Moralbewusstsein und die Rechtsordnung völlig auseinander, dann wäre die Stabilität der Gesellschaft in Gefahr.

Recht unterscheidet sich von der Moral durch die *formal geregelte Sanktionierung* – das gilt auch für das Völkerrecht, das Regeln für die Reaktion auf Rechtsbrüche enthält. Die Moral überlässt die Reaktion auf den Regelbruch jedem Mitglied der Gemeinschaft. Die möglichen Folgen sind chaotisch, und niemand hat eine Garantie dagegen, für ein Verhalten, das er für angemessen hält, womöglich von Segmenten der

Moralgemeinschaft bestraft zu werden. Der Staat als der Hüter des Rechts garantiert, die Rechtsnormen aufrechtzuerhalten und ihre Geltung, wenn nötig, zu erzwingen. Als äußerstes Mittel steht hierzu der legitime Einsatz von Gewalt bereit. Der Rechtsstaat verzichtet keineswegs kategorisch auf deren Anwendung, sondern entzieht die Gewalt bloß als allgemein verfügbares Instrument der Interessendurchsetzung. Er schreibt die Autorität zu ihrem Gebrauch bestimmten Funktionsträgern (etwa der Polizei) unter bestimmten Umständen und unter strikten Verfahrensregeln zu. Zugleich beugt diese Spezialisierung der Sanktionsinstanzen drei Risiken vor, die eine »frei flottierende« Moral für die Gesellschaft vorhält: Erstens bindet das Recht auch die Sanktionsinstanzen. Sie müssen Gleiches gleich und Ungleiches ungleich behandeln. Das hegt ihre Willkür ein. Zweitens begrenzt das Recht die Möglichkeit, moralische Ansprüche durchzusetzen. Drittens verhindert es die Moralanarchie: Es kann nicht jeder, der sich im Besitz von absoluten Wahrheiten wähnt, diese gegenüber seinen Mitmenschen mit allen Mitteln durchsetzen. Zwar sanktioniert auch die Gesellschaft moralisch abweichendes Verhalten, dem gegenüber Toleranzgebote nicht bestehen oder nicht allgemein geteilt werden. Unverheiratete Paare haben es auch heute noch im Milieu mancher Kleinstädte oder Dörfer schwer. Die Sanktionierung ist jedoch auf symbolische Akte beschränkt. Darüber hinaus unterliegen rechtswidrige Sanktionsakte (etwa einem unverheirateten Paar das Haus über dem Kopf anzuzünden) strafrechtlichen Verboten und werden von den zuständigen Akteuren verfolgt. Die chaotischen Folgen der Verwischung zwischen zwingender und symbolischer Sanktionskompetenz ist in jenen islamischen Gesellschaften zu beobachten, wo selbsternannte Tugendwächter Menschen mit einer liberaleren Moral drangsalieren und wo sich auf diese Weise ein destabilisierendes Gewaltpotenzial aufschaukelt. Dieses Gewaltpotenzial einzuhegen verlangt den Vorrang des Rechts vor der Moral. Die Verbindung von Recht und Moral in der Gesellschaft hat den Vorteil, dass sich die jeweiligen Argumente aufeinander beziehen können. Die Begründung neuer Gesetze fußt häufig – neben ihrer praktischen Aufgabe, für Konflikte oder Koordinationsentscheidungen verbindliche Vorgaben zu liefern – auf den moralischen Prinzipien, denen die Gesellschaft verpflichtet ist. Dabei brechen gelegentlich Kontroversen auf, was diese Prinzipien eigentlich bedeuten: Man denke an die zeitgenössische Debatte über die Stammzellenforschung. Hält man sich die Heftigkeit dieser Kontroverse in einer moralisch verhältnismäßig homogenen Gemeinschaft vor Augen, so gewinnt man einen Maßstab für die Schwierigkeit der Aufgabe, Schritt für Schritt ein weithin akzeptiertes, gültiges Völkerrecht zu schaffen. Die Vielfalt von moralischen Ordnungen auf der Welt verstellt zunächst einmal die Chance der problemlosen Begründung. Hoffnungslos ist dieses Unterfangen gleichwohl nicht. Denn schließlich ist auch die Interpretation der je kulturellen Ethiken, also unserer gesellschaftlichen Moral, in Einzelfragen hochkontrovers: siehe Ehebruch, Todesstrafe oder Stammzellenforschung. Trotz dieser Dispute gelingt die Gesetzgebung und die auf den Gesetzen beruhende Rechtsprechung. Für dieses Gelingen sind verschiedene Methoden verantwortlich: die Überordnung *einer* ethischen Norm über die widersprechende andere, ihr Nebeneinander in einer ambivalenten Rechtsformel, ihre Verschmelzung und ihre je situationsangepasste Interpretation in der Praxis der Rechtsanwendung; denn wie alle Sprache ist auch die Gesetzessprache nicht eindeutig, sondern bedarf der Interpretation ebenso, wie sie sie erlaubt. Dieselben

Methoden stehen grundsätzlich auch im trans- und internationalen Raum zur Verfügung.

Für das Weltregieren gibt es drei Wege, an diesem Problem zu arbeiten. Der erste führt über den bereits erreichten rechtlichen »Acquis«, die bestehenden völkerrechtlichen Bestimmungen. Sie dienen als Referenzgrundlage für die Weiterentwicklung rechtlicher Regeln für neue Probleme. Allerdings dürfen wir die Schwierigkeit nicht übersehen, dass wesentliche Bestandteile des Völkerrechts auf die Periode der westlichen Hegemonie zurückgehen und sich jüngere Staaten in diesen Regeln oft nicht wiederfinden. Das Prinzip der »Freiheit der Meere« im Unterschied zum Meer als »gemeinsamen Erbe der Menschheit« reflektierte z. B. ursprünglich das Interesse der großen seefahrenden Mächte gegenüber den in den Verteilungskämpfen zu kurz Gekommenen. Man sieht an diesem Beispiel, wie Gerechtigkeitsfragen – also moralische Gesichtspunkte – in die Regelung praktischer Belange – nämlich der Verteilung wirtschaftlicher Ressourcen – hineinspielen. Je inklusiver die Weiterentwicklung des Völkerrechts stattfindet, das heißt, je mehr es die Belange der unterschiedlichen Staaten, Regionen und ihrer Kulturen reflektiert, desto mehr beruht es auf einer sich allmählich entwickelnden Weltmoral, anstatt auf einem vom Westen gesetzten und dem Rest aufgedrängten Wertekanon. Der zweite Weg führt über die moralischen Gemeinsamkeiten zwischen den Kulturen. Das ist keine leere Menge, wie das Weltethikprojekt von Hans Küng und andere kulturell-vergleichende Studien herausgefunden haben. Wo Inseln der gemeinsamen Überzeugungen existieren – etwa in der grundsätzlichen Einigung darüber, dass es zwischen Arm und Reich auf der Welt einen gewissen Ausgleich geben sollte, in dem gemeinsamen Engagement, die Natur zu erhalten, in der Ablehnung eines Atomkrieges oder des

Terrorismus –, garantiert das zwar noch keine Einigkeit über die konkrete Ausgestaltung der einschlägigen Regelung. Sie bieten aber eine Wertgrundlage, die das gemeinsame Bemühen um eine solche Regelung gebieterisch fordert. Den dritten Weg habe ich im 4. Kapitel schon angesprochen: Die Staatenvertreter arbeiten im herkömmlichen Prozess internationaler Verhandlungen, in denen alle Weltregionen (und damit Weltkulturen) repräsentiert sind, praktische rechtliche Lösungen zu konkreten Problemen aus. In einem zweiten Schritt filtern Ethik-Experten aus solchen Lösungen die moralischen Prinzipien heraus, die – möglicherweise unartikuliert – in den Kompromiss eingegangen sind. Denn die Verhandler werden keiner Lösung zustimmen, die ihrer Werteordnung total widerspricht. Ist dieser Weg von der praktischen Konkretion zum abstrakten Prinzip einmal beschritten worden, lässt sich dieses Prinzip, in dem sich die unterschiedlichen Werteordnungen wiederfinden können, in Zukunft als Bezugsrahmen für neues Recht nutzen. Es entsteht ein fruchtbarer Zirkel von praktischem Rechtskompromiss zum moralischen Grundsatz, der hinter dem Recht steht und zurück zur praktisch orientierten Rechtsschöpfung. So lassen sich Schneisen in den Dschungel kultureller Verschiedenheit und abweichender Gerechtigkeitsvorstellungen auf der Welt schlagen.

Recht und Markt

Schon Kant verstand, dass Handel ohne Rechtsrahmen nicht gedeihen kann. Sein »Weltbürgerrecht«, das zurückhaltend gefasst ist, galt ihm als die Voraussetzung, unter der wirtschaftliche Beziehungen sich entfalten können. Es garantiert dem (handelswilligen) Besucher die Integrität an Person, Körper und Habe, dem das Besuchsrecht gewährenden Land, dass es von etwaigen Eroberungsabsichten ungeschoren bleibt. Dies schafft das wechselseitige Vertrauen, das den wirtschaftlichen Austausch von der Furcht der Gewaltanwendung freistellt.

Dieser Gesichtspunkt ist heute noch relevant. Das zeigen die Zweifel an der Rechtssicherheit in China. Dort fallen einerseits die Belange der Arbeitnehmer kaum ins Gewicht, andererseits werden Eigentumsrechte (namentlich Rechte des geistigen Eigentums wie Patente und Urheberschutz) nicht geachtet. Wenn die Euphorie über die Chancen des chinesischen Marktes einmal verflogen sein wird, könnten größere Zurückhaltung und sogar der Rückzug aus China die Folge sein; jedenfalls dann, wenn sich ähnliche Chancen in Räumen höherer Rechtssicherheit, etwa in Indien oder Singapur, bieten. Die erste Funktion des Rechts im Verhältnis zum Markt lautet also: Das Recht muss den Rahmen setzen, innerhalb dessen die Marktteilnehmer sich in Sicherheit bewegen können. Nachhaltige wirtschaftliche Beziehungen über einzelne erfolgreiche Transaktionen hinaus müssen sich auf Rechtsgarantien verlassen können. Die zweite Funktion ergibt sich aus den Nebenfolgen des Marktgeschehens, welche Wirtschaftswissenschaftler als »Externalitäten« bezeichnen, etwa die Umweltverschmutzung (s. o.): Nur die von der Politik gesetzten rechtlichen Schranken können die wirtschaftlichen Aktivitäten in eine Richtung lenken, die mit den privaten und öffentlichen Interessen an einer lebensfähigen natürlichen Umwelt vereinbar ist.

Der Markt erzeugt neben Aufstiegschancen auch chronische Ungleichheiten. Ein gewisser Prozentsatz dieser Ungleichheiten mag sozial nützlich sein, weil er als Anreiz die weniger Begünstigten zu vermehrten Leistungen motiviert, die damit – indem sie ihre urpersönlichsten Interessen verfolgen – zugleich dem Gemeinwohl dienen. Freilich hat der Markt kein Sinnesorgan, um den kritischen Punkt zu messen, an dem dieser positive Anreiz in Ungerechtigkeit, destabilisierende Frustration und Wut umschlägt. Wer sich sein Leben lang plagt, ohne die erhoffte Belohnung zu erhalten, wer als junge Arbeitnehmerin ins Berufsleben eintritt mit der Aussicht auf Altersarmut, wird für die sozialen und politischen Institutionen, die dieses Schicksal vorzeichnen, keine Sympathie hegen. Ohne Anspruchsrechte auf eine soziale Kompensation für extrem ungleiche Ausgangschancen wäre die Zukunft des Gemeinwesens auf tönerne Füße gestellt. Über das Recht entsteht die Möglichkeit, minimale Standards von Verteilungsgerechtigkeit zwischen anderweitig extrem ungleichen Akteuren zu sichern. Diese Praxis war im Sozialstaat selbstverständlich. Auch nach dessen Umbau und Entschlackung wäre es fatal zu glauben, man könne im Vertrauen auf die Wohltätigkeit des Marktgeschehens auf sie verzichten. Der Markt ist blind für Gerechtigkeitsfragen. Das Recht muss ihm nachhelfen. Was innerhalb der Nationalstaaten ebenso gilt wie weltweit. Und es gilt für den gesamten Bereich der »öffentlichen Güter«, die ohne Rechtsregeln nicht zustande kommen. Der Markt ist demnach ein phantastisches Instrument, um erwünschte Leistungen möglichst wirtschaftlich zu erreichen. Diese Eigenschaft kann für die »Governance« genutzt werden. Seine Funktionen wirken aber nur dann gemeinnützig, wenn er durch Recht geschützt, durch Recht in der Vermeidung von »Externalitäten« und sozialer Ungerechtigkeit gesteuert wird und wenn das Recht ihm zu Hilfe kommt, um Leistungen, die er von sich aus nicht erbringen kann, auf hoheitlichem Wege bereitzustellen. Markt und Recht ergänzen sich prächtig, solange der Vorrang des Rechts gilt.

Die Flexibilität des Rechts

Die Zeiten und ihre Umstände ändern sich. Deshalb darf nichts in Stein gemeißelt sein, was für die Lösung praktischer Probleme gedacht ist. Das gilt auch für das Recht. Vor allen Dingen vier Faktoren des Wandels müssen aufgefangen und umgesetzt werden: Die Verschiebung der Machtverhältnisse zugunsten zuvor unterprivilegierter, aufstrebender Gruppen, die sich – angemessen gedämpft – in der Rechtsordnung niederschlagen müssen; der technologische Fortschritt, der nach neuen Regelungen der Ermächtigung, Erlaubnis, der Einschränkung und des Verbots verlangt (man denke an das Internet oder die Biotechnologie); die Entdeckung neuer Probleme, die nach einer Lösung verlangen (und die oft mit neuen technischen Gegebenheiten zusammenhängen); und das Aufkommen neuer Ansprüche, Forderungen, Wertorientierungen und Moralvorstellungen unter den Menschen, welche sie in Recht gegossen sehen möchten. Neben dieser von außen angeregten Veränderung des Rechts gibt es seine innere Dynamik, die einen wichtigen Beitrag zum Wandel leistet. Diese Dynamik liegt im innerrechtlichen Diskurs, sei es in der Rechtswissenschaft, sei es in der Rechtsprechung, der das geltende Recht immer von neuem schöpferisch weiterentwickelt. Das Recht ist flexibel, weil es neben dem materialen Recht – das die inhaltlichen Normen, nach denen wir uns zu richten haben, vorgibt – auch das Verfahrensrecht gibt, das bestimmt, wie wir zu verbindlichen Entscheidungen gelangen, sei es, um geltendes Recht anzuwenden, sei es, um dessen Normen und Regeln zu verändern. Jede Rechtsordnung hat ihre Änderungsverfahren. Im Absolutismus oder in der Diktatur ist es einfach die Willkür des Herrschers, im nichtdemokratischen Rechtsstaat die Abwägung der herrschenden Koalitionen, in der Demokratie die Deliberation und der Beschluss der gesetzgebenden Gewalt, des Parlaments. Die Beharrlichkeit des Rechts und der anscheinend unausrottbare Konservatismus der politischen Klasse (vielleicht aber auch von deren Wählern), die schiere Schwierigkeit, zwischen pluralistischen gesellschaftlichen oder föderalen Interessen einen Ausgleich herbeizuführen, bewirken, dass Anpassungen oft zu spät geschehen; in Diktaturen, in denen notwendige Reformen die Stellung des Herrschers gefährden mögen, bleiben sie oft über lange Zeiten aus. Irgendwann jedoch geschieht die Anpassung, und das Recht ist wieder auf dem Stand der Dinge. In dieser Beziehung ist das Recht gegenüber der Macht im Vorteil (die über ein ihr selbst gefährliches Beharrungsvermögen verfügt), der Markt ist eher noch besser – sofern er nicht durch monopolistische oder oligopolistische Strukturen verzerrt wird –, produziert aber zugleich alle Externalitäten, die die neuen Umstände mit sich bringen, die Moral steht dem Recht in ihrem Beharrungs- und Wandlungsvermögen gleich oder ein wenig nach. Sie eilt dem Recht gelegentlich voraus (wie die Sexualmoral der späten sechziger Jahre) oder bleibt hinter ihm zurück (wie in der Frage der Todesstrafe). Jedenfalls ist das Recht mit seinen rechtlich geregelten Rechtssetzungsverfahren flexibel genug, um seine Steuerungsaufgaben wahrzunehmen.

Völkerrecht

Gut und schön – aber wir reden hier über die Verhältnisse jenseits des Nationalstaats. Gilt all das, was über die Möglichkeiten und die Grenzen des Rechts, über sein Zusammenwirken mit und seine Funktionen gegenüber den anderen Steuerungsinstrumenten gesagt wurde, wirklich auch für den vermeintlich zahnlosen Papiertiger des Völkerrechts? Damit wären wir zurück bei der Ausgangsfrage des Kapitels. Ist es klug und gerechtfertigt, das Völkerrecht mit der gewaltigen Aufgabe zu betrauen, zentrales Steuerungsinstrument für ein wirksames Weltregieren zu sein? Überfordert man die vermeintlich schwache Normativität dieser prekären Institution nicht hoffnungslos? Wie der amerikanische Völkerrechtler Louis Henkin vor vielen Jahren prägnant feststellte, beachten die meisten Rechtsgenossen (das heißt: Staaten) die Vorschriften des Völkerrechts in den meisten Fällen die meiste Zeit. Damit schneidet das Völkerrecht nicht grundsätzlich schlechter ab als das innerstaatliche Recht. Denn schließlich ist jede meiner Leserinnen bereits bei Rot über die Straße gegangen, haben die meisten Leser Geschwindigkeitsbegrenzungen überschritten, ein bisschen Steuern hinterzogen und dergleichen mehr. Zwar kennt das Völkerrecht keine unabdingbare Zwangsgewalt wie das innerstaatliche Recht: Die Polizei und die Staatsanwaltschaft müssen Rechtsbrüche verfolgen, tun sie es nicht, kann man sie verklagen, und ein anderer Agent unseres Rechtssystems muss in Aktion treten. Im internationalen System ist niemand, auch nicht der Sicherheitsrat, dazu *verpflichtet*: Der Sicherheitsrat definiert die Situationen selbst, in denen er den internationalen Frieden und die Sicherheit für gefährdet hält und dann Abhilfe schafft. Klagemöglichkeiten gegen seine Untätigkeit gibt es nicht – siehe Ruanda 1994. Aber wie erzeugt das Völkerrecht unter diesen Umständen diesen erstaunlichen Grad an Gefolgschaft unter seinen Rechtsgenossen? Die Wirkung des Völkerrechts ruht auf sieben Säulen. Erstens sind viele völkerrechtliche Bestimmungen im wohlverstandenen Interesse der Staaten. Sie würden vielleicht dies und jenes etwas anders machen – deshalb sind die Rechtsvorschriften wichtig, um ihr Handeln zu koordinieren –, aber im Großen und Ganzen fühlen sie ihre nationalen Interessen in den einschlägigen Bestimmungen gut aufgehoben und fügen sich ihnen daher willig. Zweitens sehen die Regierungen ein, dass einzelne Bestimmungen ihren Wünschen zwar schmerzlich zuwiderlaufen und dass sie vielleicht auch die ganze Ordnung gerne etwas anders hätten, dass aber ein völlig rechtsfreier Zustand noch schlechter wäre als das bestehende, im Einzelnen nicht immer wohlgefällige Geflecht von Regeln und Normen. Sie fügen sich dem geltenden Recht daher als dem kleineren Übel, nicht weil sie voll überzeugt hinter seinen Inhalten stünden. Drittens übt das Völkerrecht aufgrund seines besonderen Verpflichtungscharakters einen starken normativen Druck aus, ihm zu folgen. Ich habe das oben bereits als eine allgemeine Eigenschaft des Rechts charakterisiert, und für das Völkerrecht als Teil des Ganzen gilt das auch. Weil es geltendes Recht ist, ist es das angemessene Verhalten eines »guten Weltbürgers«, das heißt, eines souveränen, in der Staatengemeinschaft verankerten Staates, den Normen zu folgen – sogar unabhängig von ihrem jeweiligen Inhalt. Viertens bleibt den von geltenden Bestimmungen weniger Begeisterten die Chance, an deren Änderung zu arbeiten. Recht ist ja flexibel. Die Vertragsparteien, aber auch der Internationale Gerichtshof, können Verträge uminterpretieren; die Staaten können sie – unter Mühen – auch ändern. Man kann Verträge sogar verlassen, wenn die Schmerzgrenze der Verletzung eigener Interessen überschritten ist. Das Völkerrecht verdammt einen – vermeintlich oder tatsächlich – durch manche Bestimmungen beteiligten Staat nicht zu ewigem Leiden oder gar zur Zweitklassigkeit. Es bietet über den »Kampf ums Recht« die Chance zum Wandel. Auch diese Aussicht hält viele bei der Stange. Diese Interpretationsfähigkeit des Völkerrechts hat allerdings den Nachteil, dass es den Staaten die Möglichkeit gibt, ihre eigenen

Abweichungen als völkerrechtskonform zu bemänteln – selbst im Irak-Krieg von 2003 hat die Kriegskoalition behauptet, legal zu handeln. Um die globale Steuerungsfähigkeit des Völkerrechts zu stärken, sind daher mehr Vorkehrungen für verbindliche Rechtsauslegungen und Streitschlichtungen zu treffen. Fünftens sind alle Staaten um ihre Reputation besorgt. Sie müssen mit den Rechtsgenossen in der Staatengemeinschaft auf Dauer zusammenleben. Sie wünschen, dass ihre eigenen Interessen von den anderen berücksichtigt und respektiert werden. Hat man einmal den Ruf als rechtsbrechender Rabauke erworben, bleibt die freundschaftliche Hilfe aus, wenn man sie braucht. Ein chronischer Rechtsbrecher kann beispielsweise kaum mit genügend Unterstützung rechnen, wenn er sich um einen nichtständigen Sitz im Sicherheitsrat bewirbt. Seine Bürgerinnen und Bürger haben es in internationalen Organisationen schwerer, leitende Posten zu erobern. Das »shaming and blaming«, das öffentliche Bloßstellen des Rechtsbrechers in internationalen Fora, hat mehr als nur symbolische Wirkung. Es senkt das Prestige eines Staates mit durchaus materiellen Folgen ab. Sechstens stehen die Sanktionen als drohendes Menetekel im Wege. Rechtsbrüche werden oft nicht sanktioniert, aber manchmal eben schon. Ob oder ob nicht, weiß der Rechtsbrecher im Voraus nie genau, außer den permanenten Mitgliedern des Sicherheitsrats, die Sanktionen gegen sich selbst durch ihr Veto verhindern können. Ansonsten hängt das Risiko von Sanktionen – im Extremfall ein vom Sicherheitsrat mandatierter militärischer Eingriff unter Kapitel VII der UN-Charter mit dem ausdrücklichen Ziel oder der Nebenfolge eines Regimewechsels – als Damokles-Schwert ständig über dem Haupte des Übeltäters. Es ist (anders als im nationalen Rahmen) kein sicheres, aber ein mögliches Risiko und besitzt insofern durchaus einen Abschreckungswert gegen Rechtsbrüche. Dabei gilt die Regel, dass die Sanktion umso wahrscheinlicher folgt, je gravierender die begangene Rechtsverletzung war (und je ferner der Delinquent den permanenten Mitgliedern des Sicherheitsrates steht). Siebtens bewirkt in der Praxis der »transnationale Rechtsprozess« (Harold Koh), dass Staaten überwiegend dem Völkerrecht gehorchen. Sie sind in eine Vielfalt von Rechtsbeziehungen mit anderen Staaten (und deren Gerichten), internationalen Organisationen – einschließlich des Internationalen Gerichtshofs –, und nichtstaatlichen Akteuren eingebunden, die alle reagieren, wenn ein Rechtsbruch vorliegt. Die ständige, rechtsbasierte Praxis des rechtsbrechenden Staates wird damit empfindlich gestört, und diese Störung muss er gegen das vermeintliche Interesse abwägen, das ihn zu seinem Regelbruch veranlasst hat. In den meisten Fällen führt diese Abwägung bereits im Vorhinein zu einem regelkonformen Verhalten.

Macht, Weltmarkt, »Kampf der Kulturen« und Völkerrecht

Das Völkerrecht muss sich mit den übrigen Kandidaten, die als Steuerungsinstrumente für ein nachhaltiges Weltregieren fungieren könnten, irgendwie arrangieren. In welchem Verhältnis steht es zur Machthierarchie der Staaten im internationalen System, zum Weltmarkt, der scheinbar noch die Mächtigsten zwingt, sich konform zu verhalten, zur Moral, die vor allem in Gestalt der Wiederbelebung des Religiösen in den vergangenen drei Jahrzehnten an Einfluss gewonnen hat? In der Auseinandersetzung mit diesen Fragen möchte ich vorsichtig andeuten, in welche Richtung sich völkerrechtliche Regeln und ihre Produktion im Interesse von Nachhaltigkeit bewegen sollten.

Völkerrecht und internationale Machtverhältnisse

Die gewichtigste Einrede gegen das Völkerrecht stammt aus der Schule der »Realisten«: Sie halten das Völkerrecht für eine hübsche Garnitur auf den Machtverhältnissen. Der Starke hält sich so weit daran, als es seinen Interessen nützt. Ist diese Übereinstimmung nicht mehr gegeben, bricht er es. Diese skeptische Einschätzung beschreibt ein Stück Realität richtig. Dennoch unterwerfen sich auch starke Staaten Regeln des Völkerrechts, die ihnen Opfer abverlangen. So ruft die Regierung der USA die Streitschlichtung der Welthandelsorganisation an, wenn sie amerikanische Handelsinteressen unberechtigt verletzt glaubt. Deutschland bemüht sich, seine Verpflichtungen aus dem Kyoto-Protokoll einzuhalten, obgleich ihm das finanzielle Anstrengungen und vielleicht auch manchen (vorübergehenden) Wettbewerbsnachteil für die energieintensiven Industriebranchen einfährt. Von den sieben Gründen, dem Völkerrecht zu folgen, greifen also wenigstens einige auch bei großen Staaten. Freilich sollte man das Machtproblem nicht trivialisieren. Die schamlose Art und Weise, in der die Bush-Administration Völkerrecht gebrochen hat (im Irak-Krieg) oder den Eintritt in wichtige Regelungen verweigert (Kyoto-Protokoll, Internationaler Strafgerichtshof) oder ihre Entstehung sabotiert hat (Biowaffen-Protokoll), bietet betrübliche Hinweise auf die Verwundbarkeit des Völkerrechts, wenn der Rechtsbrecher oder Rechtsverweigerer das »stärkste Kid in Town« ist. In diesem Fall hat die Staatengemeinschaft wenig Möglichkeiten, den Übeltäter zur Räson zu bringen. Staatlich verhängte Wirtschaftssanktionen bieten ein zu großes Risiko für die Initiatoren, weil der Delinquent wirksam zurückschlagen kann. Militärische Sanktionen gar würden einen Weltkrieg auslösen. Allianzbeziehungen bringen die Partner von vornherein dazu, die Kritik äußerst sanft zu üben, zu verstummen, oder sich pudelartig auf die Seite des Regelverletzers zu schlagen. Keine dieser drei Verhaltensweisen ist geeignet, dem Völkerrecht das zu geben, dessen es bedarf: die Chance, sich gegen starken Widerstand dennoch durchzusetzen.

Abhilfe ist nur aus zwei Quellen zu erwarten. Die erste ist die Einsicht der Starken in ihre eigenen *langfristigen* Interessen. Wenn Hegemonie und Imperialismus die Probleme nicht lösen können, die auch der Hegemon oder die imperiale Macht zu bewältigen haben, wenn Macht ein kostspieliges Steuerungsinstrument ist, dessen Einsatz den Mächtigen selbst schwächt, je öfter er es gebrauchen muss, dann ist es auch in seinem Interesse, die Kompromisse einzugehen, die dem Recht Geltung verschaffen. Die Einsicht in die Notwendigkeit, für die langfristige Optimierung der eigenen Ziele auf die kurzfristige Durchsetzung vordergründiger Vorteile zu verzichten, fällt vor allem Großmächten schwer; daran sieht man, dass ein aus vielen intelligenten Leuten zusammengesetztes Kollektiv durchaus Schwierigkeiten hat, sich über das mentale Niveau eines Vierjährigen zu erheben. Aber glücklicherweise weicht dieses Handicap doch gelegentlich der Einsicht, ohne die es das Völkerrecht noch ungleich schwerer hätte. Die zweite Quelle ist die Macht der Zivilgesellschaft. Die ist größer, als sie selbst vermeint (s. u.).

Völkerrecht und Weltmarkt

Das Recht muss den Rahmen für den Weltmarkt setzen und sodann seinem Walten Schranken setzen. Elemente einer solchen Rechtsordnung existieren bereits, aber nicht vollendet.

Ein marktkonformes Grundprinzip, das überfällig ist, ist der faire Zugang von Produkten aus den Entwicklungsländern auf die westlichen Märkte. Damit würde die Privilegierung der Landwirtschaft ebenso wegfallen wie die abenteuerliche Bevorzugung nicht konkurrenzfähiger Industriezweige (Werften, Stahl, Textil, Kohle), welche sich manche Industrieländer immer noch leisten. Die Kosten teilen sich in vereintem Leiden die in den betreffenden Branchen Arbeitslosen der Entwicklungsländer und die Verbraucher unserer Breiten, während sich die erfolgreichen Lobbyisten für ihre siegreiche Attacke auf das globale Gemeinwohl hochleben lassen. Ein zweites Prinzip könnte die Einrichtung von sozialen Mindeststandards sein, die mit wachsendem Pro-Kopf-Einkommen des Landes progressiv steigen. Bislang stößt die Forderung nach solchen Mindeststandards auf die kollektive Abwehrfront der Entwicklungsländer. Sie verweisen auf die Phase des »Manchester-Kapitalismus« des Westens, den Marx und Engels ebenso kritisch wie präzise beschrieben haben – allerdings ohne die Weitsicht, wie die Dynamik dieses Kapitalismus schließlich auch das Los der Arbeiterklasse in einer für die beiden Autoren unvorstellbarer Weise zum Besseren verändern würde. Mit diesem Hinweis beanspruchen die Entwicklungsländer das Recht, dieselbe Ausbeutungsperiode zu absolvieren, um die Straße des Wohlstands anzusteuern. Mit einem gewissen Recht argwöhnen sie, dass die Befürworter uniformer, universal gültiger sozialer Mindeststandards – etwa die westlichen Gewerkschaften – nur die Privilegien ihrer eigenen Klientel absichern wollen, ohne Rücksicht auf die Entwicklungschancen der ärmeren zwei Drittel dieser Welt. Das Minimum der Standards auch für die ärmsten Länder müsste so definiert werden, dass der Wettbewerbsvorteil niedrigerer Löhne gewahrt bleibt, zugleich aber ein Sozialdumping-Wettbewerb unter den Entwicklungsländern um immer geringere Löhne, um Investoren anzuziehen, verhindert wird. Ein drittes Prinzip sollte die (überprüfbare) Verpflichtung auf ökologiekonformes Verhalten sein, gestaffelt nach Wohlstand. Pflichten würden auch die armen Länder einbeziehen (mit einem vernünftigen Ausgleich, der die Reichen zur Hilfe verpflichtet). Hier läuft die Argumentationslinie parallel zu derjenigen in der sozialen Frage: Da sich die westlichen Länder bis vor kurzem als Umweltschweine betätigt haben und auch jetzt noch bei weitem die höchsten Schadstoffemissionen auf dem Gewissen haben, beanspruchen die Entwicklungsländer – gerade diejenigen, die auf dem Weg nach oben sind wie China oder Indien, – so lange zum Ruin der Natur beitragen zu dürfen, bis sie das Wohlstandsniveau des Westens erreicht haben. Mittlerweile weicht dieses kurzsichtige Dogma unter der Einsicht auf, dass die selbstgemachten Umweltschäden als Entwicklungshindernis wirken und insofern ihr Eigeninteresse es nahelegt, einen vom Westen unterschiedlichen, von vornherein auf Umweltverträglichkeit ausgelegten Entwicklungspfad zu nehmen. Viertens sollten für die international operierenden Unternehmen universale Regeln im Verhältnis zu ihren Gastländern und deren Bevölkerungen gelten; die UN Draft Norms on Business and Human Rights zielen in diese Richtung. Das betrifft auch ökologisches Wirtschaften, gesetzeskonforme Steuermoral, Respektierung sozialer und arbeitsrechtlicher Standards und der Normen technischer Sicherheit / Arbeitsschutz. Von großer Wichtigkeit ist das Verbot von Korruption. Unternehmen sollten ihren Gastländern für den Schaden am Gemeinwohl, der durch ihre Bestechungsaktivitäten entstanden ist, erstattungspflichtig sein, aber unter der Voraussetzung, dass die korrupten staatlichen Empfänger der gezahlten Gelder oder

der geleisteten Vergünstigungen zur Rechenschaft gezogen werden. Umgekehrt müssen die Gastländer rechtlich einklagbare Garantien an materiellem und geistigem Eigentum geben, die nur unter der Voraussetzung (und unter ordentlichen Verfahren) widerrufbar sind, wenn die Unternehmen ihrerseits ihre Verpflichtungen verletzt haben oder wenn etwa ein gesundheitlicher Notstand Ausnahmen erfordert. Fünftens wäre ein Ausgleich für die sozial und ökologisch schädlichen Folgen globalen Wirtschaftens zu schaffen. Die praktikabelsten und vernünftigsten Vorschläge, die bislang auf dem Tisch liegen, sind die Tobin-Tax auf kurzfristige Währungsspekulationen und eine Abgabe auf den Flugverkehr. In beiden Fällen gehen die Vorschläge zulasten vergleichsweise begüterter Akteure und lassen sich zugunsten weniger begüterter oder auch zur Unterstützung umweltpolitischer Maßnahmen in armen Ländern einsetzen. Steuern auf CO_2-Ausstoß, auf den »ökologischen Rucksack« (Schmidt-Bleek) oder den »ökologischen Fußabdruck« (Jäger) der Produkte zu erheben trifft die Geldbeutel mehr in der Breite, verspricht aber auch noch größere umweltfreundliche Wirkungen. Die Rechte und Pflichten, welche aus diesen Regelungen erwachsen, müssen rechtlich kodifiziert werden. Höchst wirksam wäre es, besonders gravierende Verstöße gegen derart kodifizierte Regeln – z. B. grob umweltschädliches Verhalten oder Korruption zum Schaden armer Länder – unter die Straftaten einzureihen, deren Verfolgung dem Internationalen Strafgerichtshof untersteht, falls die Mutter- oder Sitzländer der Verantwortlichen nicht von sich aus die Strafverfolgung einleiten. Ein Manager, der für die Korruptionspraxis seines Unternehmens verantwortlich zeichnet, könnte dann nicht mehr international reisen, ohne die Verhaftung und Aburteilung zu riskieren. Ein Diktator oder ein General, der Kriegsverbrechen auf dem

Kerbholz hat, kann ein faktisches Reiseverbot vielleicht verschmerzen. Für einen Geschäftsmann wäre es das Ende der Karriere.

Völkerrecht und Moral

Eine universale Moral gibt es nicht, allenfalls schwache Vorformen, die als Fundament für ein kohärentes Recht nicht ausreichen. Selbst die Allgemeine Erklärung der Menschenrechte, ein Beispiel für »weiches« Recht, kann nur mit Vorsicht als Ausdruck einer solchen Moral gewertet werden. Denn sie kam zu einem Zeitpunkt zustande, als die westlichen Länder die Vereinten Nationen noch eindeutig dominierten. Wer sich darüber empört, dass zahlreiche Länder die Erklärung in ihrer eigenen politischen Praxis nicht verwirklichen, sollte sich daran erinnern, dass der Westen mit gleicher Beharrlichkeit die Konventionen über wirtschaftliche, soziale und kulturelle Rechte ignoriert, die seinen eigenen liberalen Überzeugungen weniger entsprechen. Diese Selektivität gegenüber jenen internationalen Vereinbarungen, die einer kodifizierten Moral am nächsten kommen, sollte nachdenklich stimmen. Also muss man sich anders behelfen. Das Völkerrecht sollte als entscheidendes Instrument verstanden werden, um die aus dem Zusammenprall unterschiedlicher Moralvorstellungen – ja, voneinander abweichender Universalismen – entstehenden Gewaltrisiken einzuhegen. Wie das geschehen kann, haben die Vereinten Nationen im Falle des Terrorismus vorexerziert. Es war bis heute nicht möglich, sich auf eine gemeinsame Definition dieses Begriffs zu einigen. Dennoch gibt es dreizehn einzelne Übereinkommen zur Bekämpfung des Terrorismus. Wie war das möglich? Ganz einfach – indem die Staaten, die den Terrorismus im Allgemeinen nicht definieren wollten, weil »des einen Terroristen des anderen Befreiungskämpfer« ist, sich darüber verständigen konnten, dass bestimmte Taten nichtstaatlicher Akteure unzweifelhaft terroristischer Natur sind und dem Interesse (und den Moralvorstellungen) aller zuwiderlaufen, etwa Flugzeugentführungen, die Entführung, Misshandlung und Tötung von Diplomaten oder nukleare Anschläge.

Zwei Folgerungen sind festzuhalten. Erstens: Die Tatsache, dass eine Universalmoral nicht existiert, macht es im internationalen Raum mühselig, aber nicht hoffnungslos, schrittweise neues Recht zu schaffen, das den Antworten auf die Globalisierungs-Herausforderungen einen Rahmen gibt. Man muss sich nur darüber im Klaren sein, dass – anders als bei der Schaffung von Recht im Rahmen funktionierender Nationalstaaten – die gemeinsame Moral nicht »da« ist, die dem Recht Stütze sein könnte, sondern sich umgekehrt gemeinsam mit der Rechtssetzung entwickelt. Vielleicht tröstet es, daran zu erinnern, dass in den großen Umbruchphasen der Geschichte westlicher Länder Moral und Recht sich gleichfalls in Sprüngen entwickelten und die Moral extrem umstritten (etwa in den Religionskriegen) und nicht die verlässliche, ruhende Grundlage der Rechtsschöpfung war. Zweitens: Das Falscheste in dieser schwierigen Lage ist der Versuch, eine Universalmoral auf rechtsfreiem Wege dadurch durchsetzen zu wollen, dass man die eigene, partikularistische Moral mit Machtmitteln den widerstrebenden Anderen aufherrscht, um anschließend auf dieser Grundlage ein neues Recht begründen zu wollen. Damit sind wir bei der größten Herausforderung der Gegenwart angelangt, denen sich die globale Rechtsordnung ausgesetzt sah: Der Frontalattacke des amerikanischen Neokonservatismus auf das Völkerrecht.

Der neokonservative Angriff

Seit der Offensive der Achsenmächte gegen das Völkerrecht ist kein derartig wuchtiger Vorstoß vorgekommen, die Grundfesten des internationalen Rechts aufzubrechen, als der des amerikanischen Neokonservatismus, den der Kongress seit 1994 begann und den die Bush-Regierung in Regierungspraxis umsetzte. Natürlich lagen die Motive völlig anders. Für die faschistischen Regierungen Deutschlands, Italiens und Japans war das Völkerrecht eine unwillkommene Schranke für ihr Bestreben, im darwinistischen Wettbewerb der Völker und Rassen die Vorherrschaft für das eigene Blut zu erkämpfen. Für die Bush-Administration galt es, den »unipolaren Moment« der unangreifbaren, weltweiten Überlegenheit der USA zu nutzen, um Demokratie und Marktwirtschaft zum endgültigen Sieg zu verhelfen. Völkerrecht wirkt aus dieser Sicht als ein fauler Kompromiss zwischen den Demokratien und ihren antidemokratischen Widerparts. Der amerikanische »Gulliver« soll von den Zwergen gefesselt und daran gehindert werden, sein universal wohltätiges Werk zu vollbringen. Obendrein behindert dieses Recht noch die Entwicklung der amerikanischen Wirtschaft (Kyoto-Protokoll) und – am fatalsten – versagt den USA das konsequente Vorgehen gegen »Schurkenstaaten«, die als die größte Gefahr der Gegenwart gelten. Die Konsequenz ist aus Sicht der Neokonservativen klar: Das geltende Völkerrecht entbehrt der moralischen Grundlage, ist fauler Mittelweg zwischen den – berechtigten – Forderungen der Demokratien und den – illegitimen – Interessen der Nichtdemokratien. Seine Grenzen zu überschreiten und auf diese Weise neues, auch moralisch gültiges Recht zu schaffen ist nicht nur gerechtfertigt, sondern sogar geboten. In diesem Denkschema gehen Moral und Macht eine Allianz gegen das geltende Recht ein, um es zu beseitigen und dann von Grund auf zu erneuern. Ob hernach der rechtsgarantierende Hegemon sich dem Recht einordnet oder weiterhin über dem Recht steht, jederzeit bereit, Ordnung nach den eigenen Moralvorstellungen zu stiften, wenn ihm der Lauf der Dinge nicht genehm ist, bleibt im Nebel. Gemessen am Ausmaß der Arroganz, welche gerade die neokonservativen und die nationalistischen Elemente in der Bush-Administration von Wolfowitz bis Cheney in deren ersten sechs Amtsjahren an den Tag gelegt haben, wäre wohl die absolutistische Version – der Monarch steht über dem Gesetz – am ehesten zu erwarten.

Das Scheitern dieses Angriffs ist heute offenkundig. Es gelang den Protagonisten zwar, das Völkerrecht zu beschädigen, aber die neue Ordnung etablierte sich nicht, im Gegenteil: Mit jedem Schachzug der Bush-Regierung wuchs die Unordnung. Als Führungsmacht haben die USA in dieser Periode jämmerlich versagt. Dieses Versagen hat die Welt unter anderem viel Zeit gekostet, die für die dringend notwendigen globalen Regelungen hätte genutzt werden können. Nun sind die Schäden gutzumachen, das rechte Verhältnis zwischen Souveränität und Rechtsunterworfenheit ist neu zu justieren, von den USA blockierter Rechtsfortschritt ist wieder in Gang zu setzen, Rechtslücken (wie etwa Sozialstandards), die zu füllen in der Bush-Zeit unmöglich war, sind energisch anzugehen. Die Lektionen dieser unseligen Epoche, die wir für das nachhaltige Weltregieren ziehen können, sollten wir nicht mehr vergessen: Völkerrecht funktioniert nur, wenn auch der Mächtigste bereit ist, sich ihm zu unterwerfen und es zu stützen. Weiterentwickeln können wir es nur, wenn der Mächtigste an der Spitze oder doch wenigstens in der Kolonne marschiert und dennoch bereit ist, tragfähige Kompromisse mit den weniger

Mächtigen einzugehen. Die Maxime der Selbstunterwerfung der Mächtigen unter das Völkerrecht ist die »eiserne Regel«, unter der es als Rückgrat des Weltregierens wirken kann. Diese Selbstunterwerfung muss sich auf die Einsicht in die längerfristigen Interessen stützen. Fehlt es an dieser Einsicht, ist es um die Zukunft der Welt so oder so schlecht bestellt.

Wer macht Völkerrecht?

Wenn das Völkerrecht diese zentrale Rolle für das Weltregieren spielt, kommt natürlich viel darauf an, wer eigentlich das Recht »macht«, das heißt, wer befugt ist, Recht zu setzen. In der neueren Diskussion über »Global Governance« tummelt sich auf diesem Feld eine verwirrende Vielzahl von Akteuren: Staaten, internationale Organisationen, der UN-Sicherheitsrat, Nichtregierungsorganisationen und private Unternehmen sind alle irgendwie und irgendwo Teilnehmer der Rechtssetzung. Unisono wird (mit mehr oder weniger Befriedigung) die sinkende Bedeutung des Staates festgestellt.

Im Vergleich zu diesem Trend vertrete ich eine weitaus konservativere Argumentationslinie: Wenn wir wollen, dass ein nachhaltiges, wirksames und legitimes Weltregieren zustande kommt, ist es klug, an der zentralen Rolle der Staaten festzuhalten, staatliche Stabilität, wo möglich und nötig, zu stärken und den übrigen Akteuren, deren Wichtigkeit und – allerdings partielle – Legitimität ich keineswegs klein reden möchte, ihren angemessenen Platz im Prozess der Rechtsschöpfung, Rechtskontrolle und Rechtsdurchsetzung zuzuweisen. Staaten bestimmen gemeinsam zwar nicht exklusiv, aber doch vorwiegend die Beziehungen jenseits ihrer territorialen Grenzen. Ihre Fähigkeit, auf einem bestimmten Territorium und gegenüber den dort Wohnenden Recht zu setzen und durchzusetzen, ist ausgeprägter als die aller konkurrierenden Akteure. Und für die Geltung der Rechtsregeln, die andere Akteure setzen, ist der Schatten der staatlichen Rechtsfunktionen Rahmenbedingung. Genau aus diesem Grund ist es auch für ein wirksames, nachhaltiges Weltregieren sinnvoll, dass seine grundlegenden Regeln zwischen Staaten bzw. ihren Regierungen geschlossen werden. Die *Wirksamkeit* von Governance ist jedoch nur ein Argument. Das Zweite ist, dass nur zwischen den Staaten frei vereinbarte Regeln *die politische Autonomie* ihrer Völker schützen, da nur so externe Frontalangriffe gegen zentrale ethische Werte abgewehrt werden und angemessene Anteile eigener Wertvorstellungen in das Ergebnis einfließen können. Das gilt grundsätzlich selbst dann, wenn die Regierungen undemokratisch sind, und auch dann, wenn im Einzelfall ein korrupter Diktator fremdbestimmten Regeln aus Gewinnsucht zustimmt: Die Souveränität schützt nicht in jedem Einzelfall zu jeder Zeit die tatsächliche Autonomie der Gesellschaft, sie bietet aber die Chance dazu und auch die Chance, verlorene oder verspielte Autonomie wiederzugewinnen. Das ist kein radikal-kommunitaristisches Argument, das jegliche Chance für eine Verständigung jenseits partikularistischer Gemeinschaftsgrenzen verneint. Denn ich gehe ja davon aus, dass die geteilten Problemlagen gemeinschaftliche Regelungen zwingend notwendig machen. Solange indes die Welt politisch und kulturell fragmentiert ist, liegt in der Souveränität der Staaten die einzige Chance, die *Möglichkeit* einer autonomen inneren Entwicklung zu wahren. In jenen äußersten Fällen, in denen das interne Verhalten von Regierungen mit Sanktionen beantwortet wird, gilt es, die Risiken der »kulturellen Unschärferelation dadurch einzuhegen, dass die Auferlegung von Sanktionen zwingend der Zustimmung der jeweiligen regionalen Nachbarschaft bedarf. Die Globalisierung gibt der Zivilgesellschaft neue Möglichkeiten der transnationalen Vernetzung, Kommunikation und Mobilisierung. Diese wachsenden Fähigkeiten versetzen sie in die Lage, Rechtsschöpfungsprozesse anzustoßen, ja, durch ihren Widerstand und ihre Kampagnen die Staaten (oder gelegentlich auch Unternehmen) geradezu zur Einführung neuer Regeln zu nötigen. Die Liste der Erfolge wird immer länger: Das Ottawa-Übereinkommen gegen Anti-Personenminen, das Kleinwaffenprogramm der Vereinten Nationen, die Doha-Erklärung der Welthandelsorganisation zur Vereinbarkeit von Rechten geistigen Eigentums und öffentlicher Gesundheit (mit dem Ziel, die Verfügbarkeit von AIDS-Medikamenten zu erhöhen), das Beschwerde-Panel der Weltbank, die Weltstaudammkommission, der Internationale Strafgerichtshof und die Extractives Industries Transparency Initiative zur Offenlegung von Zahlungsströmen zwischen Unternehmen und Staaten sind auf Initiative und / oder Druck sozialer Bewegungen und Nichtregierungsorganisationen zustande gekommen.

Was von Klaus-Dieter Wolf als »neue Staatsraison« analysiert wurde, also der Machtzuwachs der Exekutive durch die gezielte Verlagerung von Entscheidungskompetenz auf inter- und supranationale Ebenen, auf denen von den Verfassungsorganen nur noch die Regierung Akteursqualität hat, ist keineswegs ein Demokratiedefizit auf *diesen* Ebenen und daher *dort* auch nicht zu beheben. Ich habe in Kapitel 2 begründet, warum der Versuch, die internationalen Beziehungen zu »demokratisieren«, auf absehbare Zeit in die Irre führt. Es handelt sich vielmehr um ein Vollzugsdefizit in den *nationalen* Demokratien, wo die Parlamente ihre Hausaufgaben – Debatte nationaler Positionen während Vertragsverhandlungen;

Berichtswesen über den Verhandlungsverlauf und später die Implementation der Abkommen; gründliche Diskussion des Für und Wider eines Beitritts; regelmäßige Leistungsbilanzen der Mitgliedschaft – nicht machen, sondern sich mit wahrer Schafsgeduld angebliche Sachzwänge von der Exekutive aufreden lassen. Nur dort kann heute internationale Politik demokratisiert werden: Dadurch, dass das Parlament sich seine Kontrollrechte zurückholt. Um diese Aufgabe wahrzunehmen, ohne die Entwicklung tragfähiger globaler Regeln aus provinzieller Perspektive zu gefährden, müssen die Parlamente ihre Kompetenz für globale Fragen erheblich steigern: Sie müssen mit den Notwendigkeiten, Zielen und Prozessen des globalen Regierens so vertraut sein, dass sie die »Reißleine« nur im äußersten Notfall ziehen; denn sonst bedeutet »Demokratie« einen gewaltigen Stolperstein auf dem Weg zu nachhaltig tragfähigen Vereinbarungen. Gelegentlich könnten sie sogar aus eigener Einsicht sich selbst binden – wie der amerikanische Kongress, wenn er dem Präsidenten die »Fast Track«-Kompetenz für die Welthandelsgespräche überträgt, also auf die Prüfung jeder einzelnen Bestimmung verzichtet. Für das Demokratieprinzip ist entscheidend, das ein Parlament solche Entscheidungen nach sorgfältiger Abwägung und mit Blick auf das ihm anvertraute Gemeinwohl fällt. Wer über die Entdemokratisierung der Weltpolitik besorgt ist, muss sich vor allem um die Ratifikationsverfahren und die späteren Schritte von Implementation kümmern. In Nichtdemokratien bleibt das Regieren so oder so undemokratisch, bis innere Reformen oder Revolutionen eine Systemveränderung bewirken. Wolfs Erkenntnisse stellen die Diagnose infrage, der (funktionierenden) Staat habe einen Substanzverlust erlitten, von dem ein großer Teil der wissenschaftlichen Literatur zum Weltregieren, zur Weltrepublik usw. ausgeht. Zwar muss der

Staat andere Akteure in den internationalen Beziehungen dulden (was übrigens in früheren Zeiten auch so war, wie die katholische Kirche, die kommunistische Internationale, mächtige Unternehmen wie die multinationalen Ölgesellschaften, deren Macht in den späten zwanziger Jahren größer war als heute u. Ä. m.). Er ragt aber nach wie vor über sie hinaus. Genauer gesagt: Funktionierende, große Staaten bleiben handlungsmächtiger als funktionierende, große Unternehmen. Man kann sogar sagen, dass der Staat, indem er Ressourcen anderer Akteure für seine Ziele einzusetzen versteht, noch an Wirksamkeit gewinnt. Gegenwärtig scheint er sich im Kampf gegen den Terror verlorenes Gelände wieder zu holen, weil die Bürger und Bürgerinnen williger als sonst bereit sind, der Exekutive außerordentliche Vollmachten einzuräumen, selbst wenn ihre eigenen Freiheitsräume davon beeinträchtigt werden. Sektoral betroffene Akteure (Unternehmen, Gewerkschaften, direkt betroffene Menschengruppen wie etwa Patienten im Gesundheitswesen) und Sektorexperten aus der Nichtregierungswelt sind im Prozess zwischenstaatlicher Rechtssetzung zu hören, weil das die Qualität der Entscheidungen verbessern hilft; ihre Rolle ist es, Expertenwissen einzubringen, Interessen und Belangen Gehör zu verschaffen, die in der Welt der Regierungen unterrepräsentiert sind, das heißt, dafür zu sorgen, dass die gesamte Breite der Agenda vor den Verhandelnden zur Sprache kommt. Am Verhandlungstisch haben sie hingegen im Allgemeinen nur als Mitglieder der nationalen Delegationen etwas zu suchen; eine solche Teilnahme, wie auch die Beteiligung von Parlamentariern aus den beteiligten Ländern, erhöht sicher auch die Transparenz der Verhandlungen und macht daher innerhalb gewisser Grenzen Sinn. Als Delegierte stehen NGO-Vertreter und Parlamentarier dann natürlich unter der verfassungsmäßig vorgegebenen Prärogative der Regierung, haben also deren Weisungen zu respektieren. Das ist auch gut so, denn sonst würden Verhandlungen meistens *in* und selten *zwischen* den nationalen Delegationen stattfinden. In den (zunehmenden) Fällen, in denen Rechtsregeln jenseits nationaler Grenzen zwischen *privaten* Akteuren ausgehandelt werden, häufig, weil die Staaten sich nicht haben einigen können – etwa im wichtigen Bereich des internationalen Privatrechts –, ist die stillschweigende staatliche Billigung, gelegentlich sogar die formelle Ratifikation oder Inkorporation ins nationale oder internationale Recht früher oder später unabdingbar. Andernfalls wäre weder gewährleistet, dass diesen Regeln Folge geleistet wird, wenn ihr Bruch Vorteile verspricht; noch wäre zu erwarten, dass die – aus sektoraler, interessengeleiteter Perspektive verhandelten – Ergebnisse gemeinwohl- oder auch nur rechtsverträglich wären. Unternehmen sind – das ist ihre Aufgabe, also nicht zu verwerfen – auf ihren Gewinn bedacht. Wenn Unternehmen untereinander Regelungen treffen, so ist nie auszuschließen, dass diese zulasten Dritter gehen könnten. Daher bedarf es einer Kontrollinstanz, die gemeinwohlorientiert ist. Das sind eher die Staaten (oder eine von ihnen gegründete und unterhaltene internationale Organisation) als ein anderer Akteur. Nichtregierungsorganisationen könnten bei dieser Aufgabe die Verbündeten, aber auch die kritischen Überwacher der Staaten sein.

Unter dem Gesichtspunkt der Global Governance komme ich zur nur leicht relativierten Ehrenrettung des souveränen Staates. Es hat mit dem Blick auf das Ziel des guten Weltregierens Sinn, ihn als zentralen Akteur anzusehen, nicht weil er moralisch einwandfrei und sachlich fehlerlos wäre, sondern weil viele Gründe dafür sprechen, ihn als Rechtssetzer und -anwender anderen Akteuren vorzuziehen. Staaten bleiben nun einmal die Träger von Legitimität für ein bestimmtes Territorium. In Demokratien erwächst diese Legitimität aus der Wahl durch das Volk, in Nichtdemokratien durch die Nicht-Beseitigung der autokratischen Regierung und die Anerkennung durch andere Staaten.

Zwei »sekundäre« Akteure, die internationales Recht machen, sollten wir nicht außer Acht lassen. Das sind zum einen die internationalen Organisationen, die – wie die Weltgesundheitsorganisation, die Internationale Arbeitsorganisation, die Weltbank oder der Internationale Währungsfonds – teils Standards setzen, die als »weiches Recht« Staatenhandeln bestimmen, teils durch die Konditionierung von Krediten und anderen Zuwendungen höchst folgenreiche Regeln für das wirtschaftliche und politische Gebaren von Staaten setzen (übrigens leider durchaus nicht immer im Sinne eines wohlverstandenen globalen Gemeinwohls!). Der zweite Akteur ist der Weltsicherheitsrat, der unter Kapitel VII der UN-Charta das Recht hat, alle Mitglieder verbindlich auf ein bestimmtes Verhalten zu verpflichten. In den letzten Jahren hat er verschiedentlich von diesem Instrument Gebrauch gemacht, um als »Weltgesetzgeber« zu handeln: Indem er Vorkehrungen getroffen hat, um die Finanzierung des internationalen Terrorismus zu erschweren, und indem er den Staaten Maßregeln auferlegt hat, um den Zugriff nichtstaatlicher Akteure auf gefährliche Stoffe und Substanzen zu unterbinden. In beiden Fällen hat er auf akute Gefahren reagiert, und dennoch hat sein Handeln bei vielen Mitgliedsländern der Vereinten Nationen Missbehagen hervorgerufen, denn es erscheint ihnen unbillig, dass eine relativ kleine Gruppe, in der noch dazu fünf Länder über die Vetomacht verfügen, Gesetze für alle machen soll, die über die Bewältigung einer augenblicklichen Krise hinausgehen (dafür wurde Kapitel VII ursprünglich ja verfasst). Daher sollte der Sicherheitsrat mit dieser Kompetenz eher sparsam umgehen. Gerade wegen der Zweifel an der moralischen Qualität vieler Staatswesen und wegen der nach wie vor »schlagseitigen« Besetzung des Sicherheitsrats wäre die gerichtliche Überprüfbarkeit der bindenden Entscheidung internationaler Organisationen, namentlich des UN-Sicherheitsrates, wünschenswert. Dass der Sicherheitsrat Recht setzen und Recht anwenden kann, ohne dass seine Entscheidungen einer Normenkontrolle und Berufung unterliegen, ist weniger ein *Demokratiedefizit* als ein Defizit der »*rule of law*«. Bislang besteht nur die Möglichkeit der Prüfung für den Internationalen Gerichtshof (IGH), wenn eine Sicherheitsratsentscheidung einen Rechtsstreit zwischen Staaten betrifft, in dem der von den Sicherheitsratsbeschlüssen betroffene Staat bereits beim IGH Klage eingereicht hat und die Sicherheitsratsmaßnahmen mit dieser Klage in einem rechtlich-inhaltlichen Zusammenhang stehen. Gegen Entscheidungen des Rats als solche gibt es noch keine Handhabe.

Wer setzt Recht durch?

Bestehendes Recht stirbt ab, wenn Rechtsbrüche in systematischer Weise nicht geahndet werden. Diese Frage ist entscheidend für die Wertschätzung des Völkerrechts: Wie sollen in Abwesenheit einer verlässlichen, übergeordneten Erzwingungsgewalt – die im internationalen System nicht existiert, weil der Sicherheitsrat diese Rolle nur sporadisch ausfüllt – Übeltäter wirksam davon abgeschreckt werden, gegen internationale Rechtsregeln zu verstoßen, wozu auch Urteile des IGH rechnen?

Die geltende internationale Rechtsordnung gibt Staaten, die

vom Rechtsbruch durch einen anderen Staat geschädigt sind, die Berechtigung zur proportionalen Gegenwehr. Einzelne Verträge sehen Verfahren und Strafen vor, um gegen Rechtsbrecher vorzugehen. Internationale Organisationen können Leistungen entziehen und die Mitgliedschaft suspendieren. Gefährden oder brechen die Regelverstöße den internationalen Frieden und die Sicherheit, ist der Sicherheitsrat aufgerufen, unter Kapitel VII der Charta tätig zu werden. Das schließt die Möglichkeit ein, nicht nur wirtschaftliche Sanktionen zu verhängen, sondern auch die Erlaubnis zu militärischen Einsätzen zu erteilen oder gar von den Mitgliedsstaaten bindend die Beteiligung an einer solchen Intervention zu verlangen. Schwierig wird die Sache allerdings, wenn die Rechtsbrecher zu den Mächtigsten der Welt gehören. Die Vereinigten Staaten, Russland und China zeichneten sich in den letzten Jahren durch besondere Schamlosigkeit und Selbstgerechtigkeit aus, wenn es darum ging, bestehendes Recht zu brechen, zu missachten oder neu verhandeltes zu blockieren. Der russische Krieg in Tschetschenien erreichte ein Ausmaß an Verbrechen gegen die Menschlichkeit, die den Sicherheitsrat in anderen Fällen – Irak nach dem ersten Golfkrieg oder Bosnien – zum Handeln veranlasst hatte; die Skrupellosigkeit, mit der China aus ressourcenwirtschaftlichen Interessen schärfere Maßnahmen gegen das verbrecherische Regime im Sudan blockierte, die Unverschämtheit, mit der Washington einen völkerrechtswidrigen Krieg im Irak vom Zaun brach, die Genfer Konventionen durch die Errichtung des Konzentrationslagers Guantanamo missachtete und wichtige internationale Verträge wie den Atomwaffen-Teststoppvertrag, das Protokoll zur Biowaffenkonvention, den Internationalen Strafgerichtshof oder das Kyoto-Protokoll zur Verhinderung einer Klimakatastrophe boykottierte, demonstrieren erschütternd die bisherige Unfähigkeit dieser sogenannten Führungsmächte, ihrer Mission beim Bau einer nachhaltigen Weltordnung nachzukommen; denn Standards, die für die Mächtigsten nicht gelten, vertragen sich nicht mit Nachhaltigkeit, weil sie Gerechtigkeitskriterien massiv verletzen. Für den Rest der Welt stellt sich die Frage: Wer soll eigentlich für die Geltung des Rechts sorgen, wenn die muskelbepackten Rambos der Weltpolitik sich querstellen? So seltsam es klingen mag, die beste Chance liegt in der Zivilgesellschaft, bei sozialen Bewegungen und bei Nichtregierungsorganisationen. Für kleinere und mittlere Staaten ist das Wagnis, sich mit dem Großen anzulegen, normalerweise zu hoch. Wer immer den »ersten Stein« ergreift, den wird die volle Wucht der Großmacht-Wut treffen. Deshalb wird selten ein »Zwerg« den Mut haben, die Initiative gegen einen »Riesen« zu ergreifen. Kurioserweise ist es auch nicht angeraten, dass die Großmächte als Tugendwarte gegeneinander in die »Bütt« gehen – es sei denn, der Rechtsbrecher wäre eine Art »neuer Hitler« und ein Konflikt wäre daher so oder so unausweichlich. Ansonsten ist es von vorrangiger Bedeutung für den Weltfrieden – und somit für ein nachhaltiges Weltregieren –, dass zwischen den Großen dieser Welt kein gefährlicher Konflikt schwelt. Machen sie sich aber gegenseitig Rechtsbrüche zum Vorwurf und ergreifen sie Vergeltungsmaßnahmen, so triebe damit die Welt auf eine riskante Großmachtkonfrontation zu. Das ist nicht sinnvoll.

Aber kann eine Nichtregierungsorganisation wirklich zum Beispiel den USA oder China ernsthafte Probleme machen? Vielleicht nicht eine einzelne. Aber ein Zusammenschluss der, sagen wir, 50 bedeutendsten, auf soziale, ökologische und wirtschaftliche Reform, auf Frieden und internationale Sicherheit ausgerichteten NROs würde eine immense Macht zusammenbringen. Nicht Macht im Sinne von militärischer

Stärke oder wirtschaftlicher Masse, aber Macht im Sinne von Hannah Arendts »Menschen hinter ein Projekt bringen«. Im Zeichen des Internets und seiner globusweiten Kommunikation könnten die 50 größten Nichtregierungsorganisationen einen beträchtlichen wirtschaftlichen Schaden auch beim mächtigsten Staat der Welt anrichten, wenn sie ihre vereinigten Organisationsapparate auf einen Boykott der Produkte des als Rechtsbrecher gebrandmarkten Landes und auf den Verzicht auf sämtliche Investitionen dort ausrichten. Ansätze dieser Macht zeigten sich im Kampf gegen das Apartheidregime in Südafrika, während der französischen Atomwaffentests 1995/96 und gegen den mächtigen Shell-Ölkonzern im Zuge der Brent-Spar-Kampagne (selbst wenn die Behauptungen von Greenpeace über den Schaden, den die Versenkung der Ölbohrinsel Brent Spar anrichten würde, falsch waren – die Kampagne war wirkungsvoll!). Die Macht der Nichtregierungsorganisation (NRO) liegt in ihrer Mobilisierungsmacht. Diese Macht beruht zum Teil auf ihrer Reputation als integrem Vertreter eines bestimmten Aspektes des öffentlichen Interesses, des globalen Gemeinwohls (weshalb übrigens jeder Korruptionsskandal um eine NRO oder einen ihrer Vertreter und Vertreterinnen einen schweren Machtverlust darstellt). Zum anderen Teil beruht sie auf der Einsatzfreude, dem bezahlten und viel häufiger unbezahlten Engagement ihrer Angestellten, Mitarbeiter/innen und Anhänger/innen. Beides sind entscheidende Bedingungen für die Mobilisierungsmacht, die sich in der Resonanz des Anliegens in der Öffentlichkeit manifestiert. Wenn sich diese globale Mobilisierungsmaschine in Gang setzt, kann sie dem ins Visier genommenen Übeltäter ernsten Schaden bescheren.

Die ernsteste Frage ist allerdings die nach dem Entscheidungsverfahren, das einen so folgenschweren Beschluss hervorbringt. Aus drei Gründen kann dieses Instrument nur höchst maßvoll eingesetzt werden. Zum Ersten dürfen Gerechtigkeitsstandards nicht verletzt werden. Zum Zweiten lässt sich die Mobilisierung nicht permanent herstellen. Ein Scheitern stumpft die Waffe sofort ab. Zum Dritten muss die Verhältnismäßigkeit gewahrt werden. Daraus geht hervor, dass – anders als in der rechtsstaatlichen Strafverfolgung – die NROs nur in gravierenden Fällen, in denen die Mobilisierung eine Erfolgsaussicht verspricht, zum Mittel des Boykotts greifen können. Das verlangt nach einer sorgfältigen Prüfung und nach außen legitimierbaren Entscheidungsgründen, die sich auf mehr stützen als nur das Urteil der beteiligten NROs. Eine solche Stütze könnten die üblichen Verfahren der internationalen Staatengemeinschaft sein: ein Sicherheitsratsbeschluss, der von einem Veto zu Fall gebracht wird, aber die breite Mehrheit der Sicherheitsratsmitglieder hat (die Zivilgesellschaft ist ja nicht an das Veto gebunden!); eine Entschließung der Vollversammlung der UN; und ein Spruch oder Rechtsgutachten des Internationalen Gerichtshofs. Die NROs könnten auch ein gemeinsames, unabhängiges Untersuchungs- und Gutachterorgan einrichten, das tätig wird, falls die Vereinten Nationen und der Gerichtshof bei einem Verdacht auf gravierende Rechtsverstöße nicht handlungsfähig sein sollten. Das sollte eine Art »Ältestenrat« aus »herausragenden Persönlichkeiten« (also keinen aktuellen Staatsrepräsentanten) aller Weltgegenden sein. Wenn mächtige Staaten oder deren liebste Klienten eklatant gegen das internationale Recht verstoßen, bietet die Zivilgesellschaft, sofern sie sich die notwendige Handlungsfähigkeit schafft, die beste Chance (obgleich keine wasserdichte Garantie), dass man auch mächtige Sünder zur Ordnung rufen kann.

Schlussfolgerungen

Eine nachhaltige Weltordnung kann funktionieren, wenn sie sich auf das Recht stützt und das Recht die übrigen Steuerungsinstrumente Macht, Moral und Markt kontrolliert. Und sie kann nur funktionieren, wenn die Mächtigen sich dem Recht aus der Einsicht unterwerfen, dass ein rechtloser Zustand, in dem Ordnung sich auf nichts als ihre Machtausübung stützt, in unserer komplexen und gefährdeten Welt auch ihre eigenen wohlverstandenen Interessen aufs Bedenklichste gefährdet. Dieser Einsicht kann die Zivilgesellschaft mit Hilfe ihrer Kampagnenfähigkeit punktuell nachhelfen. Unter allen Akteuren sind immer noch die Staaten am besten geeignet, Recht im globalen Raum zu setzen und durchzusetzen. Sie tun das nicht mehr alleine, sondern assistiert von internationalen Organisationen und ihren Sekretariaten, von Nichtregierungsorganisationen, von Unternehmen und anderen Interessenträgern.

Den Nichtregierungsorganisationen fällt in der Rechtsdurchsetzung eine verantwortungsvolle Aufgabe zu. Sie dürften die einzige Klasse von Akteuren sein, die auf die Entscheidungen auch mächtigster Akteure Einfluss nehmen kann, ohne zugleich das Gefüge der internationalen Beziehungen gefährlichsten Konflikten auszusetzen. Dieser Rolle müssen sich die NROs erst einmal bewusst werden. Erwerben sie dieses (Selbst-)Bewusstsein, dann werden sie zu einem erstrangigen Akteur innerhalb einer nachhaltigen Weltordnung aufsteigen.

7 Wer macht was? Akteure und Institutionen im nachhaltigen Weltregieren

Die vorigen Kapitel versuchten, systematisch die Voraussetzungen, Mittel und Wege für ein nachhaltiges Weltregieren zu ordnen. Gelegentlich waren einzelne Ideen über die Umsetzung eingestreut, um zu illustrieren, »wie es gehen könnte«. Als ein liberales Kind der Aufklärung habe ich mich dabei bemüht, westliche Werte und Institutionen nicht als absoluten Maßstab zu setzen. Wer mich dennoch im Verdacht hat, auch nicht anders als die »Kosmopoliten« zu argumentieren, dem möchte ich mit der folgenden Tabelle die Unterschiede vor Augen halten.

	Werte / Ziele	Rechtstyp	Verfahrenstyp	Entscheider	Institutionen
Kosmopoliten	Westlich-liberale	Menschenrechtsbasiert	Annäherung an demokratische Verfahren	Exklusiv-Demokratien	Westliches Design
Autor	Interkulturell vereinbarte	Völkerrechtsbasiert	Annäherung an rechtsstaatliche Verfahren	Universal, alle Regionen / Staaten	Interkulturell vereinbarte

Tab. Unterschiede zwischen dem Projekt »Kosmopolitische Demokratie« und dem Konzept nachhaltigen Weltregierens

Der wesentliche Unterschied liegt darin, dass ich Werte, Verfahren und Institutionen inklusiv, das heißt einvernehmlich mit einer möglichst großen Zahl von Mitgliedern der internationalen Staatengemeinschaft, region- und kulturübergreifend entwickeln will, anstatt den Rest der Welt mit einem westlich geprägten Design vor vollendete Tatsachen zu stellen. Im siebten Kapitel versuche ich nun, Akteure und Institutionen möglichst vollständig durchzugehen. Denn darum geht es ja letztlich beim globalen Regieren: die Akteure, durch deren Handeln die gewünschten Ergebnisse zustande kommen sollen oder deren unerwünschte Taten die gesetzten Ziele vereiteln könnten, so in Institutionen zusammenzuschließen und die unterschiedlichen Institutionen so aufeinander einzustellen, dass Handlungshindernisse beseitigt und Handlungsoptionen eröffnet werden. Zugleich gilt es, das Minimum an positiver Einstellung der Akteure zu bestimmen, das ihr erfolgreiches Zusammenwirken in den Institutionen möglich macht. Ich bediene mich dabei der Denkmethode, die Immanuel Kant in seiner Schrift »Zum Ewigen Frieden« angewandt hat: Ein vernünftiges Handeln zu konstruieren und dann zu schauen, inwieweit die Wirklichkeit – sowohl die Akteure als auch die Institutionen – Anhaltspunkte bieten, dass sich dieses Vernünftige umsetzen lässt. Ich suche also nach »Andockstellen« für die politische Vernunft. Ausgangspunkt ist die Notwendigkeit, die globalen Probleme, die meine Kolleginnen und Kollegen in den ersten elf Bänden unserer Reihe analysiert haben, zu lösen. In Kapitel 1 habe ich drei »Spielverderber« benannt, die die Menschheit an dieser Problemlösung hindern können: ihre kulturelle Verschiedenheit, ihr Streit um das Gerechte und gewaltsame Konflikte. Institutionen und Akteure müssen so eingestellt sein, dass sie diese »Spielverderber« im Zaum halten und zugleich die Voraussetzungen bieten, die globalen Probleme erfolgreich anzugehen.

Die Akteurs-/Institutionenkonstellation zerfällt in zwei

große Teilbereiche, die zusammen die »Rahmenbedingungen für nachhaltiges Weltregieren« ausmachen. Der erste umfasst alle internationalen, rechtlich genormten Gremien: die Vereinten Nationen mit ihren Teilorganen wie der Weltgesundheitsorganisation oder dem UN-Umweltprogramm, die mit den UN verbundenen, aber formal selbständigen Organisationen wie die Internationale Atom-Energie-Organisation, Internationaler Währungsfonds und Weltbank, Vertragsregime mit Organisationsstruktur, z. B. das Chemiewaffen-Übereinkommen mit der Organisation zum Verbot von Chemiewaffen, internationale Regime ohne eigene Organisation wie das Kyoto-Protokoll, die Regionalorganisationen sowie die internationalen Gerichtshöfe; diese *Institutionen* können zum Teil selbst als *Akteure* handeln, wenn sie einen einheitlichen politischen Willen verkörpern. Der zweite Bereich beinhaltet alles, was zum Weltregieren gebraucht wird und nicht dem ersten Bereich zuzurechnen ist. Das sind erst einmal die Staaten selbst, besonders die großen Mächte und ihre Koordinationen, vor allem die G-8. Regierungsorganisationen gehören dazu, Expertengremien, Kommissionen und Räte, die nicht aus Regierungsvertretern bestehen, sowie Unternehmen und die Versuche ihrer Selbstregulierung. Auch diese institutionellen Strukturen treten – je nach Kontext und Betrachtungsweise – wieder als Akteure auf, wenn sie einheitlich zu handeln vermögen. Schließlich zählen *gewohnheitsmäßiges Handeln* und sich wiederholende Aktionsmuster zum Reich der Institutionen. In dieser Vielfalt von Akteuren und Institutionen gilt es, die jeweiligen Rollen sinnvoll zuzuweisen, »Grenzüberschreitungen« möglichst konfliktarm zu regeln, das heißt, Aufgaben und Arbeit aufeinander zu beziehen und die Struktur so anzulegen, dass eine möglichst große Zahl von Akteuren sich darin auch anerkannt und zu Hause fühlt und zugleich die drängenden Aufgaben wirklich erledigt werden können. Bei meinen Betrachtungen lasse ich mich vom »Realitätsprinzip« leiten, das aus vier Komponenten besteht. Erstens: Weder Akteuren noch Institutionen dürfen zu große Sprünge zugemutet werden. Was ich empfehle, mag nicht unmittelbar umsetzbar sein, darf aber nicht allzu ferne liegen. Zweitens: Akteure dürfen nicht überfordert werden. Was ihnen abverlangt wird, muss im Rahmen ihres wohlverstandenen und langfristigen Interesses liegen. Drittens – mit den beiden vorigen Punkten im engen Zusammenhang: In der heutigen Realität müssen »Andockmöglichkeiten« sichtbar sein, von denen aus sich Brücken in die erwünschte Zukunft bauen lassen. Das sind vor allen Dingen Modelle und Präzedenzfälle. Viertens: Korrekturmöglichkeiten für Fehlläufe und Fehlverhalten müssen vorhanden sein.

Die Vereinten Nationen: Der Sicherheitsrat

Wie bereits deutlich geworden ist, bin ich nicht darauf aus, die Vereinten Nationen zur Keimzelle einer Weltrepublik zu machen. Ich bescheide mich mit dem Versuch, sie in dem, was sie ist, repräsentativer und effektiver zu machen. Der Sicherheitsrat braucht neue Mitglieder, die den verschiedenen Regionen der Welt angehören, bevölkerungsstark und (im regionalen Maßstab) auch politisch und wirtschaftlich führend sind. Das klägliche Scheitern einschlägiger Bemühungen im Jahre 2005 zeigte einmal mehr die Unfähigkeit der P-5, über ihren provinziellen Nationalismus hinauszukommen; das gleiche Verdikt gilt für die Reformverhinderer aus den Reihen der Vollversammlung, denen es darum ging, aus Konkurrenz- und Neidgefühlen einen möglichen Kandidaten aus dem Sicherheitsrat fernzuhalten (Pakistan gegen Indien, Italien gegen Deutschland, Argentinien und Mexiko gegen Brasilien) und aus den Reihen der Afrikaner, die unfähig waren, die Chance einer besseren Vertretung durch die Entscheidung für zwei der drei möglichen Anwärter (Ägypten, Nigeria, Südafrika) zu nutzen. Das arithmetische Prinzip sollte gelten, dass die im Sicherheitsrat vertretenen Staaten ständig eine deutliche Mehrheit der Weltbevölkerung und zugleich alle Regionen und damit die nötige kulturelle Vielfalt repräsentieren. Sinnvoll wäre ein permanenter Sitz für Indien, Japan und für Brasilien sowie einer für die EU statt für die zwei nostalgischen Gartenzwerge Großbritannien und Frankreich, denen sich als dritter, größtgewachsener Gartenzwerg gerne Deutschland hinzugesellen möchte. Für Afrika wäre die sinnvollste Lösung die Rotation von zwei permanenten Sitzen unter drei Staaten, Südafrika, Nigeria und Ägypten. Solche Rotationen lassen sich auch für andere einrichten, etwa für Argentinien, Mexiko und Venezuela als größere Länder Lateinamerikas und für Indonesien, Pakistan und Südkorea in Asien. Falls Afrika darauf besteht, unbedingt ein permanentes Mitglied des Sicherheitsrats zu besitzen, das niemals herausrotiert, so muss es sich auf einen Kandidaten einigen. Solange es das nicht tut, ist die Rotation die beste Alternative. Rotation heißt, dass man nur für zwei Jahre aus dem Sicherheitsrat ausscheidet, um danach für vier Jahre zurückzukehren. Man ist also die meiste Zeit drin. Die anderen UN-Mitglieder wissen, dass man nach dem zweijährigen »Sabbatical« wieder in den Sicherheitsrat gelangt, auch die permanenten Mitglieder wissen das. Das hebt den eigenen Status auch für die Zeit, in der man »außen vor« ist: Die Wahrscheinlichkeit, während dieser Zeit in informelle Konsultationen einbezogen zu werden, ist hoch, denn viele wichtige Fragen beschäftigen den Sicherheitsrat länger als 24 Monate. Der Rat hätte in dieser Konstruktion also sieben Dauermitglieder, drei rotierende Sitze; dazu könnten noch einmal zwölf nichtpermanente Sitze (also zwei mehr als augenblicklich) hinzutreten, um auch dort eine breitere regionale Repräsentation zu erreichen; da die EU mit einem gemeinsamen Sitz vertreten wäre, würden die mindestens drei normalerweise den EU-Mitgliedern zufallenden nichtpermanenten Sitze unter die anderen verteilt. Der Sicherheitsrat würde definitiv repräsentativer. Allerdings setzt diese Alternative grundsätzlich voraus, dass Frankreich und Großbritannien dem liberal-kosmopolitischen Erbe den Vorrang vor dem nationalistischen einräumen, und das ist eine ziemlich hohe Hürde; wird sie nicht überwunden, wäre ein rotierender Sitz für Deutschland auch annehmbar.

Die neuen permanenten und »fast permanenten« Mitglieder bedürfen des Vetos nicht zwingend; das Veto der »alten« wird sich nicht abschaffen lassen, weil die heutigen Vetomächte es nicht über sich bringen werden, freiwillig darauf zu verzichten. Was aber zumutbar ist, ist der *Begründungszwang*, wenn man das Veto einlegt. Dass die permanenten fünf Mitglieder nicht einmal diese Minimalforderung erfüllen wollen, zeigt das erschütternde Maß fehlender Verantwortung dieser Mächte, die zugleich diese Verantwortung arrogant für ihre Privilegien in Anspruch nehmen. Hier sollten die übrigen Mitglieder der Vereinten Nationen sich nicht länger abspeisen lassen. Das »Shaming« gegenüber den Fünfen sollte im Verein mit der Zivilgesellschaft so lange beharrlich durchgezogen werden, bis diese beigeben. Der Hoffnungsschimmer ist, dass zumindest in den drei westlichen permanenten Mitgliedern Unterstützung für diese Forderung aus der Gesellschaft, vielleicht sogar aus den Parlamenten, kommen dürfte. Denn ein Bürger oder eine Parlamentarierin wüsste ja vielleicht auch gerne, warum ihre Regierung eine Vetoentscheidung in den Vereinten Nationen trifft. Im äußersten Falle kann ein Veto mit dem »Uniting for Peace«-Verfahren überrollt werden. Wenn der Sicherheitsrat und die Vollversammlung mit großer Mehrheit (mindestens zwei Drittel) eine Maßnahme befürworten, sollte dies als Legitimation für Staaten (und Nichtregierungsorganisationen, s. u.) gelten, die diese Maßnahme dann durchführen. Von dieser Möglichkeit sollte die Vollversammlung freilich nur sparsam Gebrauch machen. Denn das Veto hat ja auch einen Sinn: Zu verhindern, dass vitale Interessen einer Großmacht verletzt werden. Denn damit entsteht eine gefährliche Situation. Augenmaß ist also von der gesamten Mitgliedschaft ebenso gefordert wie von den permanenten Mitgliedern beim Einsatz ihres Vetos. Das heutige Mehrheitsquorum von 9 (von 15) Stimmen dürfte bei einer Gesamtmitgliedschaft von 22 Staaten wohl auf 15 angehoben werden. Eine größere Zahl von permanenten oder fast permanenten Mitgliedern hat Chancen, die ärgerliche Praxis der P-5 aufzuweichen, sich zuerst zu einigen und die Einigung dann dem Rest nach dem Prinzip »friss oder stirb!« vorzulegen. Denn es werden ja mehr Stimmen als die der P-5 gebraucht. Falls diese glauben, ihre alte Vorrangstellung ohne weiteres behaupten zu können, empfiehlt sich die Bildung von »Gegenfraktionen«, die mit Entwürfen in die Ratssitzungen eintreten, hinter der eine größere Zahl von Ratsmitgliedern stehen. Nach einer kurzen Phase konfrontativer Sitzungen dürfte sich eine kollegialere Arbeitsweise durchsetzen.

Schon in den letzten Jahren hat der Sicherheitsrat immer öfter »offene« Sitzungen und Konsultationen mit allen interessierten Mitgliedern der Vollversammlung gehalten. Hinzu kommen seit 1999 die »Arria-Treffen«, benannt nach einem früheren brasilianischen UN-Botschafter. Diese Treffen, die von der Präsidentschaft des Sicherheitsrats zu Monatsbeginn offiziell angekündigt werden, sind informelle Konsultationen mit Nichtmitgliedern, an denen gelegentlich auch Nichtregierungsorganisationen teilnehmen. Diese Praxis muss der Sicherheitsrat verstetigen, sodass eine »Institutionalisierung durch Gewohnheit« entsteht. Wenn es um Maßnahmen nach Kapitel VII geht, also um den Umgang mit ernsten Bedrohungen von internationalem Frieden und Sicherheit, so sollte es selbstverständlicher Usus sein, dass alle Staaten der betroffenen Region die Möglichkeit erhalten, an den Erörterungen teilzunehmen. Der Sicherheitsrat sollte es sich zur Entscheidungsregel machen, dass gegen den Wunsch der großen Mehrheit der regionalen Anlieger eines Konflikts gewaltsame Maßnahmen nicht beschlossen werden.

Neben dem Sicherheitsrat fristet der Wirtschafts- und Sozialrat der Vereinten Nationen ein eher kümmerliches Dasein, was seine Kompetenzen und seine politische Bedeutung betrifft. Das ist umso seltsamer, als in seine Zuständigkeit viele der »globalen Probleme« fallen, die den Gegenstand unserer Buchreihe bilden. Angesichts von deren existenzieller Wichtigkeit verdient der Wirtschafts- und Sozialrat eine Aufwertung. Dazu mache ich weiter unten einen Vorschlag.

Die Vereinten Nationen: Die Vollversammlung

Von allen Weltkörperschaften ist die Vollversammlung der Vereinten Nationen die repräsentativste. Alle von der großen Mehrheit der internationalen Gemeinschaft anerkannten Staaten der Welt haben dort Sitz und Stimme, auch wenn einige politische Entitäten, die quasistaatlichen Charakter haben, aber nicht international anerkannt sind, keine regulären Mitglieder sind, so Palästina, Taiwan, Nordzypern und Somaliland. Andererseits gibt es Mitglieder, deren Staatlichkeit stark in Zweifel zu ziehen ist, die indes internationale Anerkennung genießen, etwa Somalia oder Afghanistan. Wie dem auch sei: Wenn man nach einem Gremium sucht, in dem alle Länder, Regionen und Kulturen der Welt in irgendeiner Weise zu Wort kommen können, dann ist das die UN-Vollversammlung (VV).

Im Verhältnis zur Legitimationsgrundlage sind die Zuständigkeiten der Vollversammlung arg begrenzt. Sie ist an der Wahl des Generalsekretärs beteiligt und wirkt maßgeblich am Haushalt und an der Ernennung von führenden UN-Beamten mit. Ihre Entschließungen sind nicht bindend, setzen aber ebenso wie die von der Vollversammlung inszenierten Weltkonferenzen und Sondertagungen zu bestimmten Themen »weiche« Normen, die Einfluss auf die internationale Agenda wie auch auf das Verhalten von Staaten nehmen können. Allerdings liegt es immer noch in deren Macht, diese Impulse einfach zu ignorieren. Die Versammlung darf sich auch mit Sicherheitsfragen befassen – allerdings nur, solange der Sicherheitsrat sich ihrer nicht annimmt, und sie darf sich dazu nur genauso unverbindlich äußern wie zu allen übrigen Fragen (siehe aber oben die Ausnahme des »uniting for peace«). Die vielleicht wichtigste Kompetenz der Vollversammlung ist es, Expertengremien und Verhandlungsforen einzusetzen, um Empfehlungen oder handfeste internationale Verträge auszuarbeiten. Sie nimmt den Text von Verträgen offiziell per Entschließung an und öffnet ihn damit für die Unterschrift.

Generell gehe ich in diesem Kapitel davon aus, dass nur minimale Änderungen an der Charta anzubringen sind. Aber die »normative Macht des Faktischen« spielt im Völkerrecht ja eine nicht zu unterschätzende Rolle: Wenn die Staatenpraxis sich ändert und dann über eine längere Zeit konstant bleibt, schafft eine solche Praxis durch Gewohnheit neue Normen. In diesem Sinne könnte die Vollversammlung den Versuch unternehmen, sich gegenüber dem Sicherheitsrat erweiterte Rechte zu beschaffen, ohne die zentrale Stellung des Sicherheitsrats für Frieden und internationale Sicherheit grundsätzlich infrage zu stellen. Ein entscheidender Schritt, die Vollversammlung zu stärken, ist eine höhere Rechenschaftspflicht des Sicherheitsrates. Dazu muss die Vollversammlung willens sein, von der Möglichkeit wachsam Gebrauch zu machen, auch außerhalb ihrer regulären (Herbst/Winter-)Tagungen zusammenzutreten, wenn eine akute Frage der internationalen Sicherheit auf der Agenda steht oder wenn der Sicherheitsrat an einer wichtigen Entschließung bastelt, die das allgemeine Interesse betrifft. Ein erster Rechenschaftsanspruch richtet sich an die Tätigkeit des Sicherheitsrates als Ganzes: Hier ist dessen Präsident gefragt (die Präsidentschaft wechselt monatlich). Die Vollversammlung sollte sich das Recht nehmen, Auskunft über die Vorgänge zu erhalten, einschließlich der Begründungen für das jeweils gewählte Vorgehen, und sie sollte sich die Möglichkeit eröffnen, Stellung zu beziehen. Damit würde sie gegen das Verbot verstoßen, sich mit Sicherheitsfragen zu beschäftigen, die zeitgleich im Sicherheitsrat auf der Tagesordnung stehen. Dieses erlaubt dem Rat, im Konfliktfall auch gegen den Willen der Staatenmehrheit zu entscheiden, ohne dass diese überhaupt eine Chance gehabt hätte, sich in der Frage zu äußern. Im Gegensatz zu dieser Praxis wäre wünschenswert, wenn die Vollversammlung ihre Meinungsäußerung abgeben könnte, bevor der Sicherheitsrat schicksalhafte Entscheidungen trifft. Das zweite Rechenschaftsbegehren richtet sich an die fünf permanenten Mitglieder. Die Vollversammlung sollte sich das Recht erkämpfen, jedes Sicherheitsratsmitglied, welches sein Veto eingelegt oder auch nur angedroht hat, zu einer Begründung aufzufordern. Diese Begründungspflicht war einer der Vorschläge im Rahmen der UN-Reformdebatte, scheiterte aber an der arroganten Selbstherrlichkeit der betroffenen fünf Staaten. Wenn es nicht über eine Änderung der Charta geht, soll sich die Vollversammlung einfach das Recht nehmen, jeden der P-5 zu befragen. Wer der Aufforderung nicht folgt, muss sich ausdrücklich und willentlich gegen den erklärten Willen der Staatenmehrheit stellen. Das ist eine größere Hürde für das »beredte Schweigen« nach einem Veto als der gegenwärtige Zustand – wo eine Regierung ihr Veto einlegt und der Rest der Welt sich schafsfromm dem nächsten Tagesordnungspunkt zuwendet.

Wie die Vollversammlung mit dem besonders schwierigen Konfliktfall umgehen sollte, dass ein Sicherheitsratsmitglied sein Veto in einem akuten Konflikt gegen (praktisch) die gesamte Weltgemeinschaft einlegt, ist in den beiden letzten Kapiteln angesprochen worden. Ich möchte es nur kurz in Erinnerung rufen: Mit dem »Uniting for Peace«-Verfahren kann die Vollversammlung sich an die Stelle eines aktionsunfähigen Sicherheitsrats setzen und ihre Mitglieder zum Handeln gegen einen Rechtsbrecher *ermächtigen*. Der feine Unterschied ist: Sie kann die Mitglieder nicht zum Handeln *zwingen*. Aber das hat der Sicherheitsrat bislang bei militärischen Einsätzen auch nicht getan. Entscheidend ist, dass die Legitimation von Sanktionen gegen einen Regelbrecher auf einer breiten Basis steht. Diese Basis kann die Vollversammlung aufweisen. Im dem Maße, in dem sie sich selbst in solchen Krisenlagen handlungsfähig macht, entzieht sie jenen die Argumente, die mit dem Hinweis auf die Veto-Konstellation im Sicherheitsrat gleich die ganze UNO in Fragen von Krieg und Frieden als entscheidungsunfähig abtun und die eigene Willkür – national oder in »Koalitionen der Willigen« – an die Stelle des Willens der Staatengemeinschaft setzen wollen. Eine kühne Überlegung sollte der Möglichkeit gelten, dass die Vollversammlung von dieser Methode auch Gebrauch macht, wenn globale Themen betroffen sind, die nur indirekt, aber dafür umso gründlicher Auswirkungen auf die Weltsicherheit haben werden. Der Klimawandel ist ein solches Thema, auch das Risiko globaler Epidemien oder wachsende Unterernährung könnten dazu werden. Es mag seltsam klingen, für diesen Fall den Sicherheitsrat zu einer Entscheidung zu animieren. Aber er ist in der Lage, in besonders akuten Gefährdungsfällen, wenn Hunger, Seuchen, Wasserknappheit oder dergleichen Millionen Menschen bedrohen und in denen ein anderer Weg nicht in Sicht ist, per Entschließung als Weltgesetzgeber tätig zu werden und alle Mitglieder bindend zum Handeln zu verpflichten. Tut er das aus eigener Machtvollkommenheit, führt dies zu Missbehagen in der Mitgliedschaft. Fordert ihn aber die Mehrheit der UN-Mitglieder dazu auf, gewinnt eine solche globale Gesetzgebung durch den Sicherheitsrat eine ganz andere Legitimität. Eine Sondersitzung der Vollversammlung, die in eine solche Aufforderung mündet, wäre ein spektakuläres Ereignis, das nicht ohne Folgen für dessen Praxis bleiben dürfte. Denn abgesehen von den hartleibigsten Regierungen sind die meisten auf ihre Reputation bedacht. Global ausdrücklich und mit Namensnennung an den Pranger gestellt zu werden, wie die Vollversammlung dies in einer Entschließung tun könnte, schädigt die Reputation und ist keinem Staat recht. In Demokratien kommen die unberechenbaren Auswirkungen in der Wählerschaft hinzu. Hier hat die Vollversammlung ein starkes Mittel in der Hand, um in den »globalen Fragen« an der Reputation der schlimmsten Schädlinge anzusetzen.

Globale Entscheidungsgerechtigkeit: Universaldemokratie und Vereinte Nationen

Die gegenwärtigen Entscheidungsstrukturen auf globaler Ebene sind massiv ungerecht. Als Antwort wurden von der politischen Philosophie Modelle der Universaldemokratie entwickelt. Diese Ansätze sind konzeptuell korrekt; sie versuchen, die Beteiligung aller an den Entscheidungen, so gut es in einer globalisierten Welt geht, sicherzustellen. Ausgeblendet wird dabei indes, dass wir auf absehbare Zeit in einer Welt heterogener Systeme zu leben haben, in der Demokratien mit Nichtdemokratien umgehen müssen (Kapitel 3). Eine allmähliche Evolution hin zu Demokratien mag denkbar oder sogar wahrscheinlich sein, weil diese Systeme sich bislang insgesamt als leistungsfähiger erwiesen haben. Über die Zeit, die das erfordern wird, ist freilich keine Prognose möglich. Ungeduldige Versuche, den Prozess gewaltsam zu beschleunigen, erzeugen neue Ungerechtigkeit und neue Ressentiments. Vor allem der Umgang mit Menschenrechtsverletzungen – an welcher Stelle ist Gewalt zum Schutz der Opfer gerechtfertigt? – wirft schwierige Fragen auf, wenn der Eindruck entsteht, dass unter Anwendung ungleicher Standards die Agenda einer bestimmten Kultur durchgesetzt werden soll. Das Interventionsrecht logisch schlüssig aus den Prämissen des westlichen, liberalen Weltbildes abzuleiten reißt deshalb eher Gräben auf, als einen weltweiten Konsens zu stiften, im äußersten Fall auch massiv für bedrohte und geplagte Menschen einzutreten.

Alle Vorschläge zur Demokratisierung der Vereinten Nationen sind unvollkommen. So ist die Beseitigung des Vetos ein sympathischer Gedanke, damit wird jedoch zugleich auch eine Schutzbarriere gegen gefährliche Großmachtkonflikte eingerissen. Das Prinzip »ein Staat / eine Stimme« entrechtet

– relativ gesehen – die Menschen in bevölkerungsreichen Staaten. Das Prinzip der Stimmgewichte analog zur Bevölkerungszahl privilegiert die Regierungen bevölkerungsreicher Diktaturen. Überdies ist die »Demokratisierung«, soweit als deren Subjekte Staaten gemeint sind, einfach eine Verdrehung der Bedeutung des Begriffs Demokratie. Der bedeutet Volksherrschaft und beinhaltet den Anspruch des einzelnen Bürgers und der Bürgerin, direkt oder durch Repräsentanten an der Gesetzgebung beteiligt zu sein. Staaten sind aber keine Bürgerinnen und Bürger, sondern von Exekutiven repräsentierte Kollektive höchst unterschiedlicher Größe. Das hat einige »Demokratisierungsfreunde« darauf gebracht, nicht eine höhere Repräsentativität unter den Staaten zu suchen, sondern Demokratisierung durch die Parlamentarisierung der Vereinten Nationen zu erreichen. Die Parlamentarisierung der Vereinten Nationen – die Einrichtung einer »dritten Kammer« neben Sicherheitsrat und Generalversammlung – bringt indes exakt dieselben Probleme mit sich wie die Suche nach größerer Repräsentativität zwischen den Staaten: Wie trägt man deren dramatisch unterschiedlicher Bevölkerungszahl Rechnung, wie der Tatsache, dass manche Demokratien sind und andere nicht, sodass gar nicht gewährleistet ist, dass in den Letzteren auch wirklich demokratisch korrekt gewählt wird? Auch der Ausweg, Nichtregierungsorganisationen als Repräsentanten der globalen Zivilgesellschaft in politische Entscheidungsprozesse einzubeziehen, weist seine Tücken auf: NROs sind nicht gewählt, manche sind autoritär strukturiert, und da die Organisationen aus dem »Norden« zahlreicher und reicher sind, könnte ein solcher Schritt die Beteiligungsasymmetrie sogar verdoppeln.

Vielleicht noch gravierender ist, dass die Vorstellung einer »Demokratisierung« der Weltorganisation das Organisations- und Entscheidungsprinzip eines Teils ihrer Mitglieder aufdrängen will, das vom Rest nicht geteilt wird. Dies ist zugleich eine Attacke auf deren Souveränität ausgerechnet in dem Augenblick, als Souveränität für Länder wie Indien, China, Malaysia, Brasilien oder Mexiko aufgrund von deren wirtschaftlichen und politischen Entwicklung überhaupt erst Realität zu gewinnen beginnt. Dass die souveränitätsbedachten Länder des »Südens« hinter den Demokratisierungsprojekten nur einen Imperialismus mit anderem Namen zu wittern beginnen, darf daher nicht überraschen.

Der Generalsekretär und Artikel 99

Mehr als jede andere Instanz verkörpert der Generalsekretär – hinter dem, was man oft vergisst, ein »Regierungsapparat« mit einer fünfstelligen Beamtenzahl steht – die Vereinten Nationen. Diese Personifizierung lenkt oft davon ab, dass der Generalsekretär nur so viel Handlungsspielraum hat, wie ihm die Mitgliedsstaaten geben und wie sein persönliches Charisma ihm verschafft. Wenn vom »Versagen der Vereinten Nationen« die Rede ist, richtet sich das öffentliche Auge meistens vorwurfsvoll auf den Mann (oder hoffentlich auch einmal die Frau) an der Spitze. Tatsächlich ist es aber ganz überwiegend den Mitgliedsländern, gerade den mächtigsten, zuzuschreiben, wenn die Vereinten Nationen nicht so funktionieren, wie sich das die meisten Leute wünschen.

Starke Generalsekretäre wie Dag Hammarskjöld oder Kofi Annan geben einen Eindruck davon, was ein Mensch mit Vision aus dem rechtlich doch arg beschränkten Amt machen kann, wenn er sich nicht von den Drohungen und Intrigen der »Großen« aus der Fassung bringen lässt. Annan hat das Sekretariat gestrafft, den Haushalt konsolidiert und Reformen wie die Gründung eines Peacebuilding-Departments erwirkt. Er hat sich auch nicht gescheut, die Mächtigen offen und deutlich zu kritisieren – etwa im Hinblick auf den Irakkrieg. Gerade deshalb wollten die Neokonservativen ihn aus dem Amt mobben – die Kampagne, die ihre medialen Kettenhunde im Jahr 2004 vom Stapel ließen, hätten einen Schwächeren gebrochen. (Es ging um Verfehlungen des Sohnes, die mit dem bewährten Mittel der Sippenhaft dem Vater ans Bein gebunden werden sollten.) Kofi wankte, aber er brach nicht. Ein entschlossener und wirksamer Chef kann auch dem mächtigsten Land die Stirn bieten. Der Generalsekretär kann als Sprachrohr des Weltgewissens wirken, indem er den gemeinsamen Nenner in der Vielfalt in einer Stimme zusammenfasst oder aber den Schwachen diese Stimme leiht. Was er sagt, wird beachtet. Wenn er kritisiert, nimmt man das auch in der Heimat der kritisierten Länder wahr. Seine Personalentscheidungen prägen die Qualität der Organisationsarbeit. Und auch die Charta gibt ihm ein (bislang selten genutztes) Instrument in die Hand: Der Generalsekretär kann nach Art. 99 aus eigener Befugnis Situationen untersuchen, von denen er eine Bedrohung für Frieden und Sicherheit fürchtet, und er kann eine Sondersitzung des Sicherheitsrats verlangen und den von ihm untersuchten Gegenstand auf die Agenda bringen, wenn er ihn für schwerwiegend genug hält. Er kann also die Mitglieder des Sicherheitsrats vor den Augen der Welt dazu zwingen, ein Thema aufzugreifen, das sie von sich aus hätten unter den Tisch fallen lassen. Es läge an dem Generalsekretär selbst, von diesem Mittel gezielt Gebrauch zu machen.

Wie die Vollversammlung sollte sich auch der Generalsekretär darauf einstellen, Probleme mit Sicherheitsauswirkungen, die sich auf ungeregelte »globale Fragen« beziehen, vor den Sicherheitsrat zu bringen. Natürlich würden beide Vorschläge eine konfliktreiche Periode für die Vereinten Nationen einleiten. Die mächtigen Staaten, die dort den Ton angeben, sind im Allgemeinen auch die schlimmsten Problemproduzenten. Vollversammlung und Generalsekretär sind Instanzen, die kraft ihrer institutionellen Stellung der auf Reichtum und Gewaltmittel gestützten Macht der größten Staaten Paroli bieten können – zumindest was deren Fähigkeit angeht, Ungeliebtes und Unangenehmes von der Agenda fernzuhalten. Sehen sie zunehmend das Risiko, dass die Vereinten Nationen zum Tribunal ihrer weltpolitischen, -ökonomischen und -ökologischen Verfehlungen werden könnten, dann erhöht sich die Chance auf Änderung. Für die Zivilgesellschaft wäre eine derartige Funktionserweiterung der Vereinten Nationen ermutigend, der gelegentliche »Pranger« ein Anstoß für eigene Kampagnen. Für die Zivilgesellschaft der kritisierten Regierungen wiederum könnte das der Anlass sein, zu Hause auf eine Politikänderung zu drängen.

Internationale Regime

Die Vereinten Nationen haben die Allzuständigkeit in der Weltpolitik. Natürlich lassen sich von einer solchen Zentrale aus die Weltprobleme mit ihren oft auch schwer zu verstehenden, kontroversen und komplexen Details nicht wirklich steuern. Daher hat die Weltorganisation von Anbeginn an Sonderorganisationen ausgegliedert, die sich mit größerer Expertise und Erfahrung mit Detailfragen befassen. Manche Organisationen wie die Internationale Postunion sind sogar viel älter als die Vereinten Nationen. Die Organisationen bilden häufig den »harten Kern« dessen, was die Wissenschaft von der Internationalen Politik als »Internationales Regime« bezeichnet. Solche Regelungssysteme gibt es auch »freistehend«, ohne eine Anbindung an die UN. Im Regimebegriff fließen rechtliche, politische und organisatorische Aspekte zusammen. Ein Regime ist ein Geflecht von Prinzipien, Normen, Regeln und Verfahren, um Kooperations- und Koordinationsprobleme in einem bestimmten Feld der Politik zu regeln; also beispielsweise für die Zusammenarbeit der Polizeien (Interpol mit dem entsprechenden Abkommen), für das Verbot von Chemiewaffen (Chemiewaffenübereinkommen, Genfer Protokoll, Organisation zum Verbot von Chemiewaffen) oder das Montreal-Protokoll, das Ozon zerstörendes Gas verbietet. Meistens steht ein Vertrag oder ein Übereinkommen im Mittelpunkt, an das sich zusätzliche regionale Abmachungen und »weiche« politische Verpflichtungen anlehnen. Oft verwaltet eine Organisation das Abkommen, überwacht seine Einhaltung, bietet ein Forum für den Erfahrungs- und Meinungsaustausch, kümmert sich um die Weiterentwicklung der Regeln im Lichte neuer Entwicklungen oder Erkenntnisse, stellt den Mitgliedsländern Hilfe, einschlägige Informationen und beratende Expertise zur Verfügung, schafft Kommunikationskanäle für Nichtregierungsorganisationen usw. Die Regime bilden den Kern globaler Kooperation, und sie bieten die beste Hoffnung, auch die noch ungelösten globalen Probleme Schritt für Schritt anzugehen. Zunehmend beziehen Regime nichtstaatliche Akteure – Unternehmen, Verbände, Nichtregierungsorganisationen – in Verhandlungen und Implementation ein, ohne die die Regelungen nicht wirksam sein können; auch die Zahl rein privat installierter Regime wächst. Globale Regime sind allen Staaten, zunehmend auch nichtstaatlichen Akteuren zugänglich. Sie sind spezialisiert, flexibel und anpassungsfähig, offen für die Zivilgesellschaft und kommen durch Verhandlungen und Konsens zustande. Daher erlangen alle beteiligten Staaten ein Gefühl von »ownership«, weil sie selbst an der globalen Gesetzgebung, die sich im Regime niederschlägt, mitgewirkt haben. Das gilt natürlich nur dann, wenn die Verhandlungen und ihr Ergebnis einigermaßen fair sind und von den Beteiligten so auch wahrgenommen werden.

Regime-Koordination

Es gibt viele Regime. Übereinkommen werden zumeist geschlossen, ohne auf ihre Wechselwirkungen zu achten: Infolgedessen gibt es oft unbeabsichtigte negative Folgen, die den erhofften Nutzen mindern. Die Welthandelsorganisation (WTO) und ihre Abkommen sind für die weltweite Wirtschaftsentwicklung nützlicher als ein ungehemmter Wettlauf nationaler Protektionspolitiken wie in der großen Weltwirtschaftskrise der dreißiger Jahre. Sie produzieren aber schädliche Nebenfolgen für die Umwelt, ärmere Staaten und Menschen und für die international verbrieften wirtschaftlichen und sozialen Rechte. Nachhaltiges Weltregieren muss diese Nebenfolgen an sich sinnvoller Regelungen, aber auch die absichtsvoll zementierte Besserstellung der reichen Länder korrigieren. Erstens ist es notwendig, dass die im internationalen Raum agierenden Institutionen selbst beobachten, von welchen Aktionen anderer Institutionen ihre eigenen Handlungsziele beeinflusst werden. Da solche Analysen komplex sind, empfiehlt sich für diesen Zweck der Aufbau spezialisierter analytischer Abteilungen. Ihnen sollte zugleich die Aufgabe obliegen, die Auswirkungen eigener Handlungen auf die Ziele anderer Institutionen abzuschätzen; so sollte z. B. das Entwicklungsprogramm der Vereinten Nationen regelmäßig eine soziale Folgenabschätzung von Vereinbarungen der WTO oder der Politik der Weltbank erstellen. Die Abteilungen müssen die Erkenntnisse aus beiden Analysen an ihre Leitungen weitergeben. Die Leitungen wiederum haben dann die Aufgabe, mit den Exekutiven anderer internationaler Institutionen in Verhandlungen einzutreten, um die positiven Synergien ihrer Interaktionen zu optimieren und die wechselseitigen Blockaden und Beeinträchtigungen zu vermindern. Diese Aufgabe sollte selbstverständlich sein, ist doch der eigentliche Zweck internationaler Institutionen die Gewährleistung von Gemeinschaftsgütern für die Staaten- und die dahinterstehende Völkergemeinschaft, welche die Staaten einzeln nicht mehr gewährleisten können; es ist nicht der Sinn dieser Institutionen, ihre eigene Bedeutung im Wettbewerb mit anderen und gegebenenfalls auf deren Kosten zu steigern. Dennoch ist diese Aufgabe aus zwei Gründen nicht leicht zu erfüllen. Erstens wäre es naiv zu glauben, der selbstbezogene Eigensinn von Bürokratien, den wir aus ihrem innerstaatlichen Wirken kennen, verflüchtige sich, sobald Bürokratie auf dem internationalen Parkett handelt. Organisationsegoismus tritt dort genauso auf und behindert die Koordination. Zweitens bestehen internationale Organisationen aus Staaten, denen gegenüber ihre Bürokratien verantwortlich sind. Die Staatenvertreter sind auf die besonderen Zwecke der Institution, die sie kontrollieren sollen, orientiert und verlieren das Gesamte häufig aus den Augen. Nicht selten ziehen die Botschafter desselben Landes in zwei unterschiedlichen Organisationen in verschiedene Richtungen. Es wäre zu hoffen, dass mit der angestrebten Transparenz der Wechselwirkungen zwischen den Organisationen das Bewusstsein der Regierungen für unbeabsichtigte und auch zuvor unbemerkte Handlungswidersprüche steigt und eine Regelung erleichtert. Gelingt dies nicht, greift die dritte Ebene. Hier würde ich den *Wirtschafts- und Sozialrat der Vereinten Nationen* (ECOSOC) ansiedeln, der organisationssystematisch neben dem Sicherheitsrat steht, jedoch ein trauriges Dornröschendasein fristet, weil niemand recht weiß, was er eigentlich zu tun hat. Versieht man dieses Gremium mit der Kompetenz, Streitigkeiten zwischen den internationalen Organisationen zu entscheiden, wertet man ihn mit einem Schlage zu einem bedeutenden Organ auf und füllt damit eine Lücke, die im System des Weltregierens außerhalb der engeren Sicherheitsproblematik klafft. Erst wenn diese »erweiterten Sicherheitsfragen« zur akuten Bedrohung für eine große Zahl von Menschen werden, wandern sie, wie oben vorgeschlagen, in die Kompetenz des Sicherheitsrates. Bei Konflikten unterhalb dieser Schwelle verbleiben sie in der bindenden, koordinierenden Zuständigkeit des ECOSOC. Wie wichtig diese Funktion sein könnte, zeigt sich an Spannungen zwischen den Handlungen und Zielen der Bretton-Woods-Organisationen Weltbank und Internationaler Währungsfonds und – beispielsweise – der Entwicklungsorganisation oder dem Umweltprogramm der Vereinten Nationen. Wenn etwa die Weltbank einen Großkredit für ein umweltschädliches Projekt vergeben will und das Umweltprogramm damit wesentliche Ziele durchkreuzt sieht, könnte unter heutigen Umständen die Weltbank ungerührt mit ihrer Vergabe fortfahren. Kann jedoch das Umweltprogramm den Wirtschafts- und Sozialrat als autoritativ schlichtende Instanz anrufen, sieht das anderes aus. Gleiches gilt, wenn der Internationale Währungsfonds durch die überzogene Konditionalisierung von Umschuldungsentscheidungen das soziale Gefüge eines Schuldnerstaates total durcheinanderbringt. Auch hier könnte das Missfallen der UN-Entwicklungsorganisation zu Korrekturen durch den Wirtschafts- und Sozialrat führen.

Regionalorganisationen

Wir leben in *einer* Welt und zugleich in regionalen Welten. Das »Subsidiaritätsprinzip«, ein bedeutender Grundsatz in heutigen Modellen vernünftigen Regierens, besagt, dass so viel wie möglich auf »unteren« Ebenen der Entscheidungsbildung entschieden werden soll und nur, was der Synthese auf höherer Ebene bedarf, dorthin wandern darf. Dieses Prinzip kommt Selbstbestimmungswünschen substaatlicher Akteure ebenso entgegen wie den Souveränitätsansprüchen der staatlichen. Es legt nahe, die Region als eine wichtige Ebene internationalen und transnationalen Regierens zu berücksichtigen.

In den allermeisten Weltregionen gibt es regionale Organisationen, die sich der Zusammenarbeit, der wirtschaftlichen Entwicklung, dem ökologischen Wohlergehen und der Stiftung von Frieden und Sicherheit in der jeweiligen Region verschrieben haben (Kapitel 5). Wie prekär die Lage im Nahen und Mittleren Osten ist, zeigt sich am Fehlen einer solchen Organisation. Die Sicherheitsrisiken in Ostasien erweisen sich daran, dass dort der Regionalismus noch in den Kinderschuhen steckt und ausschließlich durch eine Krise – das nordkoreanische Kernwaffenprogramm – zustande gebracht worden ist; Taiwan, ein wichtiger Akteur der Region, bleibt aufgrund des chinesischen Einspruchs von diesem zarten Pflänzchen des ostasiatischen Regionalismus überdies immer noch ausgeschlossen. Nicht alle Organisationen wirken mit gleicher Effizienz in ihre Mitgliedstaaten hinein, ihr Gewicht als Bezugssystem für ihre Mitglieder variiert. Die folgenden Überlegungen, wie die regionalen Organisationen zu nutzen wären, beziehen sich auf einigermaßen funktionierende Institutionen oder auf solche, die allmählich in eine tragende regionale Rolle hineinwachsen. Sind derartige Organisationen weder vorhanden noch in Sicht, bleibt die direkte Kooperation mit den Staaten.

Es wäre wünschenswert, wenn von den intakten Regionalorganisationen und von den Vereinten Nationen eine systematische Strategie der Unterstützung für die Organisationsansätze in anderen Weltregionen ausginge. Das einfachste Mittel hierzu ist die regelmäßige Kontaktpflege, welche die EU bereits betreibt. Darüber hinaus sollte ein Teil der Entwicklungshilfe und der wirtschaftlichen Beziehungen grundsätzlich über die am besten geeignete Regionalorganisation abgewickelt werden – mit dem obengenannten Vorbehalt, dass sie auch funktioniert. Solchen Projekten sollte die Priorität gelten, in denen Akteure aus unterschiedlichen Ländern zusammenarbeiten. Die Vereinten Nationen und ihre Unterorganisationen – einschließlich der Weltbank, des Internationalen Währungsfonds und der Welthandelsorganisation – sollten bei den Hauptquartieren der Regionalorganisationen gemeinsame Liaison-Büros unterhalten. Regionale Entwicklungsbanken sollten eine stärkere Rolle spielen, das heißt, das Prinzip der Subsidiarität könnte die Entwicklungsfinanzierung bodenständiger machen. Statt vereinzelt, jede Unterorganisation für sich, mit den Mitgliedsländern der Regionalorganisation ihre Projekte zu betreiben, sollte das Bemühen im Vordergrund stehen, die Anstrengungen zu bündeln und stärker regional als national zu planen. Aus dieser Priorität sollte man kein Dogma machen: Wo es Sinn macht, Maßnahmen im Hinblick auf besondere nationale Verhältnisse zu treffen (z. B. für eine Nachbürgerkriegsgesellschaft inmitten einer friedlichen Umgebung), muss das natürlich geschehen. Aber die regionale Lage sollte stets im Horizont der Planer stehen. Wo solide und handlungsfähige regionale Organisationen bestehen, kommt ihnen die führende Rolle bei der Erhaltung des

Friedens zu – das sagt auch Kapitel VIII der UN-Charta. Die Vereinten Nationen sollten nur dann eingreifen – und nur dann in Anspruch genommen werden –, wenn die Regionalorganisation mit dieser Aufgabe überfordert ist oder das Geschehen im regionalen Raum weltweite Auswirkungen zeitigt. Auf jeden Fall sollten die autorisierten Vertreter der Regionalorganisation beteiligt sein, wenn der Sicherheitsrat Entscheidungen unter Kapitel VII trifft, das zur Gewaltanwendung befugt. Denn man kann vermuten, dass die Vertreter der Regionalorganisationen »vor Ort« häufig über genauere Kenntnisse verfügen als die großen Mächte und ihre Vertreter in New York. Auch sollten die regionalen Organisationen damit betraut werden, regional angepasste Lösungswege für die globalen Probleme zu entwickeln.

Bei allem Lob für die regionale Ebene sollten ihre Schwächen nicht außer Acht bleiben. Manche Regionen – Afrika ist ein Fall – sind wirtschaftlich und politisch zu schwach, um nach innen wirksam agieren zu können. Sie brauchen die Unterstützung von außen, und dieses »Interface« muss gründlich vorbereitet sein. Denn es soll weder in ein externes Diktat noch in einen unhinterfragten Zufluss materieller Hilfe ohne Blick auf die Qualität der unterstützten Politik münden. Zum anderen sind die Regionen auch Sitz der schlimmsten Konflikte – der Nahe Osten steht für dieses Problem. Deshalb sind die regionalen Akteure dort nicht in der Lage, aus eigener Kraft die dringend benötigten kooperativen Institutionen aufzubauen. In beiden Fällen ist der Rückfall auf die Hilfe externer Akteure, vor allem der Vereinten Nationen, unumgänglich. Man muss sich vor der Illusion hüten, das europäische Modell regionaler Integration ließe sich einfach globalisieren.

Gerichtshöfe und gerichtsähnliche Verfahren

Gerichte spielen in der internationalen Politik eine noch verhältnismäßig geringe Rolle. Wie andere supranationale Organisationen haben auch sie in Europa die stärksten Kompetenzen. Dieses Modell ist gleichwohl wegen der Besonderheiten des europäischen Integrationsprozesses nicht als Modell auf andere Weltregionen übertragbar und auch nicht in jedem Falle nötig. Wo die politische Kultur einer Region beispielsweise die Streitschlichtung und das Konfliktmanagement eher informellen, bilateralen Konsultationsprozessen überlässt, wie das in den ASEAN-Staaten in Südostasien der Fall ist, ist ein regionaler Gerichtshof überflüssig und womöglich eher konflikttreibend. Das Modell der »Ältesten«, das seit wenigen Jahren in der ECOWAS in Westafrika ausprobiert wird, könnte gleichfalls ein kulturangepasstes Äquivalent dessen sein, was wir in der Europäischen Union mit dem Europäischen Gerichtshof bezwecken: Es handelt sich um ein internationales Gremium anerkannter Persönlichkeiten, die in Konflikten erst einmal mit den Akteuren reden, um sie durch die Wirkung ihrer Autorität zu friedlichem Verhalten anzuhalten. So einleuchtend aus westlicher Perspektive die Stärkung gerichtlicher Strukturen auf allen Ebenen wäre, so ist doch einzuräumen, dass in anderen Regionen unterschiedliche institutionelle Vorkehrungen gleich erfolgreich sein können.

Etwas anders sieht es aus, wenn es um den Umgang mit Rechtsvorschriften und Rechtsbrüchen auf globaler Ebene geht. Als kulturübergreifender Typ der Streitschlichtung ist das Gericht als »interkultureller Ort« geeignet, mit Streitigkeiten umzugehen, wenn ansonsten die kulturellen Gemeinsamkeiten fehlen. Auf regionaler Ebene können traditionelle Alternativen des Konfliktmanagements sinnvoller sein. Auf globaler Ebene gibt es solche Traditionen nicht. Welche Kompetenzen gerichtlichen Verfahren und ihren Institutionen zufallen sollen, ist gleichwohl eine sensible Frage, steht doch jedes Mal wieder das kostbare Gut Souveränität auf dem Prüfstand. Gerichtsverfahren haben verschiedene Vorteile. Sie führen zu Entscheidungen (wenn die gelegentlich auch geraume Zeit brauchen); sie sind von den Unmittelbarkeiten des politischen Geschäfts in einer gewissen Distanz (wenngleich nicht in unendlicher, denn auch Richter werden politisch ernannt); sie unterscheiden klar zwischen Recht und Unrecht und geben so der internationalen Gemeinschaft und der Zivilgesellschaft Hinweise darauf, dass ein Rechtsbruch vorliegt. Wie Entschließungen des Sicherheitsrats und der Vollversammlung können Richtersprüche eine handlungslegitimierende Funktion wahrnehmen. Die Zuständigkeiten der Weltgerichtshöfe, des Internationalen Gerichtshofs, des Internationalen Strafgerichtshofs und des Seegerichtshofs sind begrenzt. Der IGH kann Streitfälle zwischen Staaten entscheiden, wenn die Parteien seine Kompetenz anerkennen. Er kann Rechtsgutachten abgeben. Wünschenswert wäre die Chance, aus eigener Vollmacht zumindest gutachterlich als Normenkontrollinstanz für Beschlüsse des Sicherheitsrats zu wirken. Die potenzielle Allmacht, die die Charta der Vereinten Nationen dem Sicherheitsrat dadurch in die Hand gibt, dass er selbst entscheiden darf, welche Vorgänge als »Bedrohung für internationalen Frieden und Sicherheit« gelten sollen und somit auch gewaltsame Sanktionen nach sich ziehen können, wäre damit wenigstens provisorisch begrenzt, die Machtungleichheiten zwischen Mitgliedschaft und Nichtmitgliedschaft bzw. Vetoposition und einfachem Abstimmungsrecht im Sicherheitsrat wären gemildert, wenn auch nicht aufgehoben. Der Internationale Strafgerichtshof (IStGH) unterscheidet sich darin vom Internationalen Gerichtshof, dass er nicht zwischen Staaten entscheidet, sondern sein Zugriff verantwortliche Individuen erreicht, die in besonders gravierender Weise gegen geltende Regeln des Völkerstrafrechts verstoßen haben, also etwa Kriegsverbrecher oder Menschen, die schwere Verstöße gegen die Menschlichkeit zu verantworten haben. Es wäre überlegenswert, die Tatbestände, die dem IStGH unterfallen, behutsam auszuweiten, wenn seine Mitgliedschaft sich der Universalität nähert und vor allem der amerikanische Widerstand gegen ihn geschwunden sein wird. Illegaler Waffenhandel wäre ein Beispiel, auch der Handel mit Substanzen, die für Massenvernichtungswaffen genutzt werden können, Drogen- und Menschenhandel, aktive Korruption zu Schaden der ärmsten Länder und die Veruntreuung internationaler Hilfsgelder kommen infrage. Es gilt das Subsidiaritätsprinzip, dass der IStGH nur dann tätig wird, wenn das Land, auf dessen Territorium das Verbrechen begangen wurde, oder das Herkunftsland des Verdächtigen selbst nicht tätig werden (können) oder die Sache ausdrücklich an den Hof überstellen. Um eine Überlastung des IStGH zu vermeiden – in Strafprozessen ist die Beweislast und damit die Datenlast sehr hoch –, wären regionale Zweigstellen eine sinnvolle Ergänzung.

Manche der internationalen Regime haben Verfahren für den Umgang mit Regelverletzungen, die der gerichtlichen Vorgehensweise nahe kommen. Die Welthandelsorganisation ist an erster Stelle zu nennen, deren Streitschlichtungsverfahren in unabhängigen Gremien betrieben werden. Der Staat, der Beschwerde führt, kann von den Gremien berechtigt werden, Vergeltungsmaßnahmen gegen vertragswidrige Handelshemmnisse zu ergreifen. Diese Gremien stellen Quasigerichte dar, die über Verletzungen der Normen des zugrundeliegenden Vertrages urteilen. Das Ergebnis ist bindend, der

Fall bleibt aber im bilateralen Verhältnis der streitenden Staaten. Das unterscheidet diese Verfahren vom Gerichtsverfahren in einem Staat, der das Recht der im Rechtsstreit obsiegenden Partei gegebenenfalls gegenüber der unterlegenen, aber resistenten Partei erzwingt. Es wäre ein zusätzlicher Schritt nötig, um Konflikt-Managements-Maßnahmen auf der Ebene eines Regimes wie der WTO dem gleichzustellen: wenn die Streitschlichtungsgremien allgemeine Sanktionen gegen einen unterlegenen Staat verhängen könnten, die für alle WTO-Mitglieder verbindlich wären.

Der Frage, wie mit zwischenstaatlichen Streitigkeiten oder solchen zwischen einem Staat und einem mächtigen privaten Akteur umgegangen werden kann, gehe ich deshalb nach, weil hiervon die Nachhaltigkeit internationaler Regelungen in hohem Maße abhängt. Die Regelung wirft nur dann einen langen »Zeitschatten« auf das Verhalten von Staaten, wenn diese mit Verlässlichkeit ihre Geltung annehmen können. Geltung bedeutet, dass sich die Regeln gegebenenfalls auch gegen den Versuch, sie zu brechen, durchsetzen können. Wenn ein Staat Regeln bricht, denen er sich ursprünglich freiwillig unterworfen hat, kann das drei Ursachen haben. Er kann der Fähigkeiten und Ressourcen ermangeln, die Regeln einzuhalten. In diesem Fall sind Sanktionen unsinnig, sie verschlimmern die Lage nur. Hilfsprogramme müssten bereitstehen, um den an sich gutwilligen Staat in die Lage zu versetzen, regelgerecht zu handeln. Die zweite Möglichkeit ist Nachlässigkeit der Bürokratie: Die fragliche Regel ist nicht im Aufmerksamkeitshorizont der Zuständigen. Sie würden sie befolgen, wenn sie sich ihrer eigenen Pflichten bewusst wären. Diesem Mangel ist durch regelmäßige Ermahnungen, noch besser durch eine Berichtspflicht über die Regelbefolgung abzuhelfen. Der dritte Fall ist der gravierendste: Der fragliche Staat bricht die Regel, weil sie augenblicklich seinen Interessen zuwiderzulaufen scheint. Ein gerichtsartiges Verfahren, um Regelbrüche festzustellen und gegebenenfalls zu ahnden, erhöht das Vertrauen in die Geltung der Regeln und in die Nachhaltigkeit des betroffenen Regimes schlagartig. Die »neutrale« Instanz entzieht die Streitfrage dem unmittelbaren Konflikt-Ping-Pong der streitenden Staaten und verhindert damit den Rückfall in die klassische Anarchie der internationalen Beziehungen. Die Aussicht auf Sanktionen stärkt die Regel symbolisch und schafft zugleich ein Anreizsystem, das ihrer Geltung hilft. Es wäre daher wünschenswert, wenn möglichst viele internationale Regime, die für die Regelung der Weltprobleme eingerichtet werden, mit vergleichbaren mehrstufigen Verfahren versehen wären: Hilfsmaßnahmen, um die Fähigkeit zur Regeleinhaltung sicherzustellen; ein systematisches Berichtswesen, das die Aufmerksamkeit von Politik und Verwaltung für die eigenen Pflichten erhält; und gerichtsähnliche Verfahren der Streitschlichtung, an deren Ende auch bindende Sanktionen gegen den Regelbrecher stehen können. Ganz besonders gilt dies für internationale Umweltregime, in deren Fall die Einhaltung der Regeln überlebenswichtig, der Anreiz, sie opportunistisch zu brechen, für Staaten wie für Unternehmen zugleich hoch ist. Die Schwierigkeiten, beim Kyoto-Protokoll zu Standards zu kommen, die für alle gelten, lassen ahnen, wie hart der Weg sein wird, bis man Wege zu einem wirksamen Umgang mit Verstößen gefunden haben wird. Die Idee eines internationalen Umweltgerichtshofs, die unter Völkerrechtlern kursiert, ist als ein solcher Weg nicht von der Hand zu weisen.

Verlangt das Projekt, alle internationalen Regime, die der Regelung globaler Probleme gelten, mit gerichtsartigen Streitschlichtungsverfahren zu versehen, eine zu weitgehende Aufgabe von Souveränität? Gegen diesen Einwand lassen sich drei Argumente ins Feld führen. Erstens: Die überwältigende Mehrheit der Staaten hat in den Weltkonferenzen, in Entschließungen der UN-Vollversammlung und in bestehenden Vertragsregimen die Existenz der Weltprobleme und die Notwendigkeit ihrer Lösung anerkannt. Wenn von der Regelung dieser Probleme das Überleben der Menschheit abhängt, muss sie einen Kompromiss zwischen Autonomie-(Souveränitäts-)Schonung und effektiver Regelung eingehen. Zweitens: Mein Vorschlag versucht, einen solchen Kompromiss dadurch zu finden, dass ich auf *bereits vorhandene* Modelle zurückgreife. Viele Regime enthalten schon Sanktionsmöglichkeiten, es handelt sich also nicht um eine Revolution. Drittens: Grundsätzlich *behalten* die Staaten ihre Souveränität: Im Extremfall können sie sich der Verpflichtung durch den Austritt wieder entziehen; dafür entrichten sie allerdings den hohen Preis, das alle, die der Austritt schädigt, weil das gemeinsame Problem nun schlechter zu lösen ist, sich am »Deserteur« schadlos halten. Souveränität würde um den Preis materieller Verluste verteidigt. Dies in Kauf zu nehmen oder der gemeinsamen Problemlösung den höheren Rang einzuräumen liegt in der souveränen Entscheidung des abwägenden Staates. Insofern ist die Unterwerfung unter die genannten Verfahren mit einem Verständnis von Souveränität vereinbar, das den heutigen Verhältnissen von enger Interdependenz angemessen ist.

Die Großmächte

Spricht man über Souveränität, fallen einem sofort die Großmächte ein. Sie sind um die Souveränität kleiner Staaten nicht sonderlich bekümmert und gehen gelegentlich mit Nonchalance darüber hinweg, neigen aber dazu, ihre eigene Souveränität bis an die Grenze des Grotesken eifersüchtig zu verteidigen. Doch selbst diese Mächte haben sich in den letzten fünfzig Jahren immer wieder auf Regelungen eingelassen, die einem absoluten, durch keine Interdependenz berührten Souveränitätsbegriff widersprechen. Die Welthandelsorganisation ist ein Beweis für diese Bereitschaft.

Damit wären wir bei einer der wichtigsten Funktionsbedingungen einer nachhaltigen Ordnung zur Lösung der Weltprobleme: bei der Einstellung der Großmächte zur internationalen Kooperation. Es ist nicht übertrieben zu sagen, dass es der absolute »Showstopper« für das Weltregieren sein kann, wenn einer oder mehrere der politischen Giganten – USA, China, Indien, Russland, Japan, die EU – den Spielverderber geben. Die Exzesse der Bush-Administration in unilateraler Arroganz haben vor Augen geführt, was alles kaputtgehen kann, wenn der mächtigste Staat glaubt, die Welt nach Gutsherrenart regieren zu können.

Vielleicht haben wir gerade damit Glück im Unglück gehabt: Das katastrophale Scheitern der Bush-Politik auf ganzer Linie könnte in den USA und anderswo die Einsicht bewirken, dass das rücksichtslose Durchboxen nationaler Interessen und Zielsetzungen in der globalisierten Welt keine Zukunft mehr hat. Wenn dieses Lernen stattfindet, stehen die Chancen für eine Umstellung des Weltregierens in Richtung Nachhaltigkeit so schlecht nicht. Denn es geht ja nicht darum, dass die Großmächte ganz auf die Verfolgung nationaler Interessen verzichten; was vielmehr gefordert ist, sind zwei Einsichten. Erstens: Diese Interessen lassen sich nur kooperativ verwirklichen. Zweitens: Die Lösung der Weltprobleme, von denen ja letztlich auch das Überleben der Menschen in den mächtigen Ländern, aber auch der Fortbestand ihrer Machtressourcen abhängt, sind im besten Interesse der Großmächte selbst. Nur wenn diese Einsichten sich Bahn brechen, können die Großmächte ihre Rolle(n) im globalen Regieren spielen. Wir brauchen keine Haltung idealistischer Machtvergessenheit und unbegrenzter Opferbereitschaft für das globale Gemeinwohl – damit ist nicht zu rechnen. Eine Haltung kluger Machtbegrenzung und selektiver Machtausübung, maßvoller Interessenverfolgung, Kooperationsbereitschaft und Rechtstreue als »mittlerer Weg« genügt, um die Voraussetzungen für ein funktionierendes Zusammenspiel zu schaffen. Denn die Großmächte sind in mehreren Funktionen für das Weltregieren gefordert. Die erste ist die des einsichtigen Verursachers. Wirtschaftlich, demographisch, ökologisch tragen diese Wirtschaftsgiganten zu den Weltproblemen bei, politisch sind sie an einer Reihe von Konflikten beteiligt. Ihre erste Aufgabe ist es, den eigenen Beitrag zum Gesamtschaden zu begrenzen und ein gemeinschaftliches Konfliktmanagement zu betreiben, wie es im letzten Kapitel bereits skizziert wurde. Von den leitenden Problemproduzenten müssen sie sich zu führenden Problemlösern wandeln. In diesem Wandel wären sie Vorbild für andere. Der »Mimikry-Effekt«, das heißt, die Neigung der kleineren, schwächeren und jüngeren Akteure, die größeren, stärkeren und erfahrenen Akteure nachzuahmen, ist auch für die internationalen Beziehungen nachgewiesen worden. Diese Leitbildfunktion sollte nicht unterschätzt werden; so sehr sie schadet, wenn die Großmächte sich als Axt im Walde betätigen, so nützlich ist sie, wenn sie kooperatives Wohlverhalten an den Tag legen. Denn die Steuerung über Nachahmungseffekte zählt zu den ökonomischsten Instrumenten überhaupt, da der Ressourceneinsatz gering ist. Neben der Leitbild- kommt den Großmächten auch die Führungsfunktion zu – jedenfalls im Großen und Ganzen. Dinge lassen sich leichter regeln, wenn sie die Initiative ergreifen, am besten gemeinsam. Das schließt natürlich nicht aus, dass auch kleinere Länder mit einem ausgeprägten Gemeinsinn (Kanada und Schweden fallen einem dazu ein) in Einzelfragen vorangehen. Je entschlossener und gemeinsamer die »Großen« an einem Strang in die richtige Richtung ziehen, desto schneller und reibungsloser lassen sich Lösungen für die großen Probleme entwerfen, desto leichter lassen sich zunächst widerstrebende Akteure davon überzeugen, sich in eine einvernehmliche Lösung zu schicken. Das Ressourcenpotenzial der Großmächte ist enorm. Sie sind daher in der Lage, andere dabei zu unterstützen, ihre Beiträge zur Lösung der Probleme zu leisten. Das gilt übrigens auch für die »ärmeren« Mächte: China vergibt freigiebig Kredite in Afrika, und auch Indien ist selbständig in der Entwicklungshilfe tätig. Unterentwickelte Akteure brauchen vor allem administrative Unterstützung, Technologietransfer, Kapital, Ausbildung. All das können die »Großen« anbieten. Natürlich festigen sie damit auch ihren Status, gewinnen Prestige, pflegen Klientelbeziehungen – all das ist für sich genommen nicht schädlich, wenn es nicht lediglich der gegen andere Großmächte gerichteten Machtballung dient, sondern in einem kooperativen Zusammenhang zur Lösung der gemeinsamen Probleme beiträgt. Ihre letzte wichtige Rolle ist es, Regimeregeln gegen Regelbrecher durchsetzen zu helfen. Den äußersten Fall habe ich in Kapitel 5 behandelt: den Umgang mit Friedensstörern. Aber auch daran, andere dazu zu bewegen, sich an gesetzte Regeln etwa in der Umweltpolitik zu halten, müssen die Großmächte mitwirken. Ihre ständige Neigung, widerborstige Klienten schützend unter ihre Fittiche zu nehmen, ist dem globalen Interesse abträglich. Es ist zu hoffen, dass sie sich untereinander darauf verständigen können, in solchen Konfliktsituationen »ohne Ansehen der Person« zu verfahren.

Damit sie ihre Rollen bestmöglich ausfüllen können, ginge es darum, die Konflikte zwischen den »Großen« so weit wie möglich einzuschränken. Die geeignete Form, in der dies geschehen kann, ist das »Konzert« (Kapitel 5): Eine beständige Konsultationsrunde zwischen den »G-13«, also den erweiterten G-8-Staaten. »Beständige Konsultationen« bedeutet, dass sich die politischen Direktoren der Außenministerien mindestens einmal im Monat sehen sollten, die Botschafter in den jeweiligen Hauptstädten wöchentlich zusammentreffen, um von der Regierung des Sitzlandes über neue außenpolitische Entwicklungen unterrichtet zu werden und die UNO-Botschafter sich gleichfalls wöchentlich treffen. Zu Einzelfragen kämen Spezialisten aus den Hauptstädten zusammen. Entscheidend ist das Verhältnis zwischen Sicherheitsrat und dem »Konzert«. Die beiden Gremien haben unterschiedliche Funktionen. Dem »Konzert« geht es um Konfliktvermeidung unter seinen Mitgliedern im Vorfeld und um die Abstimmung der Positionen zu Konflikten anderer. Der Sicherheitsrat trifft die Entscheidungen. Die beiden Institutionen kommen sich also nicht ins Gehege. Im Gegenteil, solange die Erweiterung des Sicherheitsrats in Richtung größerer Repräsentativität blockiert ist, ist das »Konzert« die willkommene Übergangslösung, um alle Regionen der Erde über ihre wichtigsten Länder an der Entscheidungsvorbereitung teilnehmen zu lassen.

Nichtregierungsorganisationen

Nichtregierungsorganisationen direkt nach den Großmächten zu diskutieren, mag vielen merkwürdig erscheinen. Wie jedoch im letzten Kapitel schon angedeutet, halte ich sie, zugespitzt gesagt, für diejenigen Akteure im internationalen System, die im Konfliktfall am ehesten in der Lage sein könnten, einer Großmacht Paroli zu bieten, ohne damit die riskantesten politischen Auswirkungen für die Stabilität der Weltpolitik zu provozieren. Nichtregierungsorganisationen sind weder unbedeutendes Beiwerk der internationalen Politik noch der heilige Gral. In den achtziger und neunziger Jahren gab es die Tendenz, sie als die Träger von Weltdemokratie zu verklären. Dies ist einer gewissen Ernüchterung gewichen. Man hat erkannt, dass Nichtregierungsorganisationen nicht nur dem Gemeinwohl dienen, sondern auch ihren eigenen Organisationsinteressen und gelegentlich dem Ego einzelner Führungsfiguren, dass sie gelegentlich das Spiel mit der Macht nur allzu gerne spielen und medienwirksamen Spektakeln den Vorzug vor handfester Arbeit geben. Manche von ihnen sind nicht sehr demokratisch strukturiert, ihre Führungen sind von niemandem außer ihren Mitgliedern gewählt und repräsentieren daher auch nur diese, und sie heben auch nicht das Nord-Süd-Gefälle auf, da die Organisationen aus dem »Norden« zahlreicher und besser ausgestattet sind. Dennoch sind sie die mittlerweile unentbehrlichen Ergänzungsstücke zu den Aktivitäten der Staatenwelt. Viele dieser Organisationen sind »Ein-Punkt-Bewegungen«, das heißt, sie konzentrieren sich auf ein bestimmtes »öffentliches Gut«, einen Bestandteil des Gemeinwohls, und verfolgen dieses Thema mit höchstem Einsatz. Der vielleicht wichtigste Effekt dieser Organisationen ist es, solche Themen erst einmal auf die Tagesordnung der internationalen Politik zu bringen. Wäre die Umweltpolitik ohne den Club of Rome oder Greenpeace das, was sie heute ist? Wäre die Menschenrechtspolitik so prominent ohne amnesty international oder Human Rights Watch? Die Frage der weiblichen Genitalverstümmelung ohne die zahlreichen Organisationen der Frauenbewegung? Die Anti-Personenminen ohne medico international oder das Rote Kreuz? Bestimmt nicht! Nichtregierungsorganisationen stellen höhere Transparenz über das internationale Geschehen her, als dies die Diplomaten mit ihrer Vorliebe für Verhandlungen hinter verschlossenen Türen von sich aus tun. Darin liegt weniger eine »Demokratisierung der Weltpolitik«, sondern die Chance für die Bürgerinnen und Bürger in den Demokratien, vor allem aber für ihre Parlamentarier, den Regierungen in ihrem außenpolitischen Verhalten genauer auf die Finger zu sehen: dann nämlich, wenn Vereinbarungen zustande kommen sollen, die Probleme lösen und die Staaten rechtlich binden. Die Konzentration auf eine oder wenige Fragen bedeutet, dass die Organisationen hochspezialisiert sind. Sie unterhalten eine Expertise, die jene der Staatenvertreter – zumeist Diplomaten und damit Generalisten – übertrifft. Dadurch bringen sie wertvolle Fachinformationen in internationale Verhandlungsprozesse ein, weshalb die Staaten bereit sind, sie als Beobachter bei solchen Verhandlungen zuzulassen, sich in Vorbereitungstreffen oder in verhandlungsbegleitenden Seminaren mit ihnen auszutauschen oder im äußersten Falle deren Vertreter in staatliche Delegationen aufzunehmen. Durch diesen Input haben NROs die Qualität von Verhandlungen und von deren Ergebnissen verbessern helfen. Auch der Sicherheitsrat der Vereinten Nationen schätzt mittlerweile den (informellen) kontinuierlichen Arbeitskontakt mit den NROs: Neben den »Arria-Treffen« (s. o.) nehmen Sicherheitsratsmitglieder und hohe UN-Beamte regelmäßig an den (meist wöchentlichen) Treffen der NGO Working Group on the Securitcy Council teil, dem cirka 30 große NROs angehören. Nichtregierungsorganisationen überwachen die Regeltreue von Staaten und das Verhalten multinationaler Unternehmen und sind weit stärker als diese Akteure an moralischen Werten und Zielen orientiert. Thomas Risse hat mit seinen Mitarbeiterinnen und Mitarbeitern gezeigt, wie die Beachtung der Menschenrechte in Ländern mit widerstrebenden Regierungen durch die Strategie von Nichtregierungsorganisationen gesteigert werden konnte, wobei Vertreter aus dem »Norden« mit einheimischen Gruppen intensiv zusammenarbeiteten und westliche Regierungen eine unterstützende, aber nicht die zentrale Rolle einnahmen. Die Verschiebung des Menschenrechtsaktivismus in die informelle Tätigkeit der NROs entlastet die Weltpolitik von dem Vorwurf westlichen Kulturimperialismus, den der Eifer der Kosmopoliten, die Ziele durch rechtlichen und machtpolitischen Druck zu erreichen, nach sich zieht. Diese Entlastung ist desto stärker, eine je geringere Rolle die Sanktionspolitik westlicher Regierungen dabei spielt.

Was kann Nichtregierungsorganisationen dazu befähigen, eine Großmacht zur Räson zu bringen, wenn sie gegen internationale Regeln verstößt? Die Antwort liegt in dem besonderen Typ von Macht, über den NROs verfügen. Anders als Staaten stehen auch bei den »begüterten« NROs die materiellen Ressourcen nicht im Vordergrund. Ihre Macht ist »Mobilisierungsmacht«, eine Größe, die die Philosophin Hannah Arendt entdeckt hat: die Fähigkeit, viele Menschen hinter dem gleichen Projekt zu versammeln (auch Staaten können das, aber im Unterschied zu NROs können sie sich stärker auf ihre materiellen Machtressourcen stützen). So haben sie gegen den Willen von drei permanenten Mitgliedern des Sicherheitsrats, gegen Russland, China und die Vereinigten Staaten, das Ottawa-Übereinkommen zum Verbot von Anti-Personenminen zuwege gebracht und andere, »gleichgesinnte« Staaten zu diesem Zweck aktiviert.

Bisher war von Kontakten zwischen der staatlichen und der nichtstaatlichen Ebene die Rede, also von »vertikaler Kommunikation«. Es gibt aber auch die horizontale, die zwischen den Nichtregierungsorganisationen unterschiedlicher Länder, Regionen und Kulturkreise. Durch diese Kontakte öffnen sich Kommunikationskanäle zwischen Gesellschaften und Kulturen. Dies ist wichtig, weil sich diese zivilgesellschaftlichen Elemente den gemeinsamen Problemen oftmals mit sehr unterschiedlichen Ausgangsmeinungen nähern. Auf der Umweltkonferenz von Rio 1992 trafen die Selbstbeschränkungsvorstellungen westlicher Umweltgruppen auf die entwicklungsorientierten Belange derjenigen aus der Dritten Welt. Die westlichen Gruppen zogen daraus den Schluss, auch soziale Aspekte in ihre umweltpolitischen Forderungen zu integrieren. Die Frauenkonferenz in Beijing 1994 konfrontierte feministische Gruppen aus dem Westen mit solchen aus Entwicklungsländern, die die Besserstellung der Frau, aber zugleich eine »traditionellere«, familienbezogene Rolle für sie reklamierten. Entscheidend war jeweils, dass die Beteiligten jenseits der verbleibenden Unterschiede die Schnittmenge ihrer gemeinsamen Werte und Forderungen fanden, an erster Stelle den Kampf gegen die Gewalt, der Frauen überall ausgesetzt sind – ein Beispiel lebendigen interkulturellen Dialogs. Die Mobilisierungsmacht hängt von der Glaubwürdigkeit der NROs in der Öffentlichkeit ab. Die Glaubwürdigkeit wiederum verlangt von den NROs, eine gewisse Distanz von den Staaten zu halten. So sehr sie in die Staatenwelt hineinwirken müssen und auch deren Ressourcen nutzen, so klar müssen sie gegenüber Vereinnahmungsversuchen immun sein. Denn um kampagnenfähig zu sein, müssen sie der Öffentlichkeit gegenüber ihre eigene, oppositionelle Identität jederzeit glaubhaft behaupten können. Es ist diese »Mobilisierungsmacht«, die, geschickt und massiv eingesetzt, auch eine Großmacht auf die Knie zwingen könnte. Wenn die großen, multinational verankerten NROs zum Boykott russischer oder chinesischer oder amerikanischer Produkte aufrufen, wird das Wirkung zeigen. Millionen Menschen werden dem folgen. Die betroffenen Unternehmer, Arbeitnehmer, Parlamentarierinnen werden von ihrer Regierung einen Kurswechsel verlangen (auch in nichtdemokratischen Staaten übrigens). Wenn etwa die amerikanische Regierung weiterhin den Klimaschutz untergräbt, wäre ein Boykottaufruf gegen amerikanische Produkte weltweit vermutlich die einzige Chance, einen Wandel herbeizuführen. Den betroffenen Unternehmen sollten die NROs die Chance geben, sich aus dem Embargo »auszukaufen«: durch eine feste Verpflichtung, ihren CO_2-Ausstoß (bzw. den ihrer Produkte) bis 2050 zu senken und auf ihre Regierung einzuwirken, ihre Politik zu ändern. Das Instrument des NGO-Boykotts darf nur höchst sparsam und gezielt gegen den jeweils »schlimmsten Sünder« eingesetzt werden. Der Standard der »Rechtsgleichheit« kann für die – immer informellen – Kampagnen der NROs nicht gelten, weil sie das überfordern würde. Es steht aber zu vermuten, dass eine Kampagne mit empfindlichen wirtschaftlichen Folgen für *ein* Land andere Normbrecher zum Überdenken der unvermuteten Risiken eines regelfeindlichen Verhaltens veranlassen würde. Der Vorteil eines solchen Ahndungsmechanismus ist es, die Vergeltungs- und Eskalationsrisiken zwischenstaatlicher Embargopolitik einzudämmen. Vergeltungsrisiken halten viele Staaten davon ab, das regelbrechende Verhalten der Großmacht überhaupt zu ahnden, Eskalationsrisiken enthalten Kriegsgefahr. Gegen NROs hingegen lässt sich keine militärische Intervention inszenieren, ihre Aktionen können keinem Staat zugerechnet werden, hinter ihnen steht kein Gewaltmonopol und kein Militär, und auch ein Gegenboykott macht wenig Sinn.

Ist es in der Perspektive politischer Ethik problematisch, Nichtregierungsorganisationen, die ja von niemand außer ihrer Mitgliedschaft legitimiert sind, eine solche Rolle zuzusprechen? Ich glaube nicht. Denn die NROs haben – anders als die Staaten – niemandem gegenüber ein Zwangspotenzial. Ihre »Mobilisierungsmacht« greift nur, wenn die Menschen freiwillig dem Aufruf zum Handeln folgen. Das macht jede(n) Einzelne(n) zum Schiedsrichter über die Politik der NROs. Der Erfolg der Kampagnen hängt davon ab, wie überzeugend sie auf breite Massen und deren Verhalten wirken; diese Resonanz schafft *Legitimität für den besonderen Fall* und ist zugleich Erfolgsbedingung. Nur wenn die Empörung über die Politik einer großen Macht weltweit stattfindet oder zumindest die Verbraucher auf den großen Binnenmärkten erfasst, wird der dadurch erzeugte Leidensdruck für den boykottierten Staat sehr hoch, weil die Boykottkampagne spürbare Folgen hat. Wenn die NROs selbst einen Kodex akzeptieren, zu diesem letzten Mittel nur zu greifen, wenn der betroffene Staat von der großen Staatenmehrheit gesetzte oder gewünschte Regeln missachtet oder verhindert, scheint mir ein politisch-ethisches Problem nicht zu existieren. Eine Kampagne der NROs, um ein internationales Rechtsprinzip gegen einen Regelbrecher durchzusetzen, wäre ein Test auf das Maß, in dem heute bereits eine Weltgesellschaft existiert und zugleich ein Beitrag zum Bau einer Weltgesellschaft. Denn das »Mitziehen« bei einer solchen Kampagne, die Gefolgschaft für die vorgeschlagene Boykottmaßnahme über die Grenzen eines Landes, einer Region, eines Kulturkreises hinaus, wäre ein Symbol von Gemeinschaft und ein Schritt zum Bau von Gemeinschaft. Um die erwünschte Handlungsfähigkeit zu erreichen, muss es den NROs gelingen, ihre Koordinationsfähigkeit zu steigern. Ein Koordinationsrat wenigstens der großen NROs – quer durch die von ihnen bearbeiteten Spezialthemen – scheint hierfür notwendig zu sein. Nach dem Inhalt der früheren Kapitel wird es die Leser/innen nicht überraschen, dass ich dafür plädiere, einen solchen Koordinationsrat *interregional* und *kulturübergreifend* zusammenzusetzen: Die Entwicklungsländer müssen darin stimmkräftig vertreten sein.

Expertengremien

Expertengremien, die teils von den Staaten und ihren internationalen Organisationen selbst, teils von Fachverbänden berufen werden, üben einen zunehmenden und nicht zu unterschätzenden Einfluss auf das Weltregieren aus. Ohne die hingebungsvolle Arbeit des International Panel zum Klimawandel (IPCC) und seine Berichte, die wie Keulenschläge in die Öffentlichkeit fielen, hätte sich die sture Bush-Administration nicht einmal auf die heutige, immer noch unzureichende Position bewegt. Diese Gremien verdanken ihre Wirkung zwei Faktoren: der Aura ihrer wissenschaftlichen Kompetenz und ihrer die weltweite Verschiedenheit widerspiegelnden Zusammensetzung. Wissenschaft genießt in der Öffentlichkeit immer noch eine besondere Reputation. Das verlangt von den Wissenschaftlern, verantwortlich mit ihrer Reputation umzugehen. Außerdem müssen sie die Fähigkeit erwerben, dem Laienpublikum ihr Wissen so zu vermitteln, dass es verständlich und verarbeitbar ist. Das ist schwer, aber es geht. Wissenschaftliche Ergebnisse, die der laufenden politischen Praxis widersprechen, aber in der Öffentlichkeit Wurzeln schlagen, zwingen die Regierungen zur Kenntnisnahme und zunehmend zur Rechtfertigung von Politiken, die der herrschenden Meinung in der Wissenschaft zuwiderlaufen. Ein besonderes Expertengremium wäre ein Ethik- oder Kulturrat, wie er in Kapitel 4 angedacht worden ist: Eine Gruppe von ausgebildeten und dialogbereiten Vertretern der großen Kulturen, die parallel zu sachbezogenen Verhandlungen über deren ethische Dimension reflektieren und die Ergebnisse ihrer Arbeit als »Feedback« an die Verhandlungsgremien und an die transnationale Öffentlichkeit zurückgeben. Diese Arbeit diente dem Zweck, transparent zu machen, wie die unterschiedlichen Wertorientierungen in den Normen- und Regelsystemen zur Geltung kommen, die der Bearbeitung der globalen Probleme dienen. Des Weiteren wäre es die Aufgabe des Ethik- oder Kulturrats, Schritt für Schritt die Bausteine einer universalen Konzeption von Gerechtigkeit zu schaffen.

Unternehmen

Große Unternehmen sind wichtige weltpolitische Akteure. Sie verfügen über (wirtschaftliche) Machtressourcen. Mit Hilfe dieser Mittel setzen sie Fakten, die Rahmenbedingungen staatlicher Politik bilden: Ihre Investitions- und Handelsaktivitäten beeinflussen die innere Stabilität von Gesellschaften und ihren Staaten und die Machtverhältnisse zwischen ihnen. Sie nehmen auch direkten Einfluss auf die Entscheidungen von Regierungen, Parlamenten und internationalen Organisationen oder versuchen es zumindest. In den letzten

Jahren ist eine merkwürdig widersprüchliche Entwicklung in der Orientierung von Unternehmen zu beobachten, die auf unsere Frage – wie sich günstige Rahmenbedingungen für die politische Regelung der globalen Probleme finden lassen – folgenreich ist. Auf der einen Seite steht die strikte Konzentration auf den »Shareholder-Value«, gekoppelt mit der kurzatmigen Aufmerksamkeit für die Vierteljahresergebnisse der Firmen; dieser Trend ist unserem Ziel abträglich, da die Kurzfristigkeit der Orientierung zu Nachhaltigkeit im Gegensatz steht und die unbedingte Fokussierung auf das Profitziel jegliche Gemeinwohlorientierung ausschließt. Dagegen steht eine gegenläufige Tendenz, die eine verstärkte Betonung von Unternehmensethik, »Corporate Citizenship« und »Corporate Social Responsibility« beinhaltet und sich in der wachsenden Zahl von »Public-Private Partnerships« niederschlägt, wobei sich die Partner selbst verpflichten, das legitime Gewinninteresse der Unternehmen mit Belangen des Gemeinwohls in Übereinstimmung zu bringen. Die wichtigste Institution in diesem Zusammenhang ist der von Kofi Annan in die Wege geleitete »Global Compact«, dessen zehn Prinzipien normative Vorgaben für das richtige Verhalten privater Firmen in Fragen von Menschenrechten, Arbeitnehmerrechten, Umweltschutz und Korruptionsbekämpfung machen. Diese Prinzipien finden ihren Niederschlag auch in sektorspezifischen Vereinbarungen zwischen Unternehmen und zwischen ihnen und anderen Akteuren, die dazu dienen, die schädliche Einwirkung des Wirtschaftssektors auf das Gewaltgeschehen in Konflikten zu begrenzen. Dazu zählen etwa der Kimberley-Prozess, um den Handel mit »Blutdiamanten« zu verhindern, die Wolfsberg-Prinzipien, die die Praxis der Geldwäsche unterbinden sollen, oder der Durban-Prozess zum Coltanabbau (Coltan spielt im Kongo wie anderswo in Afrika Diamanten eine konflikttreibende Rolle). Der Extractive Industries Transparency Initiative geht es um die Offenlegung von Zahlungsströmen bei Regierungen und Wirtschaft in den Rohstoffindustrien, wobei die Unternehmen sich auskunftsfreudiger zeigen als die Staaten.

Unternehmen als politische Akteure zu akzeptieren verlangt eine Entscheidung gegen das weitverbreitete negative Vorurteil gegenüber der privaten Wirtschaft. Wie Staaten und Nichtregierungsorganisationen sind Unternehmen nicht von vornherein »gut« oder »schlecht«, sondern nach ihrer Praxis zu beurteilen. Staaten und Unternehmen müssen Regelungen finden, die es Letzteren ermöglichen und erleichtern, auch im Rahmen ihrer gewinnorientierten Tätigkeit zum globalen Gemeinwohl beizutragen; wenn sie sich darüber hinaus engagieren, umso besser. Unternehmen mögen gelegentlich begriffsstutzig sein und nicht verstehen, dass Umweltverträglichkeit ein wichtiger Wettbewerbsfaktor der Zukunft ist – die deutsche Autoindustrie und die Energiewirtschaft sind leider beredte Beispiele. Langfristig ist eine ruinierte Umwelt für die Unternehmenstätigkeit ebenso ungünstig wie der Krieg oder ein durch kulturelle Gegensätze aufgeheizter Handelskrieg. Gelingt ein nachhaltiges globales Regieren, so ist dies auch für die Entwicklung der privaten Wirtschaft im Ganzen die beste Rahmenbedingung und daher in ihrem wohlverstandenen Interesse. Freilich bedarf es – wie im Falle der Großmächte – der strategischen Intelligenz, um die langfristigen Interessen im Auge zu behalten, wenn kurzfristige Gewinne winken. Wo sie die Einsicht in dieses Interesse nicht gewinnen, müssen die Staaten Regeln setzen, und die Zivilgesellschaft muss – wie gegenüber den Staaten – ein wachsames Auge darauf haben, dass Wirtschaftsakteure die Normen des »Global Compact« und andere Ethikrichtlinien wie die UN Draft Norms for Business and Human Rights, auf die sie sich selbst verpflichtet haben, auch einhalten. Denn häufig wird die Ausführung der guten Absichten keiner Prüfung unterworfen. Vor allem Unternehmen, die Markenprodukte für den Verbrauchermarkt produzieren, sind gegenüber negativen Kampagnen enorm empfindlich, da sie ihre Marktchancen beeinträchtigen. Nichtregierungsorganisationen, aber auch kommerzielle Unternehmensbewerter geben heute »Ratings« für das Gemeinwohlverhalten von Unternehmen heraus, die die Börsenentscheidungen mancher Anleger bereits beeinflussen. Das gibt Nichtregierungsorganisationen einen wirksamen Hebel in die Hand, um widerstrebende Unternehmen mit sanftem Zwang, mit »Blaming and Shaming«, auf den Weg der Nachhaltigkeits-Tugend zu bringen.

Zusammenfassung

In diesem Kapitel habe ich eine Reihe von Anregungen zusammengestellt. Sie dienen der Antwort auf die Frage, wie Akteure und Institutionen der trans- und internationalen Beziehungen so »aufgestellt« werden können, dass die drei potenziellen Hindernisse weltweiter Kooperation – Verschiedenheit, Streit über Gerechtigkeit und Krieg – eingehegt sind: Nur dann wird der Weg für die gemeinsame Arbeit an den globalen Problemen frei. Dabei habe ich versucht, einen Mittelweg zwischen kühnem Entwurf und realistischer »Bodenhaftung« zu finden. Es kann nicht darum gehen, derart revolutionäre Vorschläge zu machen, dass an deren Verwirklichung nicht zu denken ist. Ebenso wenig darf man der (ja nicht so überzeugenden) Praxis heutigen Weltregierens so verhaftet sein, dass sich die schlechte Wirklichkeit in den Vorschlägen nur verdoppelt. Ich habe daher versucht, Anknüpfungspunkte in der politischen Realität zu finden, von der heutigen Basis aus zu denken, deren vielversprechende Ansätze aber so weiterzuentwickeln, dass die Brücke in eine bessere, nachhaltige Zukunft des institutionellen Weltgefüges geschlagen wird.

Die Bilanz sieht so schlecht nicht aus. Die institutionelle Gestaltung der Weltpolitik bietet vielfältige Anschlussmöglichkeiten. Mit gemäßigten Korrekturen, wie ich sie vorgeschlagen haben, lässt sich ihre Steuerungsleistung verbessern, deren Richtung adjustieren, die Beteiligung an den Verhandlungs- und Entscheidungsprozessen verbreitern und die Fairness ihrer Ergebnisse vergrößern. Es bedarf keiner grundstürzenden institutionellen Revolution, um die Qualität des Weltregierens zu verbessern und damit die Bedingungen zu schaffen, unter denen die globalen Probleme von der Weltgemeinschaft zügig und nachhaltig wirksam in Angriff genommen werden können. Die Weltpolitik ist in Bewegung, und manches an dieser Bewegung geht – vielleicht entgegen den Erwartungen einiger Leser und Leserinnen – in die richtige Richtung. Nur sind die Änderungsschritte zu klein. Vor allem ist sichtbar geworden, dass Weltregieren eine Vielfalt von Akteuren mit einbezieht; sie alle spielen ihre je besondere Rolle. Der Staat und die zwischenstaatlichen Organisationen nehmen dabei immer noch die wichtigste Rolle ein, aber sie brauchen andere Akteure, um die großen Aufgaben zu bewältigen, weil diese anderen staatliche Funktionsschwächen – etwa die Orientierung an einem »nationalen Interesse« oder die Umständlichkeit bürokratischer Prozesse – wettmachen können. Nachhaltiges globales Regieren spiegelt nicht nur die Vielfalt der Regionen und Kulturen, sondern auch diejenige der Akteure in der heutigen Welt. Freilich – die Akteure! Wenn die institutionellen Voraussetzungen im Kern bereits vorhanden sind, fällt das Zurückbleiben hinter den Notwendigkeiten eindeutig auf sie zurück. Vor allem die großen Mächte werden ihrer Führungsrolle nicht gerecht, die westlichen Staaten betreiben eher Statusverteidigung und Besitzstandswahrung als ein auf den Erhalt der Welt und der Menschheit gerichtetes Regieren. Immer wieder ist in diesem Kapitel davon die Rede gewesen, dass eine sinnvolle Nutzung der Institutionen ebenso wie deren reformerische Umgestaltung ein Umdenken der Mächtigen voraussetzt. Man mag das als idealistischen Appell beiseite schieben. Tatsächlich ist es eine unverrückbare Tatsachenfeststellung. Und darum sind letztlich wir normalen Bürgerinnen und Bürger aufgerufen, das Unsere zu tun.

8 Keine Nachhaltigkeit ohne aktive Zivilgesellschaft!

Vieles, was über Weltregieren heute geschrieben wird, zielt auf die Gründung einer demokratischen Weltrepublik ab. Muss man mir nicht vorwerfen, das Demokratiethema sträflich zu vernachlässigen – und damit das wichtigste Element guten, nachhaltigen Regierens? Für mich ist das eine Sache der Prioritätensetzung: Wenn nach Chancen nachhaltigen Regierens gesucht wird, um die gemeinsamen Weltprobleme zu lösen, und zwar möglichst zügig, dann ist die wichtigste Bedingung die Dämpfung gewaltsamer Konflikte und die Inklusion, das heißt, alle wichtigen Akteure jenseits der Kulturgrenzen des Westens ins Boot zu holen. Damit kann Demokratisierung nicht zum zentralen Vehikel des Weltregierens werden. Wenn sie deren Nebeneffekt ist, wenn das Weltregieren allenthalben dazu führt, dass nichtdemokratische Länder sich wirtschaftlich, ökologisch und sozial positiv entwickeln, die Gesellschaft sich differenziert, besser ausgebildete und selbstbewusstere Bürgerinnen und Bürger politische Teilhabe einfordern und die Herrschenden das schrittweise gewähren müssen – umso besser; einen solchen Prozess soll man ebenso entschlossen wie behutsam unterstützen. Aber man soll ihn nicht zur Grundbedingung globaler Kooperation machen. Hier wäre das Beste der Feind des Guten.

Habe ich den Staat zu stark gemacht? Ich habe zu begründen versucht, warum globales Regieren größere Chancen hat, wenn stabile und handlungsfähige Staaten miteinander kooperieren, und warum ich glaube, dass Staaten im Durchschnitt robuster und handlungsmächtiger sind, als ein erheblicher Teil heutiger Politikanalysen meint. In den letzten beiden Kapiteln ist aber deutlich geworden, dass Weltregieren der Mithilfe weiterer Akteure bedarf. Staaten sind von zentraler Bedeutung, aber sie sind alleine nicht in der Lage, die Bürde zu tragen. Und sie bedürfen ihrerseits einer externen Kontrolle, die nichtstaatlichen Akteuren, internationalen Organisationen, Gerichten und Streitschlichtungsverfahren überantwortet ist, weil in Extremfällen die unilaterale Sanktionierung durch Staaten zu große Risiken beinhaltet. Auf dem Weg zu globalen Problemlösungen stehen mächtige Hindernisse im Weg. Die Welt ist voll gewaltsamer Konflikte. Es bestehen Aversionen und Misstrauen zwischen den Angehörigen verschiedener Völker. Regierungen sind kurzfristig und an (vermeintlichen) nationalen Interessen orientiert. Machtkalküle vernebeln den Blick auf sachgerechte Handlungsoptionen. Macht- und Wohlstandsunterschiede innerhalb und zwischen den Staaten sind extrem hoch. Das löst bei den einen Aufbegehren gegen diese Ungleichheit aus, bei anderen Anstrengungen, den Besitzstand zu wahren. Das Streben nach einseitigen Vorteilen wird vom Versuch begleitet, die Beteiligung an den Gemeinkosten zu vermeiden. Die Bereitstellung kollektiver Güter – und darum geht es bei der Lösung unserer globalen Probleme – ist gerade in der Staatenwelt keine triviale Sache, selbst wenn die größte Macht der Welt hoffentlich bald besser regiert wird als im Jahre 2007.

Was wird geschehen, wenn wir scheitern? Schwarzmalen ist leicht, aber hier ist es einmal angebracht. In der Buchreihe ist viel von »positiver Rückkoppelung« die Rede gewesen, von sich wechselseitig immer weiter verstärkenden Prozessen. So etwas gibt es nicht nur in der Natur, sondern auch in Gesellschaft und Politik. Wenn die Probleme von Bevölkerungswachstum, Energie, Wasser, Klima usw. nicht gelöst werden, werden sich mehr Menschen um weniger Ressourcen unter schlimmeren Umständen streiten. Die Verteilungskämpfe werden eskalieren. Verteilungskämpfe verstärken die Mobilisierung um die eigene Identität, um »den Anderen« ihren Anteil streitig zu machen. Unter dem Banner der Gerechtigkeit werden in immer mehr Regionen, Staaten und Lokalitäten Menschen zur Waffe greifen. Krieg und Anarchie nehmen zu. Eine Welt, der es nicht gelingt, nachhaltiges Regieren zu installieren, ist bestimmt für den Rückfall in die Welt des Kampfes aller gegen alle. Und dennoch steht ein Silberstreif am Horizont. Die Staatengemeinschaft hat sich gelegentlich zu vernünftigem Tun zusammengerauft. Sie hat das Montreal-Protokoll zur Rettung der Ozonschicht abgeschlossen und dann Schritt für Schritt verschärft. Sie hat das Verbot chemischer Waffen mit knallharten Überprüfungsmaßnahmen beschlossen, und die meisten Staaten sind beigetreten. Sie hat in der vielgescholtenen Welthandelsorganisation Regeln beschlossen, die einer Wiederkehr der wütenden Handelskriege der dreißiger Jahre, die einen Beitrag zum Zweiten Weltkrieg leisteten, vorbeugen (eine Funktion der WTO, die ihre Kritiker übersehen). Sie hat mit Druck von außen den Menschen in Südafrika geholfen, das rassistische Apartheidregime abzuschütteln. Die Europäer haben für unüberwindbar gehaltene Feindschaften hinter sich gelassen. Die Überwindung von Gegensätzen ist also nicht durch »Naturgesetze« ausgeschlossen. Sie ist möglich, wenn politische Vernunft, Tatkraft und Verhandlungsgeschick die Oberhand behalten.

Die Probleme, die unsere Buchreihe detailliert analysiert und für die sie Lösungen vorschlägt, sind real und bekannt.

Sie lassen sich nur gemeinschaftlich lösen. Gewiss: Dass etwas notwendig ist, heißt noch nicht, dass es gemacht wird. Im langfristigen Interesse aller Beteiligten liegt eine Lösung jedoch. Das ist ein Anknüpfungspunkt, ein starkes Argument auf der Seite derjenigen, die die Einsicht in die Notwendigkeit bereits gewonnen haben. Auch Politiker/innen sind überzeugungsfähig. Die Themen dieses Buches können einen Menschen zur Resignation treiben. All das ist gut und schön, mag man sagen, aber bin ich selbst der großen Weltpolitik gegenüber nicht hilflos? Machen »die da oben« nicht ohnedies, was sie wollen, und das heißt: meistens das Falsche und sowieso alles für das eigene Interesse? Bin ich als Einzelne(r) nicht hilfloses Staubkorn, das im großen Fluss der Geschehnisse treibt? Kann ich überhaupt etwas tun? Die Antwort lautet: Ja. Es ist die Resignation der Vielen, die einen schnellen Fortschritt zum Weltregieren behindert. Es ist der Mut der Wenigen, die ihn voranbringt. Informieren Sie sich. Lesen Sie täglich eine gute Zeitung. Gehen Sie ins Internet und suchen Sie nach Begriffen wie »Kyoto-Protokoll« oder »Sicherheitsrat«. Bescheid zu wissen ist der Anfang aktiven Lebens. Gehen Sie in die Politik. Treten Sie in eine Partei ein. Kämpfen Sie dort für den Gedanken der Nachhaltigkeit. Schreiben Sie an Ihren Bundestagsabgeordneten. Verlangen Sie von ihm oder ihr, sich für nachhaltiges Regieren starkzumachen. Gehen Sie in Wahlversammlungen, wenn er/sie es nicht tut. Kritisieren Sie sie öffentlich. Schreiben Sie Leserbriefe. Suchen Sie sich Bündnispartner. Arbeiten Sie in Ihrem Unternehmen für eine nachhaltige Unternehmensethik. Treten Sie dafür ein, dass Ihr Unternehmen eine gemeinnützige Stiftung einrichtet oder, wenn eine solche schon besteht, sie besser ausstattet. Machen Sie als Lehrer/in Ihren Schülern klar, dass ihre Zukunft von dem Erfolg von Nachhaltigkeitspolitik abhängt.

Gehen Sie in eine Nichtregierungsorganisation. Organisieren Sie in Ihrer Kirchengemeinde eine Partnerschaft mit einer Moschee in Jordanien – oder in München oder Köln. Schließen Sie sich schon als Schüler mit Ihren besten Freunden zu einer »Peer Group« zusammen. Versprechen Sie sich gegenseitig, für Nachhaltigkeit zu arbeiten, egal an welcher Stelle, in Politik, Universität, Unternehmen, Nichtregierungsorganisationen. Treffen Sie sich regelmäßig und erstatten Sie sich Bericht. Ermutigen Sie sich wechselseitig zum Weitermachen.

Wir sind privilegiert, in einer Demokratie zu leben. Wir haben bessere Chancen auf ein aktives Leben mit politischer Wirkung als Menschen in Diktaturen. Je mehr von uns diese Chancen nutzen, desto größer ist die Hoffnung, die Weltpolitik in die richtige Richtung zu bewegen. Weltpolitik fängt bei uns an, nirgends sonst. Der griechische König Sisyphos war einst von den Göttern verurteilt worden, nach seinem Tode in der Unterwelt einen großen Stein den Berg hinaufzurollen. Immer und immer wieder tat er das; aber wenn er es gerade geschafft hatte, rollte der Stein herunter. Sisyphos gilt seit der Antike als die Symbolfigur vergeblicher, hoffnungsloser Anstrengung. Sisyphos war alleine. Hätte er genug Freunde dabeigehabt – er hätte es geschafft.

Glossar – Abkürzungsverzeichnis

AIDS – erworbenes Immun-Schwäche-Syndrom (engl. Acquired Immunodeficiency Syndrome), ist eine Folge einer Infektion mit dem HI-Virus (Human Immunodeficiency Virus), das eine schrittweise Zerstörung des Immunsystems bewirkt.

ASEAN – Gemeinschaft südostasiatischer Staaten (engl. Association of Southeast Asian Nations), eine internationale Organisation südostasiatischer Staaten mit politischer, wirtschaftlicher und kultureller Zielsetzung.

ATTAC – Vereinigung zur Besteuerung von finanziellen Transaktionen zum Wohl der Bürger (frz. Association pour une taxation des transactions financières pour l'aide aux citoyens), weltweit operierende globalisierungskritische Nichtregierungsorganisation.

CIA – Auslandsnachrichtendienst der Vereinigten Staaten (engl. Central Intelligence Agency).

Corporate Citizenship – systematisch betriebenes bürgerschaftliches / soziales Engagement in und von Unternehmen, die eine mittel- und langfristige Strategie auf der Basis verantwortungsvollen Handelns verfolgen und sich über die eigentliche Geschäftstätigkeit hinaus als »guter Bürger« aktiv für die lokale Zivilgesellschaft oder etwa ökologische oder kulturelle Belange engagieren.

Corporate Social Responsibility – Konzept gesellschaftlicher Verantwortung von Unternehmen, mit dem Ziel nachhaltiger Entwicklung, das sich auf die drei Säulen Wirtschaft, Soziales und Umwelt stützt.

Deliberation – öffentliche argumentationsbasierte Kommunikation mit dem Ziel der Wahrnehmung und des wechselseitigen Ausbaus von Fähigkeiten und Kompetenzen der Beteiligten als politisch aktive Bürger.

Diaspora – Einwanderergemeinden mit einer bleibenden Bindung an ihr Herkunftsland.

ECOSOC – Wirtschafts- und Sozialrat der Vereinten Nationen (engl. Economic and Social Council).

EU – Europäische Union (engl. European Union).

Fundamentalismus – Bezeichnung für religiöse oder weltanschauliche Strömungen, die durch unbedingtes, kompromissloses Festhalten an missionarisch gefassten Grundsätzen oder Glaubensüberzeugungen gekennzeichnet sind, die sie mit unbedingtem Ausschließlichkeitscharakter vertreten, und deren Ziel eine Rückbesinnung auf die Wurzeln »ihrer« Religion oder Ideologie ist.

G-8 – Gruppe der 8, Zusammenschluss der sieben führenden Industrieländer (USA, Japan, Deutschland, Frankreich, Italien, Großbritannien und Kanada) plus Russland.

Global Compact – Vollständige Bezeichnung United Nations Global Compact; weltweiter Pakt, der zwischen Unternehmen und den Vereinten Nationen mit dem Ziel geschlossen wurde, die Globalisierung sozialer und ökologisch nachhaltiger zu gestalten.

Hegemonie – politische, wirtschaftliche oder soziale Vorherrschaft eines Akteurs (Kollektivakteur oder Staat) im nationalen sowie internationalen Rahmen.

IGH – Internationaler Gerichtshof, Hauptrechtsprechungsorgan der Vereinten Nationen mit Sitz in Den Haag (Niederlande), dessen Funktionsweise und Zuständigkeit in der UNO-Charta und im IGH-Statut geregelt ist.

Input-Legitimität – beruht auf dem normativen Prinzip der Zustimmung der Beherrschten, sodass sich dieser Auffassung nach Legitimität durch Zustimmung der Beherrschten bestimmt.

Internationale Regime – Gefüge von Prinzipien, Normen, Regeln und Entscheidungsverfahren, die auf der Basis freiwilliger Vereinbarung staatlicher sowie teils auch nichtstaatlicher Akteure zur Handlungskoordination und -beschränkung in einem gegebenen Problemfeld das Handeln der verschiedenen Akteure auf die gemeinsamen Ziele hin koordinieren.

Internationales Panel zum Klimawandel – (engl. Intergovernmental Panel on Climate Change, IPPC).

IStGH – Internationaler Strafgerichtshof, ständiges internationales Tribunal mit der Aufgabe, die schwerwiegendsten internationalen Straftaten (Völkermord, Verbrechen gegen die Menschlichkeit, Kriegsverbrechen) zu verfolgen und die verantwortlichen Personen vor Gericht zu stellen.

Kommunitarismus – Bildete sich vor allem durch Kritik am Liberalismus und der fortschreitenden Individualisierung moderner pluralistischer Gesellschaften (Gemeinschaftsverlust und Entwertung traditioneller solidarischer Lebensformen) heraus. Eine gerechte Ordnung setze die Rückbesinnung auf und Bindung an gemeinschaftliche Werte voraus. Sie lässt sich daher – nach Meinung der Kommunitaristen – nur im lokalen Raum verwirklichen, wobei die größte denkbare Gemeinschaft der Nationalstaat bleibt.

Kosmopolitismus – Weltbürgertum, Unterstellung einer globalen Vergemeinschaftung der Menschheit anhand von universalen, allgemein geteilten Werten.

Kulturelle Fragmentierung – Zerfall von Konsens über weltpolitische Werte und Ordnungsvorstellungen im Zuge der mit dem Begriff Globalisierung zusammengefassten weltpolitischen Veränderungen.

Kyoto-Protokoll – Zusatzprotokoll zur Ausgestaltung der Klimarahmenkonvention (UNFCCC) der Vereinten Nationen mit dem Ziel des Klimaschutzes, das erstmals verbindliche Zielwerte für den Ausstoß von Treibhausgasen festschreibt, welche die hauptsächliche Ursache der globalen Erwärmung sind.

NATO – Nordatlantikpakt (engl. North Atlantic Treaty Organization).

NRO – Nichtregierungsorganisation

NVV – Nuklearer Nichtverbreitungsvertrag, oder Atomwaffensperrvertrag

OECD – Organisation für wirtschaftliche Zusammenarbeit und Entwicklung (eng.: Organisation for Economic Co-operation and Development).

Output-Legitimität – beruht auf dem funktionalen Prinzip der Nützlichkeit und bedeutet, dass eine Institution erst dadurch Legitimität erlangt, dass ihr Wirken den an sie gestellten Forderungen entspricht.

P-5 – (engl. Permanent Five), bezeichnet die 5 ständigen Mitglieder des UNO-Sicherheitsrates: USA, Russland, Frankreich, Großbritannien, China.

Partikularismus – Streben nach weitgehender politischer, wirtschaftlicher und kultureller Selbständigkeit und Interessenvertretung von Akteuren unter Hintanstellung übergeordneter Gemeinschaften.

Pluralismus – Bezeichnung für vielgliedrige Ordnungen und Anschauungen; im Gegensatz zu totalitären Ideologien oder zum Partikularismus erkennt der Pluralismus bestehende unterschiedliche Interessen und politische Positionen an und betrachtet deren individuelle Verwirklichung, Vertretung und Artikulation als legitim und erwünscht.

Public-Private Partnerships – (auch öffentlich-private Partnerschaft) Kooperation zwischen dem öffentlichen Sektor und privaten Unternehmen.

Souveränität – rechtliche Unabhängigkeit eines Staates von anderen Staaten (innere Souveränität) sowie rechtliche Gleichstellung aller souveränen Staaten (äußere Souveränität).

UNESCO – Organisation der Vereinten Nationen für Erziehung, Wissenschaft und Kultur (engl. United Nations Educational, Scientific and Cultural Organization).

Universalismusprinzip – besagt, dass allen Mitgliedern einer Gesellschaft die gleichen Rechte vorbehalten sein sollen.

Universalität – Generalisierbarkeit von wissenschaftlichen Aussagen oder kulturellen Überzeugungen (Werte) auf universellem Niveau.

UNO – Vereinte Nationen (engl. United Nations Organization).

VV – Vollversammlung der Vereinten Nationen.

WTO – Welthandelsorganisation (engl. World Trade Organization).

Literaturhinweise

Kapitel 1

Beisheim, Marianne / Dreher, Sabine / Walter, Gregor / Zangl, Bernhard / Zürn, Michael 1999: Im Zeitalter der Globalisierung? Thesen und Daten zur gesellschaftlichen und politischen Denationalisierung, Baden-Baden, Nomos

Brozus, Lars / Take, Ingo / Wolf, Klaus-Dieter 2003: Vergesellschaftung des Weltregierens? Der Wandel nationaler und internationaler politischer Steuerung unter dem Leitbild der nachhaltigen Entwicklung, Opladen, Leske & Budrich

Stiftung Entwicklung und Frieden 2007: Globale Trends 2007, Frankfurt a. M., Fischer

Walzer, Michael 2000: Just and Unjust Wars. A Model Argument With Historical Illustrations, 3. Aufl., New York, Basic Books, 20

Rittberger, Volker 2006: Weltregieren: Was kann es leisten? Was muss es leisten?, in: Küng, Hans / Senghaas, Dieter 2003: Friedenspolitik. Ethische Grundlagen internationaler Beziehungen, München / Zürich, Piper, 175 – 288

Zürn, Michael 2006: Global Governance, in: Schuppert, Gunnar Folke (Hg.), Governance-Forschung. Vergewisserung über Stand und Entwicklungslinien, 2. Aufl., Baden-Baden, Nomos, 121 – 146

Kapitel 2

Münkler, Herfried 2007: Imperien, Reinbek, Rowohlt

Bollmann, Ralph 2006: Lob des Imperiums. Der Untergang Roms und die Zukunft des Westens, Berlin, Siedler

Brillmayer, Lea 1994: American Hegemony, Political Morality in a one-superpower world, New York

Daalder, Ivo / Goldgeier, James 2006: Global NATO, in Foreign Affairs 85 (5), 105–113

Slaughter, Ann Marie 2004: A New World Order, Princeton, Princeton University Press

Frum, David / Perle, Richard 2004: An End to Evil: How to Win the War on Terror, New York, Random House

Kuper, Andrew 2004: Democracy Beyond Borders, Justice and Representation in Global Institutions, Oxford, Oxford University Press

Held, David 1995: Democracy and the Global Order. From the Modern State to Cosmopolitan Governance, Cambridge, Polity Press

Höffe, Otfried 1999: Demokratie im Zeitalter der Globalisierung. München, Beck

Beck, Ulrich 2004: Der kosmopolitische Blick oder Krieg ist Frieden, Frankfurt a. M., Suhrkamp

Stiftung Entwicklung und Frieden 2006: Global Governance für Entwicklung und Frieden. Perspektiven nach einem Jahrzehnt, Bonn, Dietz

Zürn, Michael 1998: Regieren jenseits des Nationalstaats, Frankfurt a. M., Suhrkamp

Kapitel 3

Meyer, Thomas 2002: Identitätspolitik. Vom Missbrauch kultureller Unterschiede, Frankfurt a. M., Suhrkamp

Meyer, John W. 2004: Weltkultur. Wie die westlichen Prinzipien die Welt durchdringen, Frankfurt a. M., Suhrkamp

Huntington, Samuel 1996, Der Kampf der Kulturen. The Clash of Civilizations, München / Wien

Müller, Harald 1998: Das Zusammenleben der Kulturen. Ein Gegenentwurf zu Huntington, Frankfurt a. M., Fischer Taschenbuch Verlag

Senghaas, Dieter 1998: Zivilisation wider Willen, Frankfurt a. M., Suhrkamp

Sen, Amartya 2006: Die Identitätsfalle. Warum es keinen Krieg der Kulturen gibt, München, Beck

Walzer, Michael 1994: Thick and Thin: Moral Argument at Home and Abroad, Notre Dame, University of Notre Dame Press

Küng, Hans / Senghaas, Dieter 2003: Friedenspolitik. Ethische Grundlagen internationaler Beziehungen, München / Zürich, Piper

Kapitel 4

Höffe, Otfried 1987: Politische Gerechtigkeit. Grundlegung einer kritischen Philosophie von Recht und Staat, Frankfurt a. M.

Forst, Rainer 1994: Kontexte der Gerechtigkeit. Philosophie jenseits von Liberalismus und Kommunitarismus, Frankfurt a. M., Suhrkamp

Albin, Cecilia 1996: Justice and Fairness in International Negotiations, Cambridge, Cambridge University Press

Rawls, John 2004: Justice as Fairness. A Restatement, Cambridge, MA, Belknapp Press

Habermas, Jürgen 1981: Theorie des kommunikativen Handelns, 2 Bde., Frankfurt a. M., Suhrkamp

Pogge, Thomas 2002: World Poverty and Human Rights, Cambridge, Polity

Sen, Amartya 1992: Inequality Reexamined, Oxford, Oxford University Press

Epiney, Astrid / Scheyli, Martin 2000: Umweltvölkerrecht, Bern

Chris Brown, Sovereignty, Rights and Justice, Cambridge, Polity Press

Alasdair MacIntyre, Whose Justice? Which Rationality? London 1988

Kapitel 5

Vasquez, John A. 2000: What do we know about war?, Lanham, Rowman and Littlefield

Zürn, Michael / Zangl, Bernhard 2003: Frieden und Krieg. Sicherheit in der postnationalen Konstellation, Frankfurt a. M., Suhrkamp

Kaldor, Mary 1999: New and Old Wars. Organized Violence in a New Era, Stanford, Stanford University Press

Münkler, Herfried 2002: Die neuen Kriege, Reinbek, Rowohlt

Geis, Anna (Hrsg.) 2006: Den Krieg überdenken. Kriegsbegriffe und Kriegstheorien in der Kontroverse, Baden-Baden, Nomos

Czempiel, Ernst-Otto 1986: Friedensstrategien. Systemwandel durch Internationale Organisationen, Demokratisierung und Wirtschaft, Paderborn u. a., Schöningh

Kapitel 6

Byers, Michael / Nolte, Georg (Hg.) 2003: United States Hegemony and the Foundations of International Law, Cambridge

Rajagopal, Balakrishnan 2003: International Law from Below. Development, Social Movements and Third World Resistance, Cambridge, Cambridge University Press

Franck, Thomas M. 1995: Fairness in International Law and Institutions, Oxford, Clarendon Press

Fischer-Lescano, Andreas / Teubner, Gunther 2006: Regime-Kollisionen. Die Fragmentierung des internationalen Rechts, Frankfurt a. M., Suhrkamp

Koskenniemi, Marti 2006: From Aplology to Utopia: The Structure of International Legal Argument, Cambridge, Cambridge University Press

Morgenthau, Hans 1940: Positivism, Functionalism, and International Law, American Journal of International Law 34:2, 260–284

Zangl, Bernd / Zürn, Michael (Hg.) 2004: Verrechtlichung – ein Baustein für Global Governance, Bonn

List, Martin / Zangl, Bernhard 2003: Verrechtlichung internationaler Politik, in: Gunther Hellmann / Klaus Dieter Wolf / Michael Zürn (Hg.): Die neuen Internationalen Beziehungen: Forschungsstand und Perspektiven in Deutschland, Baden-Baden, 361–400

Abbot, Kenneth, W. / Keohane, Robert O. / Moravcsik, Andrew / Slaughter, Anne-Marie / Snidal, Duncan 2000: The Concept of Legalization, International Organization 54:3, 401–419

Kapitel 7

Czempiel, Ernst-Otto 1999: Kluge Macht. Außenpolitik für das 21. Jahrhundert, München, Beck

Beyerlin, Ulrich / Stoll, Peter-Tobias / Wolfrum, Rüdiger (Hg.) 2006: Ensuring Compliance with Multilateral Einvironmental Agreements, Leiden u. a.

Brühl, Tanja u. a. (Hg.) 2004: Unternehmen in der Weltpolitik. Politiknetzwerke, Unternehmensregeln und die Zukunft des Multilateralismus, Bonn, Dietz

High-level Panel on Threats, Challenges and Change, New York, United Nations 2004, http://www.un.org/secureworld/

Frantz, Christine / Martens, Kerstin 2006: Nichtregierungsorganisationen, Wiesbaden, VS

Glasius, Marlies / Kaldor, Mary / Anheier, Helmut (Hg.) 2001 ff., Global Civil Society Yearbook, Oxford, Oxford University Press

Kaldor, Mary 2003: Global Civil Society: An Answer to War, Cambridge, Polity Press

Risse, Thomas / Ropp, Stephen C. / Sikkink, Kathryn (Hg.) 1999: The Power of Human Rights: International Norms and Domestic Change, Cambridge, Cambridge University Press

Wolf, Klaus Dieter 2000: Die neue Staatsraison. Zwischenstaatliche Kooperation als Demokratieproblem in der Weltgesellschaft. Plädoyer für eine Entstaatlichung des Regierens jenseits des Staates, Baden-Baden, Nomos

Rittberger, Volker / Zangl, Bernhard 2006: International Organization. Policy, Politics and Policies, Houndmills, Palgrave Macmillan

Wolf, Klaus-Dieter 2005: Die UNO. Geschichte, Aufgaben, Perspektiven, München, Beck